丛书主编：董伯韬

步履匆匆

陈思和讲当代人文

大家讲人文

陈思和 著

湖南文艺出版社·长沙

图书在版编目（CIP）数据

步履匆匆：陈思和讲当代人文 / 陈思和著. 一 长
沙：湖南文艺出版社，2024.9
　（大家讲人文）
　ISBN 978-7-5726-1008-0

　Ⅰ. ①步… Ⅱ. ①陈… Ⅲ. ①人文科学—文集 Ⅳ.
①C53

中国国家版本馆CIP数据核字(2024)第090818号

步履匆匆：陈思和讲当代人文
BULÜCONGCONG:CHEN SIHE JIANG DANGDAI RENWEN

著　　者：陈思和
出 版 人：陈新文
责任编辑：耿会芬
整体设计：Mitaliaume
内文排版：玉书美书

出版发行：湖南文艺出版社
（长沙市雨花区东二环一段508号 邮编：410014）
网　　址：http://www.hnwy.net
印　　刷：湖南志翔印务有限公司
经　　销：新华书店
开　　本：880mm×1230mm　1/32
印　　张：10
字　　数：221千字
版　　次：2024年9月第1版
印　　次：2024年9月第1次印刷
书　　号：ISBN 978-7-5726-1008-0
定　　价：59.80元

（若有质量问题，请直接与本社出版科联系调换）

主编弁语

"往古之时，丛木曰林。"
在一本文集的小引中，海德格尔这样起笔。

他说："林中有路，每入人迹罕至处，是为林中路。"

他叮嘱人们，那些路看似相类实则迥异，只有守林人认得。

由此亦可想见，
认识些诚实的守林人有多幸运。

而幸运自该分享。
于是有了这部丛书。

这是守林人绘就的地图。

带着它们，当可认识林，认识既显且隐的林中路。

董伯韬

二〇二三癸卯芒种将至在上海

自　序

　　2008年，是"文革"结束后恢复高考三十周年。李辉与贺圣遂策划了一套"三十年集"丛书，邀当年1977、1978两个年级的大学生和研究生、经过三十年的努力治学终成人文学者的作者，各编一本个人专集，按年份选录自己文章，三十年选三十篇，以论文为主，也可以杂文、随笔、日记、诗歌代之，通过自己的文章来展示一条三十年的独特治学之路。这套丛书颇有规模，我也有幸被列入邀稿名单中，自然喜欢。2009年1月28日，己丑正月初三，我五十五自寿之日，编完这部文稿，取名《脚步集》，写了自序《三十年治学生活回顾》，2010年由复旦大学出版社出版。

　　一晃十二年过去。充满灾难与危机的庚子年即将过去，稳健的牛年马上来临。正值董伯韬君为湖南文艺出版社约稿，我随即想到了那部《脚步集》。在我自编的选集中，我比较喜欢这部书稿，因为它逐年编排文稿，隐含了强烈的生命意识。我年轻时体质孱弱，对于生命的脚步一直有特殊敏感。编年体文集也呈现了自己人生各阶段的生命形态，越到后来越加明显，就书名而言，"昙花一现""耳顺""流水账""未完稿""碌碌"……无不与生命流逝的意象相关。就是在这种观念的催促下，自己渐渐老去。

现在着手编这部新的文集，意思很明白，就接着《脚步集》编下去，从2009年开始逐年选一首诗、一篇论文，编到今年2020年。整整十二年。论文都是现成的，选了最代表我这一年努力的成果，大部分是以该年度公开发表的年份为准；诗作则大部分以创作的年份为准，因为吟诗言志，并非为了发表，许多诗作只是在朋友间流传，多年后才结集出版。诗与文之间有的互相照应，有的没有什么关联，各有表述而已。然而我这十二年的生命轨迹，大致都被包容在其中了。

按照《脚步集》的体例，每一年的文章前还有一个"纪事"栏目，交代那一年的诗文背景，也是主要的人生脚迹。记得年轻时听一位老者说闲话，他告诉我：人在年幼时，岁月的记忆是按照"年"来理解的，意思是小孩子盼着过年，刚过了年，就盼着下一次再过年，一盼就是一年。等长大成人，岁月就是按"月"度过的，意思是成家立业、养家活口，每月盼望的就是发薪水的日子，所以记得最牢的，是每个月发薪日。然而到了老年退休，没有盼头了，每天晚上只能想想明天要做的事情，记忆中的岁月是按照"日"计算的。可是——等到了耄耋之年，日子就像风在耳边吹过——呜呜一声，日子就过去了。什么也抓不住了。……

我到现在，还记得那位老者说话时用手掌在耳边使劲扇动的样子：呜呜……日子就过去了，什么也抓不住……。我想我是幸运的，我还能留下一些自己生命的脚步痕迹，因为我有这本可以随意翻开来闲读的小书。

2020年12月14日晚上

写于海上鱼焦了斋

目 录
Contents

2009年

纪　事

2009年，1月12日到5月31日，应香港岭南大学中文系系主任李雄溪教授邀请，担任"岭南大学香港赛马会杰出现代文学访问教授计划"的首任教授，与许子东教授合上一门"中国现代文学史"课程，其间3月6日在岭南大学王忠秣演讲厅作了公开讲演《从"少年情怀"到"中年危机"——20世纪中国文学研究的一个视角》。3月20日到22日，为岭南大学筹办港澳台暨内地的大型学术会议：当代文学六十年学术研讨会。我在会上发表《六十年文学话土改》的报告。这两篇演讲稿经过反复修改后都公开发表。

7月22日，日全食，从电视里看到日食全过程。

9月，复旦中文系推行的"汉语言文学原典精读"系列课程获得教育部优秀教学成果一等奖；同时教育部优秀人文社会科学成果奖也相继发布，全国评出15篇（本）一等奖，复旦大学中文系占了其中4个（复旦大学共获5个一等奖）。复旦大学中文系的学术力量进入鼎盛期。

是年，论文《试论五四文学运动的先锋性》获教育部第5届高等学校科学研究成果奖（人文社会科学）一等奖。

是年出版有增订本《巴金研究论稿》（与李辉合著，复旦大学出版社）、修订本《巴金研究十年（1978—1988）》（香港文汇出版社）以及论文集《当代小说阅读五种》（香港三联书店）。

是年，顾艳著《让苦难变成海与森林——陈思和评传》（武汉出版社）。

己丑六月朔日，日全食，虽申城有雨，却亲身感受宇宙变幻之奇，特以四言体记之

朔时六月，岁在天牛，中分扬子，南北神州。

西藏照尾，东海伸头，黑龙身现，金甲顿收。

丹炉封火，河汉断流，金乌如月，渐缺渐幽。

昏鸦绕树，百兽低眸，鸱鸮收羽，群鱼息游。

惟看江岸，灯火饰楼，主人仰面，宾至五洲。

天公不美，沪上雨稠，日食奇幻，星图存留。

妙哉宇宙，刹那千秋，云腾王气，万象自由。

虽非目睹，有身与周，如是我闻，神秘天球。

2009年7月22日

从"少年情怀"到"中年危机"

——20世纪中国文学研究的一个视角

在人们关注中国文学走向的当下，有必要对两个"新世纪"文学做一对比。一个"新世纪"文学是指20世纪初的文学，另一个"新世纪"文学是指近八年来的21世纪初的文学。这两个"世纪初"文学相隔一百年，它们之间有什么内在的关联？连接两个"世纪初"文学的整整一个世纪，究竟经历了怎样的文学发展形态？对此，我提供两个非文学性的视角："少年情怀"与"中年危机"——从最贴近生命的视角来探讨这一百年中国文学演变的某些特点。

20世纪中国文学的生命线有点像人的生命，在自身发展过程中，呈现了一个从少年到中年的成长与成熟的主题。应该说明的是，这两个视角都不是我首次使用。20世纪初到"五四"新文学的青春主题是一个普遍关注的现象，曾经有许多研究论文探讨过。[1] 关于当代文学的中年特征，20世纪90年代就有人指出过。[2] 但是把这两者结合在一起考察20世纪中国文学的演变规律，也许是本文所要尝试的一个新的独特视角。

需要说明的是，本文对这两个视角没有任何褒贬含义，只是给以客观的描述和分析。

少年情怀·青春主题·革命话语："五四"新文学的一种读解

今年是五四运动九十周年，这是作为政治意义上的"五四"的发

1　近年来，笔者阅读到的有关文学史的青春主题的论文，主要有美国卫斯理学院宋明炜的两篇论文：《现代中国的青春想象》和《"少年中国"之"老少年"——清末文学中的青春想象》，受启发颇多。此外，笔者还知道海外尚有从事对"青春"的意识形态性、文学史或主题学意义的研究论文，如 Xueping Zhong（钟雪萍），"Long Live Youth" and the Ironies of Youth and Gender in Chinese Films of the 1950s and 1960s, in : *Modern Chinese Literature and Culture*, vol. 11, no. 2, (Fall, 1999), pp. 150—185 ；梅家玲《发现少年，想象中国——梁启超〈少年中国说〉的现代性、启蒙论述与国族想象》，载《汉学研究》19卷第1期，2001年6月，第246—276页；梅家玲《从少年中国到少年台湾——八、九〇年代台湾小说中青少年的自我追寻与家国想像》，载梅家玲著《性别，还是家国？五〇与八、九〇年代台湾小说论》（台北：麦田出版社，2004年）；内地出版的著作有樊国宾《主体的生成：50年成长小说研究》（中国戏剧出版社，2003年）；刘广涛《百年青春档案——20世纪中国小说的青春主题研究》（中国社会科学出版社，2005年）；刘广涛《二十世纪中国青春文学史研究——百年文学青春主题的文化阐释》（济南：齐鲁书社，2007年）；周海波《青春文化与"五四"文学》（天津：百花文艺出版社，1996年）等。笔者只读过其中的部分著述。

2　较早提出当代文学创作的"中年特征"的，有诗歌界肖开愚的《抑制、减速、放弃的中年时期》《九十年代诗歌：抱负、特征和资料》和欧阳江河的《1989年后国内诗歌写作：本土气质、中年特征与知识分子身份》等，主要是讨论诗歌创作领域的现象，本文的第二部分有专门介绍。

生；如果从新文化或新文学的历史来看，其发生时间还要早些。陈独秀创办《新青年》杂志（前身为《青年杂志》）是1915年。现在学术界讨论中国现代文学的开端，有一种观点是溯源到1892年。那一年，韩邦庆发表连载小说《海上花列传》（全书1894年出版），被认为是中国古典小说向现代转型的开山之作。[1]不过这是一部写青楼妓女与嫖客故事的小说，与本文讨论的少年主题没有什么关系，那时现代性因素还处在躁动于母胎的生命阶段。真正的少年主题，是从梁启超发表《少年中国说》为开端的，时间为1900年，也就是新世纪的黎明到来之际。

"少年中国"这个概念来自意大利革命者马志尼创立的"少年意大利"团体，梁启超说："夫意大利者，欧洲第一之老大国也。自罗马亡后，土地隶于教皇，政权归于奥国，殆所谓老而濒于死者矣。而得一玛志尼，且能举全国而少年之，况我中国之实为少年时代者耶！堂堂四百余州之国土，凛凛四百余兆之国民，岂遂无一玛志尼其人者？"[2]于是梁启超遂起意，把"老大帝国"的中国形象改变为"少年中国"的形象。他用非常华丽的语言描述了中国的少年特征，认为中国数千年历史就是一个老年和少年轮回的历史，盛世就是少年，衰世就是老年。当时处于清朝末年变法失败之际，应该是老而又老、濒于死亡的中华帝国，但梁启超就在这关键时刻大声疾呼："造成今日之老大中国者，则中国老朽之冤业也；制出将来之少年中国者，则中国少年之责

1　参见范伯群《插图本中国现代通俗文学史》，北京大学出版社，2007年，第14—24页。

2　梁启超《少年中国说》，原载《清议报》第35册（1900年2月10日）。本引文转引自《中国近代文学大系（1840—1919）·散文集（3）》，上海书店出版社，1992年。下引《少年中国说》均依此本。

任也。"梁启超这一修辞的变化适逢其时,立刻获得了巨大反响。正如一位学者所描绘的:"少年话语已经成为清末社会中最为激进的文化表述。梁启超笔下的'少年中国'在历史的时间表中为'中国'确定了新生的起点、发展的方向和未来的形象,作为政治象喻的'少年'被赋予了无与伦比的文化能量。其时追求进步的年轻知识分子莫不竞相以'少年中国之少年'或'新中国之少年'自称[1],而一时之间,有关少年的论述涌现于政治、文学、伦理、教育等诸多文化表述领域。另一方面,自1902年南洋公学学生组织'少年中国之革命军',首倡现代中国之'学运'[2],及至邹容以二十岁年轻生命献身革命……少年也已经从概念、理想化身为血肉之躯、革命的先锋、未来历史的塑造者。"[3]

一个国家也好,一个民族也好,要从老年状态逆转为少年状态,肯定不是靠一厢情愿就能完成,还需要有更大的外力推动。梁启超的"少年中国说"之所以能够被普遍接受,是因为当时有了更大的参照系,那就是中国以外的"世界"以及这个"世界"提供了一个"现代"的样

1　例如原本与康梁立场相对立的排满作家陈天华,在其小说《狮子吼》中也让一位"新中国之少年"登场演绎未来国史,且又要注明"看官须知这个新中国少年,并不是日本横滨市保皇会中人,且要留心,不可错被混过"。陈天华:《狮子吼》,见《中国近代小说大系》(《仇史》《狮子吼》《如此京华》卷),南昌:百花洲文艺出版社,1991年,第33页。——引文原注。可见保皇党人梁启超的这一呼吁,革命者也同样响应。

2　参阅桑兵《晚清学堂学生与社会变迁》,学林出版社,1995年,第74—76页。——引文原注。可见少年情怀最终导致革命话语,也是在晚清时期就被呈现。

3　宋明炜《"少年中国"之"老少年"——清末文学中的青春想象》,载《中国学术》总第27辑,北京:商务印书馆,2010年,第207—231页。笔者写作本文时,宋明炜的这篇文章尚未发表,是依据他的未发表稿引用的。此次收入本文集时,引文按其发表的版本核对过。

板。中国被西方列强的侵略枪炮惊醒，首先看清了现代化的目标，产生了奋起直追的觉醒。如果老大帝国被列强侵略而一蹶不振甘当奴隶，那只能是处于"落后"状态"被淘汰"；然而中国被侵略后调整方向，向侵略者学习，拜列强为师，竞相直追世界现代化而达到富国强民，那就成为"少年中国"。世界格局在客观上是一样的，但是由于阐释不一样，导致了国民文化心态的不一样，化历史为主动，由少年心态带动了革命，结束了清朝老大帝国。我们在20世纪头十年的历史中可以看到，"少年中国"虽然是一种语言能指，其背后支撑的是现代化进程中关于国族的政治想象，直接导致的后果是革命运动。所以，国族想象（现代性）—少年情怀—革命运动构成了三位一体的时代精神。

辛亥革命以后，"少年情怀"逐渐被"青春"主题取代。钱穆曾经考证"青年"一词，他指出："青年二字，亦为民国以来一新名词。古人只称童年、少年、成年、中年、晚年。……或称青春，则当在成婚前后数年间。及其为人父母，则不再言青春矣。民初以来，乃有《新青年》杂志问世。其时方求扫荡旧传统，改务西化。中年以后兴趣勇气皆嫌不足，乃期之于青年。而犹必为新青年，乃指在大学时期身受新教育具新知识者言。故青年二字乃民国以来之新名词，而尊重青年亦成为民国以来之新风气。"[1]"青年"一词借助了新文化运动得以广泛传

1　引自钱穆《中国文学论丛》，北京：读书·生活·新知三联书店，2002年，第26页。但要指出的是，"青年"一词肯定不是来自陈独秀创办的《青年杂志》（《新青年》），因之前就流行"青年"一词，于是才会出现陈独秀的《青年杂志》与别的杂志重名发生纠纷的事件。

播流行，当时虽然有"少年中国学会"的庞大组织[1]，但是流行于文化领域的话语已经逐渐改为"青年"或者"新"，从"五四"时期流行的期刊如《新青年》《少年中国》《新潮》《解放与改造》《创造》等名字来看，"青春"成为一种流行主题，它的内涵依然是现代性的国族想象和革命社会实践两大部分，这一点与"少年中国"的内涵相比，没有多少变化。陈独秀在《青年杂志》创刊号上开宗明义"敬告青年"的六条标准[2]，几乎每一条都可以与对一个新的民族国家的期望等同起来。李大钊直接把对青年的期望转化为对青春的鼓吹。他在主编的《晨钟》发刊词里，高歌青春："个人有个人之青春，国家有国家之青春。今者，白发之中华垂危，青春之中华未孕，旧稷之黄昏已去，新稷之黎明将来……人人奋青春之元气，发新中华青春中应发之曙光。"[3]其语气，其象征，其宗旨，都是梁启超《少年中国说》的青春版。我们看到，少年、青年、青春，这些概念在"五四"时期既可以用于对人的期望，也可以用于对国家、民族的期望，或者两者同时混杂在一起。

因此，"青春"主题正是"五四"新文学对时代精神的回应。中国现代文学的发展与中国社会的现代化进程紧密相关。在那样的时代，由于整个中国进入了世界现代化进程，它处处都显示出一种朝气蓬勃

1　"少年中国学会"成立于1919年7月1日，其宗旨为：本科学的精神，为社会的活动，以创造少年中国。其刊物为《少年中国》等，鼓吹"少年运动"。发起人为王光祈，早年研究音乐，后留学德国，死于德国。

2　陈独秀《敬告青年》对青年提出六条要求：自主的而非奴隶的、进步的而非保守的、进取的而非退隐的、世界的而非锁国的、实利的而非虚文的、科学的而非想象的。载《青年杂志》1卷1号，1915年9月15日。

3　李大钊《〈晨钟〉之使命——青春中华之创造》，载《晨钟》创刊号，1916年8月15日。

的青年的形象。从梁启超的"少年中国"的政治隐喻转而成为新文学的青春主题，其影响一直存在于中国现代文学史，并一直延伸到20世纪60年代。"五四"时期有创造社郭沫若为代表的青春诗人和郁达夫为代表创作的青春期骚动小说，20世纪30年代有左翼文学以及巴金为代表创作的青春期革命小说，抗战以后的文学中出现了艾青的诗歌以及路翎的《财主底儿女们》的青春主题（评论家胡风曾经称路翎的小说是"青春的诗"），20世纪50年代又有一批年轻的新作家走上文坛，他们的代表作有王蒙的长篇小说《青春万岁》、宗璞的《红豆》、杨沫的《青春之歌》以及郭小川的青春诗歌。在台湾，新文学则有鹿桥的《未央歌》、白先勇的《寂寞的十七岁》、创世纪诗社和蓝星诗社以及在香港《文艺新潮》《好望角》等青年刊物上发表的一系列现代主义的文学作品。中国在20世纪走过了极其艰难的道路，几经曲折几经反复，文学创作上也有各种各样的表现，但是青春主题似乎若隐若现，一直是文学史的主流现象，甚至可以延续到20世纪60年代的"文化大革命"中红卫兵的文化现象。[1]

有学者认为，青春文化是从创造社开始的。[2] 在我看来，"五四"新文学从一开始就拥有强烈的青春主题，它是少年中国政治隐喻在文学

1　"文化大革命"时期的红卫兵运动仍然有大量的诗歌、剧本等创作，其风格依然是青春主题的呈现，可参考杨健《文化大革命中的地下文学》，北京：朝华出版社，1993年。
2　王富仁在《创造社与中国现代社会的青年文化》一文里写道："青年文化的传统，按照我的意见，则是创造社首先建立的。"（见王富仁《灵魂的挣扎——文化的变迁与文学的变迁》，长春：时代文艺出版社，1993年，第200页。）

上的反映和变异，同时，"五四"新文学运动是先锋文学运动[1]，青春主题正表达了先锋文学的某些特质。青春主题夸大了老年与青年（少年）、旧与新、过去与未来、腐朽与新鲜等二元对立[2]，青春主题的世界观是进化论，强调青年必胜过老年，未来必定比现在进步，于是，青年就天然地占据了居高临下的话语权。"老年"的文化包括所谓传统专制、保守退隐、闭关锁国、封建落后、虚伪无聊，等等，被界定为必然淘汰的文化。这样一种二元对立的青春主题在文学思潮上表现出几个特征：一是彻底地反传统，从古至今都要反，青年是站在新人的立场上宣布自己的诞生，以昨日之非来证明今日之是。鲁迅笔下的"狂人"就是一个新人的典型。二是反对所有权威，包括与自己同一阵营的权威。这也是先锋文学的一个重要特征。青年人雄心勃勃，谋求自身的发展，当他走上社会时首先感到的压力不是来自敌人一方，而是自己一方的权威、前辈和引路人。于是我们就可以理解：为什么新文学运动初期林纾、严复等第一代西方文化的引进者都成为保守派的代表人物；为什么创造社异军突起，批判矛头不是对准鸳鸯蝴蝶派，而是对准了文学研究会和胡适等人；为什么1928年左翼文学兴起，在所谓"革命文学"

1　关于"五四"先锋文学的特质，笔者有专文论述，参见《试论"五四"新文学运动的先锋性》，原载《复旦学报》2005年第6期。

2　梁启超提出的"少年中国"概念，就是从老大帝国的对比中产生的。《少年中国说》中的对比运用了一系列精彩绝伦的比喻："老年人如夕照，少年人如朝阳；老年人如瘠牛，少年人如乳虎；老年人如僧，少年人如侠；老年人如字典，少年人如戏文；老年人如鸦片烟，少年人如泼兰地酒；老年人如行星之陨石，少年人如大洋海之珊瑚岛；老年人如埃及沙漠之金字塔，少年人如西伯利亚之铁路；老年人如秋后之柳，少年人如春前之草；老年人如死海之潴为泽，少年人如长江之初发源。"这种二元对立的模式表现在文学作品中，以巴金描写大家庭题材的《激流三部曲》最为典型。

论争中，左翼作家把鲁迅、茅盾、叶圣陶等新文学第一代作家都当作主要敌人。[1] 三是强调与现实环境的对抗，这也是先锋文学的特征之一。青春主题不仅把矛头指向过去，指向权威，更要直接指向现实的生存环境，张扬了一种不可调和的对抗性。例如，当年胡适提出"八不"主义的时候说："吾辈已张革命之旗，虽不容退缩，然亦决不敢以吾辈所主张为必是而不容他人之匡正也。"[2] 陈独秀马上写文章断然宣称："改良中国文学，当以白话为文学正宗之说，其是非甚明，……而不容他人之匡正也。"[3] 这种强硬、不讲理的语词，正表达了青年文化的语言特征。陈独秀后来在《本志罪案之答辩书》中公然声称自己的立场是："破坏孔教，破坏礼法，破坏国粹，破坏贞节，破坏旧伦理（忠、孝、节），破坏旧艺术（中国戏），破坏旧宗教（鬼神），破坏旧文学，破坏旧政治（特权、人治）。"[4] 一连九个"破坏"，与其说是针对历史传统，还不如说是挑战现实社会，以强硬态度来刺激敌人，产生对抗效应。但也有另一种状况，青春主题在现实压力下遭到失败时，也会采取决断的态度来夸大对抗性，如郁达夫小说里的伤感、悲愤和自戕。笼罩在这样一种"青春"的气氛下，文学运动发展也必然含有两面性的特征：一

---

1 王富仁在《创造社与中国现代社会的青年文化》中也提出过类似问题，他认为这些让人困惑莫解的问题，"使我们感到仅仅在革命与反动、进步与保守、正确与错误这些固有理论框架中已经极难说明它的全部问题，使我们感到有必要在新的评论框架中解决尚未解决的问题，以补正已有的评论"。于是他提出青年文化的视角。（见王富仁《灵魂的挣扎——文化的变迁与文学的变迁》，第171页。）

2 胡适《寄陈独秀》，见《中国新文学大系·建设理论集》，胡适编选，上海良友图书公司，1936年，第53页。

3 陈独秀《答胡适之》，见《中国新文学大系·建设理论集》，第56页。

4 陈独秀《本志罪案之答辩书》，载《新青年》六卷一号，1919年1月15日。

方面青春主题包含一种强大的生命活力，一种批判社会的革命精神；另一方面也呈现出话语中的幼稚、粗暴和简单的对抗性。我把这种现象称为革命话语，事实上它是通过话语而不是别的形态来表达其幼稚和粗暴的特质。20世纪上半叶的中国文学史上充斥着这样一种二元对立、形式主义、暴力对抗的话语，话语背后所隐藏的精神现象在每一代年轻人身上都有体现。"五四"时期老年人不受欢迎，北京大学教授钱玄同有一句名言流传甚广，说是"四十岁以上的人都应该被枪毙"[1]。刘半农教授在20世纪30年代初编了一本白话诗稿，在序里说，他们这些"五四"时期的白话诗人，都"一挤挤成了三代以上的古人了"[2]。左联时期，鲁迅不过五十几岁，可是左翼青年背后称他为"老生""老头子"，鲁迅知道后很不高兴，感到是骂自己很"落伍"。[3]在青春崇拜的时代，年轻作家层出不穷，占据了绝对的优势。

新文学史上几乎十年换一代，每一代都是新人辈出。他们发散出一种强烈的先锋性力量，毫不犹豫地把前辈推开，毫不犹豫地宣布自己才是文坛的主人。文学史上可以很清晰地找到如上所述的发展脉络——"五四"《新青年》文人集团登上文坛，马上就把梁启超、林琴南抛弃了；十年一过，1928年"革命文学"论争中一批激进的马克思主义者出现了，他们首先批判"五四"，批判鲁迅，宣布"五四"已经过时（当时钱杏邨有一篇很著名的文章叫《死去了的阿Q时代》）；再

1　转引自《鲁迅全集》第7卷，人民文学出版社，1981年，第436页。

2　刘半农《初期白话诗稿》，北平：星云堂书店，1933年。

3　转引自《鲁迅全集》第4卷，人民文学出版社1981年，第61—71、108—115页。

过十年，抗战已全面爆发，新的一代，特别是在延安产生的一批新人，他们倡导新的人物、新的语言、新的形式，用"新"这样的概念来证明20世纪30年代那些著名作家已经过时了；1949年以后，青春文学的力量被政治斗争中的意识形态所控制，越来越趋向政治暴力的宣传而离文学愈来愈远，一直延续到1966年"文化大革命"的爆发。那个时候红卫兵宣布自己是天兵天将，宣布之前的东西全部是封、资、修，都应该烧毁。不同的只是红卫兵除了用暴力话语以外，还充分发挥了拳头和暴行来证明自己。这样，从少年中国到青春主题再到革命话语的三部曲就完成了。

但青春文化最初的原意是创造，他们的粗暴是因为生命力的旺盛和爆发力，火山爆发，泥石狂泻，往往是在巨大的冲动下，生命中美好的、壮丽的、恐怖的，甚至恶魔性的因素统统呈现出来。青春主题给我们现代文学带来了强大活力，同时也不可回避地产生出某种幼稚病。我觉得整个中国现代文学史都贯穿了这样的东西。从当时的文学创作的闪光点来看，卓越的作家都是在20岁到30岁之间奉献出他们一生的代表作。我们一提到巴金就会想到他的《家》，这是他28岁左右写的；曹禺的《雷雨》则是他在清华大学读研究生的时候完成的；萧红创作《生死场》时不过才20出头，张爱玲的主要作品都是在她23、24岁之间完成的；路翎创作长篇小说《财主底儿女们》时还不到20岁；而老舍，在30岁前已经完成了《老张的哲学》《赵子曰》《二马》《小坡的生日》等海外创作。鲁迅先生写《狂人日记》的时候是37岁，37岁在我们今天的概念中应当算作青年作家，而在当时人们看来，三十几岁就已经很老了。回顾这一代作家，我们差不多都会产生相似的印象，都觉得他们成年以后创作的作品反而比不上青年时期的创作。除了老舍比较例外，像巴金的《寒夜》、曹禺的《北京人》、萧红的《呼兰河传》、张爱玲的《秧歌》等等，从技巧上说都达到了炉火纯青，远较青年时期的创作圆熟，但其影响力却明显不如以前的作品。所以，文学史编撰者如果要为他们选择一部代表作的话，往往还是会选他们二十几岁的作品。现代文学史上没有大器晚成的典型例子。这就是由我们现代文学的青春主题所决定的。

多元共存·中年危机·盛世危言：对新世纪文学的一个反省

我在描述现代文学的青春主题时，有意把"五四"新文学运动作为一种先锋文学运动的特征与青春主题联系在一起，为的是要强调一个人们看不见的事实：先锋文学永远是属于边缘性的，它以敏锐的触角感受时代变迁的信息，并且依仗着新思想，打断与社会相适应的常态文学的正常进程，以突变的形态来推动文学发展。[1]"五四"作为一

---

1 本文所说的所谓"看不见的事实"，是笔者正在撰写的《中国现代文学史教程》中的一个新的文学史观点。现代文学史有两种形态——先锋文学和常态文学——在交替着互相推动发展，而不是以往文学史著里描绘的以"五四"为起点的唯一的新文学史运动。正因为少年中国／青春情怀在"五四"时代不是主流的文学而是边缘的文学，它才起到了革命性的作用。"先锋文学"在本文不展开，但又是我们了解青春主题必须认识的一个关键词。特此说明。

种先锋文学运动，从边缘向常态的主流文学发起进攻时，青春主题就成为一种武器，这是青春主题向革命话语转化的内在的必然。但是，先锋思潮又是短暂的，它会在一个短时期集中巨大能力发起进攻，产生影响，也会迅速地消散在常态文学中，它在推动文学发展的同时也会迅速消解自身，也可能被更新的先锋思潮所否定。这个过程与我所描述的青春主题/革命话语的形态非常相似。因为"五四"文学是边缘化的，其自身的许多负面因素都被遮蔽，一旦青春主题/革命话语形态脱离了先锋性而成为文学主流，其负面因素就马上扩大弥散。张爱玲有一篇谈论音乐的散文，用"五四"来比喻交响乐："大规模的交响乐自然又不同，那是浩浩荡荡五四运动一般地冲了来，把每一个人的声音都变了它的声音，前后左右呼啸喊嚓的都是自己的声音，人一开口就震惊于自己的声音的深宏远大；又像在初睡醒的时候听见人向你说话，不大知道是自己说的还是人家说的，感到模糊的恐怖。"[1] 如果把五四运动改成青春主题，那个比喻就可以反过来理解：青春是盲目的、狂热的、集体轰隆隆的，很难达到个人理性的、宽容的境界。这种交响乐似的恐怖如果从边缘向主流进攻的话，可以成为一种攻击的力量，但如果它本身占据了主流地位，就成为真正的恐怖了。

　　1949年以后的文学史上，青春依旧是受到鼓励的主题，但是其背后是政治权力的意识形态化，"青春"常常被作为革命成长力量的隐喻，占据文学的主流地位，不再是边缘的先锋文学。从革命话语支配

1　张爱玲《谈音乐》，见《张爱玲文集》第4卷，安徽文艺出版社，1992年，第164页。

下的青春主题到"文化大革命"的红卫兵文化，有其一脉相承的发展轨迹。本文不讨论这个问题，只是指出：在20世纪60年代红卫兵运动的批判下，文学界都成为一片废墟，而作为一种生命形态的文学，到了此时也必然会蜕变成熟，开始挣脱青春的朦胧枷锁，走向中年人的情怀了。

20世纪80年代开始，中国文学进入了多元共存和理性竞争的状态。"文革"劫难一视同仁地迫害了各年龄层次的作家，所以大家一起从废墟中走出来。论政治迫害，中老年作家首当其冲，他们自然担当了文学复兴的主力。在老中青三代同堂、左中右各家并行的20世纪80年代文学格局中，青年作家显然是弱势，他们的创作经历主要体现在"伤痕文学"和知青文学的范围内。当时中老年作家主要是从历史的反思与政治的需要出发[1]，来批判"文革"和"四人帮"的罪恶，而青年作家则是从他们个体的实际感受出发，写"文革"的灾难。[2] 两者有明显的不一样，当时的意识形态导向支持并鼓励了前者，而着眼于纠正和

1　所谓"历史演变轨迹"多半是官方意志所规定的历史观，具体体现为中共十一届六中全会通过的，由邓小平、胡耀邦主持的《关于建国以来党的若干历史问题的决议》的文献精神。

2　知青文学的研究专家郭小东先生在《中国叙事：中国知青文学》一书中发问：新时期最初的那些呐喊与控诉的文学发端，为什么更多地产生在年青一代作家也就是知青作家之手？他自己回答说："活跃于新时期之初的知青作家，他们并非纯正和严格意义上的知识分子。他们只不过是些仅读几年初中高中的青年学生而已。他们没有中国知识分子那种根深蒂固的秉性，故他们在对社会丑恶的正视上有一种激越的锐气和幼稚的彻底。"所以，"新时期早期阶段的知青文学，更多的是以对个人的自伤喟叹，去圆一个民族命运的梦。"（郭小东《中国叙事：中国知青文学》，广州：花城出版社，2005年，第24页。）

　　　　　　　　　　　　步履匆匆：陈思和讲当代人文

引导后者。

　　我们现在回顾三十年前的文学，很难分辨当初"伤痕文学"与"反思文学"之间存在的微妙差异。可以举一个例子：一般文学史都会描述伤痕文学思潮发端于刘心武的《班主任》（发表于《人民文学》1977年第11期）与卢新华的《伤痕》（发表于《文汇报》1978年8月11日），前者是写一个中学班主任，从学生把革命小说《牛虻》当作黄色读物的个案，思考了"文革"中的教育是如何戕害青少年的理解力；后者写一个母亲在"文革"中被诬陷为叛徒，女儿轻信"党"的结论而与母亲划清界限，到农村当知青，后来母亲在冤案平反后死去，女儿永远失去了向母亲表示忏悔的机会。文学史把这两篇作品作为伤痕文学思潮的滥觞有点奇怪。《班主任》的作者当时已经是中年人，《班主任》的思路和表达形式与王蒙的小说《最宝贵的》非常相似，是从青年人的错误引申出教训，让成年人去思考，正面来解答历史教训与理想重建。所以《班主任》更接近后来的反思文学思潮的特点，反思文学需要有正面的理想人物（或者由作家自己来担任）来表达主流信念，并用理性来思考当下社会的种种弊害。而伤痕文学没有正面的理想人物，忏悔才是人物（或作家）的内心情结，以此表达出对历史的绝望。正因为绝望，才会触犯当时的教条，才会引起社会上的轩然大波。而这种忏悔、绝望的情绪反映了当时大多数青年人从红卫兵到知识青年，历尽辛苦后终于发现上当受骗、落得一无所有的集体无意识。从当时的社会效应来说，伤痕文学思潮汹涌澎湃，蔓延文坛，但始终因为过于悲观和尖锐得不到主流批评的支持。[1] 伤痕文学思潮兴起之初，批评家们希望通过《班主任》的规范来引导青年作者，很快反思文学思潮兴起，20世纪80年代主流文学是以中年一代作家所创造的为代表，作家们反思历史经验教训，坚定支持了改革开放的新的国策。

我们今天回顾这段历史，不无遗憾地看到，第一代伤痕文学的作者几乎在以后的十年中陆续淡出文学世界，这当然不能仅仅归咎于他们的文学技巧；[2] 最初的知青文学（我指的是与伤痕文学思潮联系在一起的知青文学）也几乎是难以为继，很快就转向了其他形态的表述。[3] 几年后，知青作家借助文化寻根思潮[4]重新崛起，逐渐走上民间道路，

1　对"伤痕文学"有不同的理解。一般文学史著作认为，"伤痕文学"是以刘心武的《班主任》和卢新华的《伤痕》为代表的文艺思潮，代表作品有郑义的《枫》、孔捷生的《在小河那边》、陈国凯的《我该怎么办》、曹冠龙的《锁》等等，还有很多电影作品和诗歌创作。这些创作都表现了一种共同情绪，就是作家体会到"文革"的苦难是永恒的创伤，是无法弥补的。"忏悔"就是表达了对无法弥补的痛苦的绝望之情。在我的理解中，"伤痕文学"思潮涉及的范围还要广，包含了20世纪70年代末80年代初揭露"文革"罪恶和反思"文革"教训的所有作品，如巴金等老作家的散文随笔、白桦为代表的中年作家的《苦恋》等电影剧本、以《今天》为代表的诗歌等等。但青年作家无疑是"伤痕文学"的主要力量。参见拙文《中国当代文学与"文革"记忆》，载《中国现代文学论丛》2008年第3卷第1期。

2　伤痕文学的代表性作家卢新华、孔捷生、郑义、曹冠龙、李克威、陈国凯等等，后来因为各种事，都放弃了文学创作，大部分到海外谋生。

3　知青文学最初是与伤痕文学联系在一起的，代表作如竹林的《生活的路》、孔捷生的《在小河那边》等，后来逐渐改变了伤痕文学的暴露性写法，出现了张承志、梁晓声的"青春无悔"浪漫主义，阿城、王小波的灰色人生众生相以及叶辛的《蹉跎岁月》《孽债》等所代表的比较世俗化的创作道路。知青生活的尖锐性和戕害性被冲淡了。诚如郭小东所概括的，出现了"知青后文学状态"。

4　寻根文学思潮出现在1985年前后，主要作家都是知青作家，他们根据上山下乡的生活经验和文化记忆，着力于表现农村社会的民俗文化之根，代表作有阿城的《棋王》、韩少功的《爸爸爸》、张承志的《黑骏马》、王安忆的《小鲍庄》、郑义的《老井》等。

　　　　　　　　　　　　步履匆匆：陈思和讲当代人文

但那时他们的年龄也几乎是接近中年了。[1]

当时虽然知识分子的受挫感是普遍的，但真正一蹶不振的是20世纪80年代文坛中坚的一批中年作家。而知青作家则逐渐成长为新一代的中年，他们自觉承担起文学的主力军重责，并且是以个体的风格而不是集体的风格完成了这场接力。1990年王安忆首先发表了检讨80年代的中篇小说《叔叔的故事》，她用反讽的手法写了一个80年代走红的作家代表，一个年龄在"父亲"与"兄长"之间的前辈。作家用审视的眼光描述了她的前辈有关苦难、中兴以及浮华的叙事，最后"叔叔"虽然战胜了自己丑陋的儿子却失去了幸福感，于是作家也承认，他们这一代也不再会感到快乐了。[2] 我以为这是国内作家对当时社会风波的第一次正面的回应。紧接着是贾平凹百无聊赖中写作了《废都》，直接把时代的困惑与苦恼诉诸感官，人的主体的精神力量丧失了，只剩下退回性本能来证明自我的存在。值得注意的是，在小说的后记里，作家以四十岁男人的生理疲软影射了这个时代的精神缺陷。山东作家

1　知青作家主要来自所谓"老三届"，即1966—1968年高中、初中毕业的历届中学生。因为"文革"爆发中止高考，他们直接参加"文革"的红卫兵运动，1968年后大部分上山下乡，再加上老三届以后继续全体山上山下乡的1969届和部分上山下乡的1970、1972、1973届学生，他们中间少数人在"文革"结束后通过高考改变了人生命运，大部分人都是命运多舛，一生坎坷。他们的出生时间差不多集中在1946—1956年，在"文革"刚结束时处于20到30岁的青年阶段，到了1986年寻根文学思潮兴起，处于30到40岁之间，20世纪90年代创作风格真正成熟时，基本上已经人到中年了，成为文坛的中坚力量。

2　这个意思在小说《叔叔的故事》里被凝练为两句话。"叔叔"的警句是："原先我以为自己是幸运者，如今却发现不是。"而"我"的警句是："我一直以为自己是快乐的孩子，却忽然明白其实不是。"

张炜则强调回归原野，回到民间大地重新思考生命的意义，他的《九月寓言》成为那个时代最有力量的作品。张承志则回归民间宗教，他离开北京，皈依西北的伊斯兰教哲合忍耶派，写出了哲合忍耶七代教宗的故事《心灵史》。还有史铁生、余华、莫言、林白、阎连科、韩少功、刘震云、方方等等，这一代作家终于呈现出稳定的、独特的、成熟的个人风格，与交响乐似的青春主题的写作风格拉开了距离。

诗歌领域首先注意到了这一风格的出现，敏感的诗人已经捕捉到时代的关键词：中年情怀[1]。诗人肖开愚第一个描绘了这一现象[2]，他后来回顾当时的情景："1989年我在《大河》诗刊发表了一篇文章，提出'中年写作'，探讨摆脱孩子气的青春抒情，让诗歌写作进入生活和世界的核心部分，成人的责任社会。在正常的文学传统中，这应当是一个文学常识，停留在青春期的愿望、愤怒和清新，停留在不及物状态，文学作品不可能获得真正的重要性。中年的提法既说明经验的价值，又说明突破经验的紧迫性，中年的责任感体现在解决具体问题

1　"中年"是诗歌界评论20世纪80、90年代之交诗歌风格变化的关键词，当时称作"中年特征"或"中年写作"。

2　肖开愚描绘这一现象的第一篇文章，是发表在《大河》诗刊第1期上的《抑制、减速、放弃的中年时期》。《大河》诗刊是当时河南省作协下的诗歌协会办的一个刊物，没有刊号，只存在了三年左右的时间，肖开愚的这篇文章似乎不甚流传，乃至后来提到这篇文章的，都把"放弃"误以为是"开阔"，下文引用的欧阳江河的文章里即是。肖开愚所理解的中年时期的"抑制、减速、放弃"，可参见他在文中的一段话："强调对向终极目的的飞行的减速，其实是对终极价值的抑制，还不仅仅是延缓某种聚敛和驯养过程，使其达到充分。它甚至是放弃那种所谓诗人与偏激的缩短和不正常，放弃变可能为部分的可能。"（http：//chuansong.me/n/1147606，转自微信公众号"新诗"2015-02-10。）

的能力上，而非呼声上。"[1] 诗人欧阳江河进一步界定了"中年写作"的特征："显然，我们已经从青春期写作进入了中年写作。1989年夏末，肖开愚在刊载于《大河》上的一篇题为《抑制、减速、开阔的中年》的短文中明确提出了中年写作。我认为，这一重要的转变所涉及的并非年龄问题，而是人生、命运、工作性质这类问题。它还涉及写作时的心情。中年写作与罗兰·巴尔特所说的写作的秋天状态极其相似：写作者的心情在累累果实与迟暮秋风之间、在已逝之物与将逝之物之间、在深信和质疑之间、在关于责任的关系神话和关于自由的个人神话之间、在词与物的广泛联系和精微考究的幽独行文之间转换不已。如果我们将这种心情从印象、应酬和杂念中分离出来，使之获得某种绝对性；并且，如果我们将时间的推移感受为一种剥夺的、越来越少的、最终完全使人消失的客观力量，我们就有可能做到以回忆录的目光来看待现存事物，使写作和生活带有令人着迷的梦幻性质。"[2]

"中年"概念不完全是一种年龄的特征，只有在个人的生命意识与社会责任两方面综合的经验中，才会体会到这个概念的真正意味。但是无论如何，诗人和作家的年龄在其创作风格的转变中还是会发生深

1　肖开愚《九十年代诗歌：抱负、特征和资料》，载《学术思想评论》1997年第1辑，第215—234页，此处引文见第226页。
2　欧阳江河《1989年后国内诗歌写作：本土气质、中年特征与知识分子身份》，见欧阳江河《站在虚构这边》，北京：生活·读书·新知三联书店，2001年，第56—57页。

刻的影响。[1]中年的主要标志，如诗人们所概述的，是社会责任的沉重感（文学开始进入生活与世界的核心部分），是人生、命运、工作性质这类问题以及秋天般的写作心情。但我觉得，文学作为一种精神的标志，其最闪亮不灭的因素是对人生的透彻感悟和生命形态的成熟。中年作家的文笔不再被理想的激情所支配，而更多的是对实际的社会生活的观察和思考。文学的生命和诗人的生命同时成熟，橙色的梦幻在80年代还是美丽的，但进入90年代，一切都变得实实在在，没有幻想，只有现实。张爱玲所描绘的那种交响乐似的轰隆隆的青春热情已经消失了，换取了个人独立寒秋的风霜感和成熟感。这才会导致一批年龄相仿的作家自觉离开了原来知识分子走惯了的道路，转而融入广袤的生活世界，从无以名状的民间大地中吸取生存力量，寻找新的路标。他们的转型获得成功，不但摆脱了传统的知识分子的表述的困境，同时也摆脱了市场压力下生存的困境。20世纪90年代的文学进入了一个相对稳定平静和个人风格发展的多元时代。我把它称为无名的时代。

　　作为从"五四"新文学运动浩浩荡荡出发的少年情怀和青春主

1　艾略特在《传统与个人才能》一文中说："对于任何一个超过二十五岁仍想继续写诗的人来说……历史意识几乎是绝不可少的。"（《艾略特文学论文集》，李赋宁译，南昌：百花洲文艺出版社，1994年，第2页。）另外，艾略特认为叶芝主要是一个"中年诗人"："在理论上，没有理由认为一个诗人到了中年或者在耄耋之前的任何时候会丧失其灵感和材料。因为，一个有能力体验生活的人，在一生中的不同阶段，会发现自己处身于不同的世界；由于他用不同的眼睛去观察，他的艺术材料就会不断地更新。但事实上，只有很少几个诗人才有能力适应岁月的变嬗。"（艾略特《叶芝：诗与诗剧》，见《叶芝文集·卷一》中《朝圣者的灵魂》附录，王恩衷译，北京：东方出版社，1996年，第407页。）

题，经历了革命话语时代的自我异化和裂变之后，其主流文学进入中年阶段，有着更加深刻的历史背景。中国作为世界现代化进程中的一个后发成员，已经快步地追赶上来，成为全球化经济体制中一个不可或缺的成员。经济的发展终于显示了经济对国家的发展的重要性，而在这样一个时代里，昔日风华正茂的文学不可避免会受到冷遇，轮到物质主义的社会反过来质疑文学青春时代的幼稚、鲁莽和偏激。于是，"五四"新文学的启蒙运动和精英主义受到了质疑，知识分子的广场意识渐渐被时代消解，鲁迅崇高的地位被动摇，告别革命的声音从海外传到了国内，广泛地被人接受。我愿意把这一切都看作是文学生命进入中年状态的自我调整，以求获取未来的生命的发展。2008年的奥运会开幕式上，举世瞩目的民族大狂欢中独独缺少了文学的声音（这与2009年美国总统就职典礼上女诗人伊丽莎白·亚历山大朗诵诗歌的情景形成鲜明对照）。从表面上看，文学在当下的媒体狂欢中黯然出局，但从更加深沉的意义上来理解，"五四"新文学以来的青春主题到革命话语，进而与意识形态紧密捆绑的时代也许真的过去了。文学越来越变成了个人的事业，个人生命密码的一种呈现，就好像某种多足类生物的生命蜕变，每一年的成长都是通过蜕皮仪式来告别青春痕迹，直到完全的成熟期到来。

就像人的生命总是会进入中年时期一样，文学的中年时期也总是会到来，只是我们这一代的作家碰巧遭遇了这个时机。我们回顾一下中国20世纪以来的文学历史，什么时候有过一代作家在近三十年中独领风骚？我觉得这是我们的时代变了，我们的文学的环境变了，这个时代为中年作家提供了一个非常广阔的空间。过去是十年一轮改朝换代，新人辈出，文学之流如长江之水，滚滚后浪推前浪；而今天，从20世纪80年代成长起来的由青年进入中年的作家们，迅速建立了自己的叙事风格和民间立场，他们建立了独特的创作风格的审美领域，1990年的文学再也没有流派，也没有思潮，变成了个人话语的众声喧哗、多元共存。这一批中年作家，他们在创作上不断实行自我蜕变以求适应和创造文学环境，80年代一个境界，90年代一个境界，21世纪又是一个境界，几乎是十年一个境界，不断地提高，不断在变化。这一批作家跨出了国门，走向世界的图书市场。60年代中国文学[1]的外销是为了对外宣传，译成外文送到国外完全是自产自销行为，80年代中国文学引起西方汉学家的关注，翻译成外文主要是充当西方高校东亚系的课堂教材，但21世纪中国文学被译成外文，是直接送到图书市场作为商品流通进入西方读者的阅读视野。中年的文学生命与人的生命一样，散发了成熟、丰富、复杂和辉煌的魅力。

但是，文学的生命与个人的生命毕竟是不一样的，文学不是依靠个别作家而是依靠一代代作家的生命连接起来延续繁衍的。在世界文学史上，有的民族国家的文学史如同一部民族精神史，代代相传层层

1　这一代作家的创作风格始终处于自我更新的过程中，最典型的如贾平凹从《满月儿》到《废都》再到《秦腔》，莫言从《透明的红萝卜》到《檀香刑》再到《生死疲劳》，王安忆从雯雯的故事系列到《叔叔的故事》再到《长恨歌》《启蒙时代》，张炜从《古船》到《九月寓言》再到《家族》，等等，可以举出许多这样的例子。作家们在每个阶段都会推出他们的新的风格的创作，既表达他们对生活的新的思考，也表现出他们自我变异的创作能力。

衔接。比如法国文学，从伏尔泰到萨特；比如俄罗斯文学，从普希金到索尔仁尼琴，我们都可以看到文学的生命如璀璨的明珠代代相传，这是民族精神强盛的体现；但有的民族国家，文学在某个机遇中突然爆发灿烂光华，一时间名家辈出，犹如流星划过，过后就恢复了冷寂和沉默，默默无闻。我想问的是，21世纪中国文学的未来走向能够预测到什么？是中年期的文学进一步创造出新的奇迹，老而弥坚呢？是会有更新的一代文学出现，焕发出更年轻的气息？还是会在不久的将来，文学又重新回到死气沉沉、默默无闻的荒凉世界？

我以为，这几种结果都是可能的。这就是本文标题上列入了"中年危机"的含义所在。在20世纪90年代的文学发展中，多元共存本来是在理性竞争下进行的，但市场经济的压力、文学边缘化的状态以及媒体的明星化倾向，导致了中年以下的更年轻的文学后继者难以有进一步发展的空间。中年期的文学规范讲究宽容和理性的竞争，讲究实力的比较，但是初出茅庐的青年是很难在中年的成熟规范下轻易取胜的。我亲历了20世纪90年代文坛上发生的各种冲突和争论，如以朱文、韩东为代表的新生代的"断裂派"[1]，以棉棉、卫慧为代表的青春反叛小说派[2]；电影领域还有第六代导演群，诗歌领域有更多来自

1 韩东是1961年出生，朱文是1967年出生，新生代的主要作家大约都是20世纪60年代后期出生的，他们在90年代初提出了一系列违背主流文学规范的文学理念和审美理念，并且在主流的漠视下提出了"断裂"口号。后来在各种压力下，他们都退出了文学创作领域。

2 棉棉、卫慧等一批作家，曾经被媒体包装为"美女作家"，大约都是20世纪70年代出生，以她们为代表的创作随着《上海宝贝》被禁，渐渐失去了集体的流派的力量。

民间的青年派别，等等，他们曾经在20世纪90年代都有过发展的空间，最终除了电影导演部分得到主流的承认，大部分被以各种各样理由排除在主流文学以外。这些青年作家虽然采取了反传统的决绝态度，但是他们的反叛思路和创作追求，依然是"五四"新文学青春主题和少年叛逆的路线，倒是文学主流进入了中年时期，游戏的规则发生了变化，导致叛逆青年文学的创作难以获得主流批评的关注。其结果是，80年代出生的所谓80后作家，完全在传统的规范以外求生存，他们寄存于现代媒体，接受媒体的包装和塑造，成为网络上出色的写手。这对于我们自"五四"发轫以来的文学传统和文学主流而言，到底是一个令人兴奋，还是感到沮丧的局面？

我曾经把这样的问题与许多学者和评论家讨论，所得到的反应几乎一样，都是喟叹当代文学萎缩的趋势似乎不可阻挡，而且可以从文学边缘化的事实中找到这种萎缩的客观依据。我的看法略有不同，我以为不是事实上的青年文学的萎缩，而是在我们既成的整个文学话语体系下误以为他们萎缩了。很显然，文学需要阐释，一代人有一代人的话语密码，需要给以理性阐释而不是媒体上的随意起哄，这是关键的问题。今天主流的作家和主流的批评家都已经是中年人，作为同代人，他们之间存在着很好的沟通；而在更加年轻的作家崛起于文学创作领域的时候，文学批评和文学理论显然是严重滞后了，以至于常常需要作家自己出来发表一些词不达意的话，来表达自己。结果误解与隔膜越来越深。这是一个很奇怪的现象。我们现当代文学的硕士点是20世纪80年代初期设立的，博士点的设立在80年代后期，我们的高校中文系培养了一代又一代的博士、硕士，他们都到哪里去了？他们为什么不把眼光放到与他们同代的人身上？这是我们今天的教育制度，尤其是所谓学院派的研究生教育制度都应该认真反省的。

记得在20世纪80年代中期，有一次复旦大学召开中国当代文学的讲习班，邀请了王安忆与她的母亲——著名女作家茹志鹃一起来参加一个座谈，王安忆当时才三十多岁，在会上对着茹志鹃说："你们老一代总是说，对我们要宽容，要你们宽容什么？我们早就存在了！"现在轮到王安忆这一代面对年轻人了，事实上也不是谁宽容谁的问题，青年一代的存在是事实，他们本身就存在，我们不能不承认这个事实。如果我们不承认这个事实，中国文学就永远处于壮年时期，也许很快会到老年时期，我们文学的活力就丧失了。

2009年3月9日定稿于香港岭南大学校园

初刊上海《探索与争鸣》2009年第5期

2010年

纪　事

2010年，我从2001年6月担任中文系系主任，已近第十个年头。中文系的学科建设进入全面发展。2007年的教育部第二轮学科评估中，复旦大学中文系原有的两个二级学科国家重点学科——汉语言文字学、中国古代文学顺利通过教育部考评，新增中国现当代文学为二级学科国家重点学科，中国语言文学学科被教育部认定为一级学科国家重点学科，覆盖了已有的七个二级学科。中文系文献学学科和文艺学学科原来就是优势学科，相对弱一点的是比较文学和世界文学学科、语言学和应用语言学学科。我把工作重点放在比较文学学科建设上：引进国际知名专家张汉良教授为学科领军人物，引进杨乃乔团队和一批多语种专家团队，力推教学课程体系改革，拟定《复旦大学比较文学与世界文学专业硕士生与博士生精英化培养规划》（杨乃乔执笔）等。为支持这份规划，我写了《比较文学与精英化教育》，与该规划一起刊发于《中国比较文学》，努力培养高质量的青年人才。

是年出版有自选集《脚步集》（复旦大学出版社）、《当代文学与文化批评书系·陈思和卷》（北京师范大学出版社）以及主持的国家项目"文学史理论探索书系"（五种，山东文艺出版社）。

记春寒两首

一

元旦，月偏食，生发冥想，和水敖先生新年试笔

元旦萌生望月情，恐闻天狗太张声。

夏中吞日难回暖，欧北低温到处清。

丹麦杞人忧气候，中华赤子炫能婴。

茫茫渺渺无穷幻，待得痴心索烛明。

2010年元旦清晨

二

去岁年底，进京赴胡风学术研讨会，返沪后闻北地温度骤降，达六十年未遇之冰点。致北京友人保重无恙

报闻风雪裹京城，甲子轮回又见冰。

切切思君诗白露，丝丝入梦会胡风。

神飞六合谁知命？念系长存便是情。

今日大寒须自惜，闲来一纸报安平。

2010年1月10日

比较文学与精英化教育

　　我们首先应该承认，比较文学在高校人文学科中的地位是比较特殊的。首先，从事研究者需要有一门以上的外语能力；其次，他必须顾及跨越民族、学科、语言界限的研究工作所要求的中外文学史知识；再次，研究文学离不开相关的学科知识，尤其是跨学科的比较文学研究，所以他还应该掌握文学以外的，诸如文化、艺术、政治、社会、宗教、心理等方面的知识。这种百科全书式的教育思想和学科内在的要求，虽然从理论上说是成立的，但在实际操作过程中却是困难重重，成为一种人文教学领域的乌托邦。

　　正因为比较文学这门学科天然地具有乌托邦色彩，所以它才是迷人的。但是，从目前的状况而言，高等院校的比较文学所具有的这种迷人特质正在慢慢地消失。理论上说，有一级中文学科博士学位授予权的学校都可以设置"比较文学及世界文学"硕士学位授权点。"比较文学"与"世界文学"，两个概念模糊的学科整合在一起，就意味着，即使某高校缺乏比较文学的师资，但只要有国别文学的师资，也可以招收比较文学的研究生；相反的情况是，如果中文系缺乏精通外语的人才，也缺乏国别文学的教学经验，但只要有人会根据《比较文学概论》一类教材讲课，照样可以开设相关的比较文学课程。尤其是当比较文学学科拓展到跨学科、跨艺术的研究领域，随意性就会进一步扩大，甚至成为一种"无边的比较文学"。正因为如此，比较文学从建立学科开始就备受行业内外的质疑，时时出现"危机"的呼声，不是无缘无故的。

张隆溪教授在为比较文学专业研究生所写的入门书中说："研究比较文学的学者，尤其是研究东西方比较文学的学者，大概都常常遇到来自学院里各专业领域的不信任、冷淡、质疑，甚至敌意。"但他接着辩解说："比较文学既然要跨越学科界限，中西比较更要跨越巨大的文化差异，就必然会走进或者说侵入其他各类学科的专业领域，专家们对此会产生怀疑甚至敌意，又有什么奇怪呢？"[1] 这种行业内的怀疑和敌意，虽然也不能完全排除如张教授所说的"由于他们的眼光相对局限，心胸相对狭隘"，但真正原因显然不在批评者的主观局限。我们可以提出一个简单的假设：两个研究生的智商以及努力程度完全一样，他们接受的师资教学水平也完全一样，其中一个学生在国别文学专业进行硕博连读五年时间；另一个学生用同样的时间进行跨国别文学（比较文学）专业学习。从知识面而言，后者显然高于前者，但作为专门知识的系统学习和训练，他可能只达到前者的一半。现在

1　张隆溪《比较文学研究入门》，复旦大学出版社，2009年，41页。

要问的是：这两种教学，究竟哪一种更有利于把学生培养成真正的专家？有关比较文学的质疑在这个简单假设中可以得到解答：如果我们把研究生的硕博连读五年时间看作培养一个合格专家的教育终点，那么，那个国别文学专业的学生要比比较文学专业的学生有更多的优势；但是我们必须注意到，培养一个学者可能需要更加漫长的时间，从更加长远的发展上看，从事比较文学研究的那位学生，是否会具有更大的潜力？

下面一个问题与此相关。张隆溪教授在那本入门书里继续写道："一个真正优秀的比较文学学者也首先应该是某一领域的专家，然而是一个兴趣、知识和眼光都广泛开阔得多的专家。精专与广博本来就好像是学术的两条轴，缺一不可，只有两方面都得到充分平衡的发展，才不致单薄偏枯，也才可能绘制出色彩绚丽的图画。"[1] 我非常赞同张教授的这个观点。下面讨论比较文学培养人才的目标也是从这个观点出发，即一个真正优秀的比较文学的学者，他首先应该是某一领域的专家。这个意思也可以反过来表达：比较不仅仅是比较文学的专利，任何领域的真正优秀的专家，他的知识储备量一定是超越本专业的必备知识，达到各领域各学科知识的融会贯通和交叉渗透，那么，事实上他已经具备了一个优秀的比较文学学者的修养。

那么，精专与广博，对于培养一个优秀学者而言，哪一项应该更为优先？这从教育学来说是有规律可循的。前面的例子似乎给人一种

1　张隆溪《比较文学研究入门》，复旦大学出版社，2009年，42页。

印象："一个真正优秀的比较文学的学者首先应该是某一领域的专家。"这个命题强调了先要成为精专的专家，才能成为广博的比较文学学者。另一个例子则说明，同样的教育时间下，首先培养的应该是某国别专业的专家，而培养一个比较文学学者需要更长的时间。如以培养学生的时间为标准，在同样时间段的专业训练下，比较文学专业的学生在国别文学基础知识方面可能无法超越国别文学专业的学生，但是在广博的程度上则要比后者宽得多。——这也就是过去有人诋毁比较文学学科时说的一种刻薄话：中国文学和外国文学都不好的人才去搞比较。可惜这种刻薄只能在有限的时间段才会产生效果，因为，如果以同样的学习方式，把学习时间延长一倍甚至更多的话，比较文学的优势就会逐渐显露。比较文学的学习成效与学习时间长短成正比，学习时间越长，研究视野的开阔和研究能力的增长可能是几何级的递增，到了后来，如果比较文学学者再进入某领域去做单一国别文学的研究，他的优势是不言而喻的。

当然这不是说，一个从事国别文学研究的研究生毕业以后就不需要继续学习，如果他依然从事专业研究的话，同样会不断开拓自己的研究领域，不仅深入自己的专业，还会拓展研究的领域，这也就是前面所说的，"任何领域的真正优秀的专家，……事实上已经具备了一个优秀的比较文学学者的修养"。假如这个命题也是成立的，那么，我们不妨进一步思考：一个研究生先学习某国别文学，然后不断扩展专业范围，进入跨国别文学的研究，从而达到比较文学学者的应有能力；而另一个研究生在学习期间已经打下比较文学学者所具备的扎实的基础，再朝着国别，或者跨国别的研究领域发展自己的研究，终于也达到了比较文学学者的应有能力，这两种培养途径，究竟哪一种更加可靠？这不是一个殊途同归的问题，因为我们必须把一个学生走出学校以后所必须承受的各种社会压力计算在内，也必须把一个人随着年龄增长而越来越不利于学习的生理条件考虑在内，这样，我们就不能不承认，在高等院校里的研究生阶段是最有利于学习的阶段。高校不仅目前仍然是受到社会上种种功利风气影响最小的场所，更主要的是，在中国的高等院校里还保留着传统的人文力量和学术信念，虽然它不是社会的真空，同样受到拜金主义的腐蚀和影响，但毕竟它还是残存的理想主义者做弥撒的地方。刚刚跨入高校的青年人，他们精力旺盛，求知欲强，各种理想都受到正面的鼓励，并且有本科的通识教育和专业教育为他们打下了扎实的基础，因此，他们有充分理由在下一步的研究生学习阶段完成一个学者的全部准备。在这个意义上说，比较文学的研究生教育恰恰起到了至关重要的作用。

比较文学的研究对象，不是单一的领域，而是以跨学科的形式进入别的学科的专业领域，因此它在短暂的学习时间内是不能展现自己优势的，它只能作为一种理想的学习精神渗透到其他各个学科中去，综合性地吸收各学科的长处和特点，只有经过长期的学习以后，才能够逐步显示比较视野的优势，终为学术领域的伟大学者和专家。这就是比较文学与其他学科的不同之处。严格地说，比较文学没有明确的专业界限，也没有特别的专业范围，它的目标，不是培养具体的职业技能，不是培养中文系学生的就业竞争能力，甚至也不是培养某一专业的专家。它只是培养一种资格和能力，让获得这种资格和能力的学习者胜任各种相关的学术研究，也包括比较文学学科自身的建设和发展。

德国现代教育的先驱洪堡在创办柏林大学的时候，曾指出过"大学兼有的双重任务，一是对科学的探求；二是个性与道德的修养"，而他所强调的"科学"，不是一般的历史与自然科学，而是"统领一切学科，是关于世上万般现象知识的最终归宿"——哲学[1]。洪堡把哲学定位于当时的大学精神的核心概念，由此建立起德国大学精神生活的传统。而今天的中国，在教育的环境和后现代的文化风气下，哲学作为统领一切学科的"纯科学"已经不可能再现威力，但是我们仍然需要在人文学科中寻找一种可以实现某种功能——能够以其他人文学科和社会学科为研究对象，以学习、穿透、综合其他各个学科的知识为研究目的的学科，来取代18世纪德国大学人文教育中的哲学的"纯科学"地位的，只能是比较文学学科。因为"比较"的视野和方法已经设立了跨越语言、艺术、民族、国别、学科等无所不包的前提，而广义的"文学"也包括了传统人文学科以及政治、社会、法律、宗教、文化、心理等社会科学，这决定了比较文学有条件包容一切人文学科，掌握各种语言和学科知识，并且以培养真正的富有使命的学者为教育目标。

这就是本文所论述的比较文学与精英化教育理想的关系的立足点。我们还需要界定精英化教育的含义吗？随着就业的压力和社会贫

1　转引自陈洪捷《德国古典大学观及其对中国的影响》，北京大学出版社，2002年，29页。

富差距的增大，随着社会的转型和各种新兴行业的兴起，社会对大学教育的需求量急速上升，为了适应学生中间越来越严重的急功近利心态以及应试教育严重破坏中学生正常思维能力的后果，大学教育不得不放低了教育水准的门槛，放弃了专业教育的传统标准，以适应社会越来越多的新兴职业的人才需要。随着通识教育课程比例的持续增加，在一些僵化型的课程必不能少的规定下，高校院系唯一能够压缩的就是专业课程。在"文革"前中文系本科专业课程达到完整的四年制教育（北京大学和复旦大学还一度建立五年制教育），那么，现在的中文系本科的实际教学课程不到三年（因为大四年级必须把学生在社会实习和寻找工作的时间计算进去），相当于以前的大学专科的教育时间。因此现在综合性大学人文学科的本科毕业生，虽然受过四年教育，却很难胜任专业领域工作，除了一部分继续读研究生学位外，他们毕业后只能在社会上承担一般的非专业的职业工作。——我把现在大学本科的这种培养人才的基本状况，称为社会化教育，或谓非精英化教育。它不是以培养人文学科的专业人才、未来的专家学者以及真正的学术领域的精英大师为目标的。它的功能只是为社会提供越来越多的求业者。

为了弥补本科专业教育课程量的不足，现在有越来越多的高等院校加强了研究生教学，尤其是硕士生教育阶段，以二级学科为单位招收研究生以及施行教育，集中起来开设研究生基础课程，都是必要而有效的措施。但严重的问题依然存在，随着人文学科研究生学位点的不断增加以及研究生人数的不断扩大，社会上供求比例达到饱和状态，除了个别专业（如对外汉语教育等新兴行业）以外，大多数研究生就业

　　　　　　　　　步履匆匆：陈思和讲当代人文

都成为社会问题，更不用说专业对口的就业机会。这就造成大量研究生不能够树立起坚实的专业信心，也没有为自己设计一种以学术为志业的人生理想。大量的人文学科研究生仍然处于茫然之中。这样，首先是社会没有提供足够的人文学科的专业岗位，其次是学生的专业信心不足，再加上教学师资的水平问题等等，形成了人文学科研究生培养上的恶性循环。人文学科的研究生教育制度基本上也是在社会化职业化教育道路上滑行。

那么，这样的话，未来的专家们——我指的是人文学科的专家们，还有没有可能后来居上，超越前人，攀登新的人文高度？我们的人文学科的教育基本上是失败的，这就是在今天的社会一般舆论中常常喟叹的"大师难寻""今不如昔"的客观原因。我们应该清醒地认识到，没有一种培养大师的教育机制和教育理想，"大师"是不可能出现的。"文革"前政治挂帅的大学教育体制培养不出大师，"文革"中教育革命的体制更加培养不出大师，"文革"后经济挂帅、量化管理、急功近利的教育机制同样培养不出大师。人文学科的"大师"，首先是一种知识的能量，被称为"大师"的人必须拥有常人不能掌握的多种人文学科技能与学识。其次是一个学术高度，他的学术贡献达到了前所未有的重要性，不但深刻影响了当代精神生活，对后世仍然产生重要影响。再次是一种人格的榜样，他必须为人师表，勤于教学，培养出完整的学术梯队，形成独特的思想流派和学说，这是人格魅力的标志。人文学科的大师除了具有天赋，并不是凭空诞生的，而是在一种完备的学术机制和教育机制下培养出来的。没有良好的人文环境和教育理想就不可能培养真正的大师。我们今天在一个强国的梦想里，没有给未来的哲学家、思想家、文学家、人文科学家等以适当的位置，今天没有梦想，世界就没有未来。

我们可以把一些大学者（或为"大师"）作为例子，陈寅恪先生大部分著述是在他的晚年瞽目口述中完成的，钱锺书先生的学术能量的真正显现是在"文革"中成就的《管锥编》，那也是他的生命历程将近老年的时候。季羡林先生对印度史诗《罗摩衍那》的翻译也是在他的晚年完成的。陈、钱、季等前辈学者的成就之所以不可替代，不可超越，是因为他们在年轻的时候，把别人忙于著书立说的时间都用在了自身修养之上，也就是在不断学习中完成了他们作为学者的不可替代性。综合起来，他们都拥有共同的特点：一、他们都掌握了多种语言和学术能力；二、都能够在自身领域里做到学贯中西，阅读了大量的多种语言的文献资料；三、长期不倦的学习与崇高的学术工作中培养了学者的人格力量，建构了知识分子的独立精神、自由思想的风骨榜样；四、他们为掌握丰富的知识能量而付出毕生的心血和生活乐趣，形成了他们自觉的独立于世的人生态度和处世哲学。就这样，由学习提高了修养，由修养支撑了学术，由学术获得了独立之精神、自由之思想，并由此建立起独立于世的人生境界。这就是洪堡建立的欧洲古典大学精神的四大维系，是近代知识分子人格理想的最高境界，也是当今人文学科教育和培养人才事业中最缺少的一种理想素质。

这种教育理想的缺席是致命的。

前辈学者大师所建立的学术人格的四大维系，不正是我们比较文学培养人才的理想吗？我们首先要求学生拥有多种外语能力；其次要求掌握多种学科知识，努力接近学贯中西；再次是需要用人文理想指导我们的道德修养，努力追求完善人格；最后，如果能够做到这样的境界，那必然付出极大努力，也就是要求学者不随波逐流，甘于寂寞，在学习中寻求快乐的人生境界。前两则是学习比较文学专业的必要条件，第三则是知识修养推动人格培养的更高境界，最后一则是获得这种境界的人生态度。这是一种完整的教育程序和教育理想，而比较文学的人才培养特点最接近这样的理想。所以比较文学施行的是一种精英化的教育，其教育理想天然地不具备社会化、大众化、职业化教育的因素。

试想一想，一个政府机关的公务员，或者某企业的高层秘书、媒体的从业人员，等等，文科学生所从事的各种社会性职业，即使他拥有多种古典语言能力、古典文化知识，或者接近于陈、钱、季这样学贯中西的非凡能力，对于他们事业的发展有没有构成必要性？如果没有的话，坦率地说，那就是教育资源的浪费。但是如果把这种知识结构放在人文学科的专业岗位背景下拿来考察，尤其是从事比较研究的学者，那就不一样了。无论是从事中西哲学、历史，还是文学艺术等等，这样的知识基础其实就是一种资格，一道门槛。这就是精英化教育与一般社会化职业化教育之间的区别，两者之间的功能和特点是不可以被混淆或彼此取代的。

关于精英化教育的道路，我们这一代从"文革"劫后余生中成长起来的学者并不陌生。我们这一代人，从"文革"的苦难中走出阴影，通过考试进入高等院校接受教育，深深地理解攀登学术高峰是怎么一回事。那个时候，老一代的人文学者大多数还健在，他们也同样在苦难中看到了未来学术的希望，他们希望在生命最后阶段再迸发一道余晖，把自己的学问与理想像接力棒似的传授给后来者。我们亲炙于老一辈学者言传身教，本来都很明白学术道路应该怎样走，但是近三十年来，财富的增长与分配的无序性滋长了急功近利的社会导向，人文环境每况愈下，学术道路也进入一种被利益所驱使的怪圈。应该承认，我们这一代学人没有能够真正地做到本来时代所需要我们做的那样的境界，我们最终也没有能够超越我们的前辈学者，但是，我们仍然有责任将培养优秀人文学者（且慢说大师）的真正途径和必要条件向后来者指出来。三十年前的教育体制下，不允许谈精英教育的思想和措施，三十年来的教育体制下，不重视精英教育的理想与实施，但是，在今后的国强民富的时代里，人文学科的精英化教育不但有了必要的社会保障和心理基础，也将会越来越引起社会的尊重，而到了那个时候，我们可能缺少的，是真正的方法和途径。因此，精英化教育的思想与理想，需要如同弥天黑夜中的爝火，绵绵不断地闪耀着生命的火花。如果一般的高等院校不得不朝社会化职业化教育倾斜，那么像复旦大学这样的综合性大学就应该坚守理想的精英化教育；如果所有的大学都不得不朝社会化职业化教育倾斜，那么这些大学的人文学科应该坚守理想的精英化教育；如果所有学科都不得不朝社会化职业化教育倾斜，那么，至少，比较文学这样的少数学科，应该独自坚守精英化的理想。

这就是复旦大学比较文学与世界文学学科点做这份《复旦大学比较文学与世界文学专业硕士生与博士生精英化培养规划》[1]的理由。也许，人们并不会反对或者拒绝比较文学领域的精英化教育，但是这不仅是一种教育的理想，而且是一份对未来负责的教育计划的实施。对于比较文学的这种特殊性，我们有两个问题始终缺乏深入的探索，一个是目前高校中文系的师资的可能性；另一个是培养人才的目的性。前者是方法和条件，后者是价值观，在这两个问题没有充分讨论的前提下，虽然目前中国综合性大学的中文系都设置了比较文学的专业课程（包括硕士生和博士生课程），但对于这门学科的自身素质的提高仍然无济于事。

这两个问题，需要有许多在教育第一线的学者共同来参与讨论才能达成一个比较理想的认识。本文限于篇幅，只能做非常简单的介绍，谈谈我们制定这份规划时的设想，以及为了实施规划已经做出的实践。

首先，要实行精英化教育就必须确立比较文学作为纯科学的定位，比较文学当然不可能像18世纪的哲学那样成为一种"统领一切学科，是关于世上万般现象知识的最终归宿"，但是比较文学所具有的特殊的学科品质，使它能够为人文学科的真正的优秀学者创造一种必要的条件。陈寅恪先生是历史学者，钱锺书先生是古典文学专家，季羡林先生是东语系专家，但是他们拥有的学识都远远超出了自己的专业范

---

1 《复旦大学比较文学与世界文学专业硕士生与博士生精英化培养规划》，载《中国比较文学》2010年第1期，由复旦大学中文系比较文学学科共同拟定，杨乃乔执笔，陈思和审定。这份规划推动了复旦大学比较文学学科的课程改革和培养方向。

围，这个"超越"本身就体现了人文学者的精专与广博的基础。广义地说，这也是比较文学的学科所要提供的研究视角和知识襟怀。

也许有人会质疑：今天我们根本不具备培养这些大师级人物的师资，所以这样的理想只是乌托邦式的空想。我要回答的是，即使在过去那个时代的中国，大约也是没有培养"大师"的师资能力的。所以，当时天资聪慧的青年学者无一不是游学于西方各个国家的高等学府，吸取各种科学知识和开拓学术视野。今天的复旦大学同样也不可能具备这样的培养大师的师资能力，但我们能够做的工作，就是为培养优秀人才创造好的条件，唤起学生们对学术道路的自信和热情。在这份规划里可以体现出这样一份自觉，为了实现精英化教育理想，复旦大学中文系尽了最大努力延聘人才，从海内外不断引进比较文学领域、比较语言领域、古典学领域的老中青各个层次的人才，很快就更新了原来师资的知识结构。短短几年来，复旦比较文学学科已经以焕然一新的整体面目崛起在国内外同行的面前。

要提高一个学科的师资力量，就必须打破原来的学科界限，既要综合中文学科的全部资源作为个别学科建设和发展的基础，又要整合个别学科的特殊的学科标志。复旦中文系原来学科结构分布中，比较文学虽然起步很早，但不是传统学科也不是强项学科，中文系的古代文学有实力雄厚的古代文论研究传统，文艺学有西方美学和西方文论的强项，现当代文学学科里也有从事外来影响研究的学者，由于传统学科的力量强大，比较文学学科发展不能不受到影响，长期以来一直停留在中外文学关系比较、译介学研究等比较边缘的学科方向上，不能有大的突破。自2006年以来，我们改变了思路，一方面是引进人才，突出了以中外比较诗学为主干的学科发展思路，建构起"中西文学、诗学及其文化关系研究""世界文学及其文化关系研究""德国语言文化与南亚文化关系研究""东亚文学及其文化关系研究""跨艺术与文化研究"等五大模块的课程体制。同时从海外引进印欧语系的文学研究、比较语言人才，那些海外学子学成归国，掌握十多种印欧古代语言，再借助复旦历史系的相关语言人才，完全解决了多种语言教学和比较语言领域的师资力量匮乏的问题。

当然，引进人才只是一条途径，要真正提升一个学科的教学水平，不可能依靠单一学科的师资力量，必须调动一级学科的师资实力。所以我们在设置比较文学专业研究生课程时，坚决制止学生只听本专业的教师的课程，并在课程制度上确保研究生学习其他学科的西方文论、文献学、古汉语言和文学史等课程，借助跨学科和跨院系的教学平台，综合地依托复旦大学人文学科的良好师资，形成比较文学课程改革的强大后盾和丰富资源。正因为比较文学是一门开放性学科，它必须打破自我封闭的课程体系，把原来对比较文学构成压力与挑战的强势学科的传统课程转化为它的课程资源。

专题讲座，这虽是比较文学研究生扩大学术视野的辅助性课程，但也是借助校外专家力量来补充师资的措施。我们每年都邀请国际上各类学科的专家学者来复旦为学生们讲授短期的专题课程或者专题讲座，也及时邀请国内专家做学术演讲。为了培养学生广泛的学术兴趣和学术视野，我们把研究生听前沿讲座和自己举办学术研讨会，作为正式课程的学分纳入教学考核。以前学校里一般的前沿讲座都是学生自由选听，并不做严格的考勤和考核制度，现在为了改变学生们眼高手低、自由散漫的学风，强化团队精神，把学术讲座和学术研讨会都列入了正式考核的范围，都构成了课程建设的有机部分。这样，专业教师的专业课程，专业外教师的选修课程和外校专家的讲座课程，以及研究生自己组织的研讨活动等，形成了多重知识结构的开放性的课程系列。

也许，还是会有人提出这样的问题：我们把中文一级学科的所有师资都调动起来，能否完成对一个合格的比较文学人才的培养？我的观点仍然是不容乐观的。但至少，我们为研究生进入专业学习提供了一个宽阔的教学平台，打下了相对扎实的知识基础。所以在我们的规划里，不但强调硕博连读六年一贯制（硕士二年，博士四年），而且相应增加了课程学分，强调了精英化教育的一贯性。同时，我的一个设想就是要把精英化教育的理想贯彻到底，具体措施就是鼓励比较文学专业的学生出国深造，在世界范围内进一步开阔学术视野，接受国际上各学术领域的名师指点。比较文学专业的研究生不一定仅从事比较文学的研究，而是以比较的知识结构和学术视野渗透到各个人文领域，可以进入思想、文化、理论、历史、社会等各个领域，也可以结合具体国别文学的专业，进一步开拓自己的学术领域。比较文学不能仅仅满足于一般国别的研究，它还可以胜任国别领域的文学研究，而且有把握获得更加丰硕的学术成果。

因此，比较文学培养人才的目标不是造就一般合格的社会就业人才，也不需要为国家培养大批的专业人才，但是它必须有崇高的学术理想，把为未来培养真正的优秀人文学者作为远大目标。比较文学的培养目标是长远的，其教育成果在二十年以后才能逐渐体现出来，所以我们规划中的人才培养目标有两个去向：一是通过我们自己的理想的教育和培养，通过六年或者更长的时间的专业训练，为国内高校、学术机关输送有真才实学的专业人才；二是通过鼓励出国留学机制，把优秀的学生推荐到世界一流大学进行深造、进修和继续学习，为未来的学术发展储备人才。

这也许是一种乌托邦，可是，教育如果失去了乌托邦的精神和理想，那还成为教育吗？一切在于努力之中。

2009 年 2 月 15 日完稿

初刊《中国比较文学》2010 年第 1 期

2011年

纪 事

2011年，8月9日到11日，在复旦大学举办中国比较文学学会第十届年会，我在会上发表《作为学科的比较文学之精神基础——试论勒内·艾田伯的"比较文学是人文主义"》主题报告，提出比较文学学科的哲学基础是人文主义的观点。

是年，中文系由我领衔的"汉语言文学原典精读"系列教材获上海市教委颁发的普通高校优秀教材奖。

是年出版有编年体文集《萍水文字》（上海文艺出版社）、论文集《中国文学中的世界性因素》（复旦大学出版社）、主编的《贾植芳先生纪念集》（复旦大学出版社），以及主持的教育部项目"中国现代文学社团史"（六种，武汉出版社）。

开始着手编三卷本《思和文存》，写《文存》代序《献辞——致三十年》。

步履匆匆：陈思和讲当代人文

献辞
——致三十年

江声澎湃，春潮漫过了清晨
这是四月的一天，箭手启程
你降临门外叩响天上的节奏
我在深梦里，轻轻地举升
我们相遇，假如这是真的
承诺就有了意义，于是一生

四年修炼很平常，似闪电
一闪，我幸运地留在门中
从此进入崎岖的小道，通向
神秘堂奥，冬雨潇潇复匆匆
休眠的土壤被滋润，布满
绿色的嫩芽和蜕变中的蛹

穿越过去，广场上弥漫浓烟
我要寻找一间有阳光的房间
你忧伤着，注视火凤凰涅槃

需要体热乳汁香木与父亲的肩

我学会辨识，阳光黑暗中闪现

如耗子出没，激活生命之美泉

三十年终于过来，寒鸦狂躁不息

新世纪的双子楼，我在门槛站立

又一次捕风又一次捕风

责任让我渐渐变成孤儿

唯你在我身旁，爱融化了心灵之痛

月光下我们依偎，说着明天的日子

又四年过去，又是三十年

看我那一头白发苍苍茫茫

你还是一如既往，深沉地注视

珍珠儿埋在心底，闪闪地发光

脚步声声里，我频频回首再回首

只有这一堆文字献给你绝非宝藏

2011年3月21日定稿于鱼焦了斋

作为学科的比较文学之精神基础

——试论勒内·艾田伯的"比较文学是人文主义"

一、勒内·艾田伯的比较文学教学理想

2010年起，我和我的同事们在复旦大学推行了一项教学改革措施：比较文学学科研究生精英化培养计划[1]。这份计划包括：实行硕博研究生连读制度，延长博士生培养学制，要求学生在硕士期间掌握三到四种外语，开设古希腊语、拉丁语、梵语等课程，要求研究生学习高级古汉语、文献学等课程，等等，并且努力使研究生培养工作走国际合作的道路。这项改革的目的很明确。我们设想比较文学这门学科不是为社会培养一般人才，或是提供某种职业技能的专业，而是一门涉及多种学科知识、掌握多种语言技能，并且培养崇高理想主义学习目标的人文学科，它将成为人文学科的基础台阶。

复旦大学中文系有八十多年的历史，拥有一百多名语言和文学专

1　请参阅《复旦大学比较文学与世界文学专业硕士生与博士生精英化培养规划》，杨乃乔执笔，陈思和审定，刊于《中国比较文学》2010年第1期。

业教师，它集中了一批专业领域内著名的专家学者，在出土文献及古文字、西方美学和文论、古代文学批评史、中外文学关系史、中国文学史古今演变、语言修辞学以及东西古典语言等研究领域内发挥着重要的影响；而这些优势学科专业，恰恰构成了比较文学必不能少的知识背景。我们正在实验的这项教学改革，就是打算调动院系的优势学科力量，为比较文学学科的教学和科研计划服务，实现名副其实的精英化培养目标。

应该说明，我们这项教学改革刚刚实施一年多，还看不出它应有的效果，而且困难重重，需要我们付出坚韧不拔的努力。我之所以要在今天的学术报告中首先提到这项计划，是因为它直接与报告的主题有关。这项教学改革计划的构想，最初来源于我读到的一位伟大的人文学者的著作，就是已故的法国比较文学大师勒内·艾田伯教授（René Etiemble, 1909—2002）[1]，在《比较不是理由：比较文学的危机》的第二章，他发出了一个呼吁：在高等院校里，"比较文学的教学必须集中"。他说："要想真正地进行比较文学教学，它们就必须拥有这样一所学院，在这所学院里，至少要有十五到二十名教授以及适当数量的助教和辅导教师，人员的挑选不但要看是否具备广泛的文化修养，而且要

1　勒内·艾田伯教授（René Etiemble, 1909—2002）是法国著名的人文学者、比较文学专家，掌握多种语言和专长，既有创作也有学术研究，曾任教于法国蒙彼利埃大学和索邦大学，担任过巴黎第三大学比较文学系主任。代表性的学术著作有《比较不是理由：比较文学的危机》《中国之欧洲》《面向全球的比较理论》《（真正的）总体文学论文集》《世界文学新论文集》等。

使世界上的主要语言分别其轻重次序均有适当的力量。"[1]很明显，他所构筑的比较文学教学师资的理念远远超过了一般国别文学所需要的师资力量，正是在这一点上，艾田伯教授的睿智和远见启发了我。虽然，中国的比较文学学科发展有自己的特点，也许它不具备那么丰富的欧洲语言文化的专门知识，但是我们在源远流长的中国文化背景下从事比较文学研究，以及培养下一代人文学科的专门人才，我们必须"集中"学校的全部学术力量，来为这个人文学科的基础学科服务。也就是说，一个学校要办好比较文学专业，应该首先办好一级学科的中文学科，以及相关的人文学科（如外文、文史、哲学、艺术等等），只有依靠人文学科的整体教学和科研力量，只有在一个甚至几个人文一级学科的群峦之巅，我们才能准确评估这个学校比较文学学科可能有的成就。

二、比较文学是人文主义——勒内·艾田伯如是说

勒内·艾田伯是一位百科全书式的人文学者，他有着丰富的、多方面的学术建树。在中国，他的汉学著作《中国之欧洲》早在十多年以前就被译成中文出版，2008年又出版了修订本，在高校里有着广泛的影响。令人奇怪的是，他的比较文学著作《比较不是理由：比较文学的危机》只有几十页的篇幅，其中许多观点也一再被比较文学教材所引用，但是始终没有完整的中文译本。而勒内·艾田伯关于"比较文

1　艾田伯《比较不是理由：比较文学的危机》，罗芃译，入《比较文学之道：艾田伯文论选集》，北京：读书·生活·新知三联书店，2006年，第7页。

学是人文主义"（Comparative Literature is Humanism）的观点，正是在这一本小册子里提出来的。

1984年，北京大学出版社出版的《国外文学》杂志刊登了罗芄翻译的《比较不是理由：比较文学的危机》。在这个基本上算是全译的文本里，译者偏偏删去几个段落，其中包括了第一章引论里"比较文学是人文主义"这一节。译者在译后记里有个说明："考虑到文中有些论述带有较大的时空局限，在他人已经事过境迁，对今天我国的比较文学研究当然更没有很大意义，故而稍微做一些删节，不过文章的完整性相信并未受到损害。"[1] 在译者的眼里，人文主义的命题似乎已经过时，已经不再重要。1985年，上海译文出版社出版了干永昌等三位学者编辑的《比较文学研究译文集》，其中收录这本小册子的第三章《比较文学的目的，方法，规划》，译者戴耘，估计是从英译本转译的。戴耘在译后记里介绍了这本小册子的主要内容，首次概述了艾田伯关于"比较文学是人文主义"的观点："主张把各民族文学看作全人类共同的精神财富，看作互相依赖的整体，以世界文学的总体观点看待各民族文学及其相互关系；把比较文学看作能促进人们的相互理解、有利于人类团结的事业。"[2] 这个概述，应该说是比较准确地表达了艾田伯的人文主义的理想，但又十分空洞，而且也不是艾田伯本人的原话。2006年，北京的三联书店出版了《比较文学之道：艾田伯文论选集》，

1　初载《国外文学》1984年第2期，第138页，后收入《比较文学之道：艾田伯文论选集》，第49页。

2　干永昌等编《比较文学研究译文集》，上海：上海译文出版社，1985年，第121页。

列入"法兰西思想文化丛书"。这本选集收录罗芃翻译的《比较不是理由：比较文学的危机》，但依然是二十年前那个有删节的译本，没有任何修订。所以说，在这二十年里，中国的比较文学学科虽然有很大的发展，然而就学科的精神基础而言，艾田伯的观点始终没有引起研究者的重视。

确实，在被中译者删节的这一小节文字里[1]，艾田伯并没有就"比较文学是人文主义"这个观点做深入分析——这与小册子的整体叙述风格相符合，但这个命题还是值得我们关注。虽然我们从字面上可能会感到一丝不舒服——"比较文学'是'什么"——这样的语言结构似乎过于独断，也过于简单，但是，从另外的角度来理解，艾田伯之所以要用简单的判断句来表达他的观点，就足以证明他对这个命题的重视和不容动摇，在几乎是无所不包、极其庞杂的比较文学学科体系之上，他需要一个绝对的精神来奠定我们这个学科的基础，那就是他的 humanism（人文主义）。

在这一小节文字里，艾田伯首先引用了两段语录，一段是我们耳熟能详的《共产党宣言》里关于世界文学的著名论断，另一段是孟德斯鸠的话。马克思的话在此省略，孟德斯鸠的话如下："如果我知道某事对我有益但对我的家庭有害，我会拒绝它。如果我知道某事有益于我的家庭却不利于我的国家，我会试图消灭它。如果我知道某事有益

1　本文对艾田伯关于"比较文学是人文主义"的阐述，均来自英文版 *The Crisis in Comparative Literature*, translated and with a foreword by Herbert Weisinger and Georges Joyaux, East Lansing : Michigan State University Press, 1966, pp. 9—10.

于我的国家却不利于欧洲，或有益于欧洲却不利于全人类，我会把它看成是一种罪恶。"[1] 限于当时人的一般认识，这里所提到的"欧洲"和"全人类"的概念，可能含有相似的内涵。启蒙思想家孟德斯鸠明确地提出，在人类或者欧洲面前，诸如国家、民族、家庭、个人都不算什么，马克思则更加明确地把这种对"世界"的认识建筑在大工业时代的基础之上，认为这是不依人们主观意志为转移的，民族的、地方（国家）的片面性和局限性日益成为不可能，"于是由许多种民族的和地方的文学形成了一种世界的文学"[2]。

这两段引文都没有涉及人文主义主题。我的理解是，艾田伯引用马克思主义经典作家的话，体现了他撰写这本小册子的现实意图：在当时（1963年）他要努力抵消欧洲比较文学学科发展中遭遇到的政治性的意识形态介入，除了面对所谓法国学派遭遇美国学派的批判以外，他还关注到苏联及东欧的社会主义阵营内部，比较文学学科的萌芽正在破土而出。1962年匈牙利社会科学院在布达佩斯举办了比较文学国际会议，社会主义阵营的学者们企图把比较文学与马克思主义意识形态结合起来，对抗西方的"世界主义"。艾田伯毫不犹豫对来自社会

---

1 "If I knew something useful to me but injurious to my family, I would reject it from my mind. If I knew something useful to my family but not to my country, I would try to expunge it. If I knew something useful to my country but prejudicial to Europe, or else useful to Europe but inimical to mankind, I would view it as crime. (Montesquieu)"

2 参见《共产党宣言》。应该说明的是，马克思所说的"世界的文学"中的"文学"，不是指狭义的文学，而是按照德语的"Literatur"的含义，泛指"科学、艺术、哲学、政治等等方面的著作"。（参见《马克思恩格斯选集》第1卷，北京：人民出版社1995年，第276页。）

主义阵营的挑战表示欢迎，他引用马克思和孟德斯鸠的论述，呼吁东西方两大阵营的学者在"世界文学"或者"人类"的旗帜下联合起来，超越意识形态或民族国家的敌对，一起来经营"世界"的文学研究。

接下来的论述就表明了艾田伯的人文主义立场。"我高兴地听到我们的莫斯科科学院的同事声称，比较文学不仅需要研究现当代不同文学之间的联系，也要研究这些关联的历史，尽管这意味着回到久远的过去。"[1] 回到"久远的过去"，指的是人类多元文化的发源地。这也是艾田伯坚持的比较文学的人文主义精神。当时苏联学者嘲笑法国比较文学只研究16世纪后的文学，面对这种误解，艾田伯用反讽的口吻，一连气地说："似乎对希腊和拉丁文学的关系的研究不会让我们感兴趣！似乎中世纪的希腊世界、阿拉伯世界、犹太世界、拉丁世界、斯拉夫世界以及蒙古帝国不值得我们去关注。似乎在研究悲剧和喜剧起源的时候，今天的比较文学学者能够忽视 Etienne Drioton 的《埃及戏剧》，这可是研究希腊悲喜剧和欧洲戏剧的必读书。"[2] 艾田伯的自我辩解出

---

1 "I was pleased to hear our colleague from the Moscow Academy of Sciences maintain that comparative literature must study not only relations between different literatures in the modern and contemporary period, but also, in its totality, the history of these relations, even if it meant going back to the most ancient past."

2 "It is as though the study of relations between Greek and Latin literatures could not, or was not, supposed to interest us! It is as though the relations between the Greek world, the Arab world, the Hebrew world, the Latin world, the Slavic world, and the Mongol Empire in the Middle Ages were not worthy of our attention. It is as though when dealing with the origins of tragedy and comedy, the comparatist could, nowadays, ignore Canon Etienne Drioton's book, *le Théâtre égyptien*, an indispensable prelude to any consideration of Greek tragedy and comedy, and consequently of European drama."

于底气十足的学术视域和学科背景，骄傲地表明了这些超越古老欧洲范围的多元文化源流，都在他的比较文学的视野之下。接着，他又把目光转向了东方，日本也在他的视域里面。他指出既然日本的比较文学学者主张"研究英语和意大利文学对夏目漱石的影响，或者法国文学对芥川龙之介的影响"，那么，"又怎么能够忽视他们与中国和佛教的那种古老的持续关系而不背叛这个学科的精神"？[1] 艾田伯在这里使用了一个概念：学科精神。这个精神似乎包含了古希腊、拉丁、犹太、阿拉伯、斯拉夫、古埃及、蒙古、日本和中国、印度（佛教）等等包罗万象的文化世界。在这个世界中，多元文化共存于此并且互相关联、互相影响，形成了人类文化亘古以来的元气沛然、生生不息的伟大现象。所以，"比较文学的研究就变得很及时，任何一个毕生致力于此的研究者因此最多也只可能达到一个初级阶段，会有人反对这一观点吗？我的回答是，我在此只是定义我们这门学科的精神"[2]。在这里，艾田伯又一次用斜体标出了学科的"精神"。这意味着他把这种精神定义为人文主义，事实上也只有人文主义能够贯通所有的人类文化：不仅贯通了人类的多元多姿的文化之根，同时也穿越时间，贯通我们今天正在从

1　"As for Japanese comparatists, ...if they have good reasons to study... the influence of English and Italian letters on Natsume Soseki; or of French literature on Akutagawa Ryunosuke, how could they, without betraying the *spirit* of our discipline, neglect the ancient and lasting relations which united them to China and the Buddhist world？"

2　"Will it be objected that ... our study of comparative literature will become so in time as well, and that consequently no teacher will be able to obtain more than its rudiments, were he to labor all his life？ I answer that I am limiting myself so far to defining the spirit of our discipline."

　　　　　　　　　　　　步履匆匆：陈思和讲当代人文

事的现当代文学研究。

艾田伯用极为简单的语言，回答了比较文学学科的精神基础究竟是什么。

三、返回起点：重温艾田伯的"人文主义"

关于"比较文学是人文主义"这个命题的探索，艾田伯并不是孤立的，也不是最早的。法国学派的早期学者梵·第根（Van Tieghem，1871—1948）在现代文学史第四次国际大会上的报告中就注意到这个问题："大家知道15世纪和16世纪的人文主义是什么，比较文学的研究导致的是一种新的人道主义，这是比前者更广泛更丰富的人道主义，更能使国家之间相互靠拢。……比较文学……迫使实践它的人们对于我们的天下的兄弟们采取一种同情和理解的态度，采取一种文化的自由主义，没有这些，任何一部共同的作品在人民之间不能被尝试。"[1]

在1958年国际比较文学第二届大会在美国教堂山举办时，勒内·韦勒克（René Wellek，1903—1995）发表了著名的《比较文学的危机》的论文，批评法国学派的实证主义的影响研究。韦勒克在论文里开宗明义把比较文学学科危机归咎为学科"未能确定明确的研究内容和专门的方法论"，同时他指责法国的比较文学专家们"把陈旧过时

1　转引自布吕奈尔等著《什么是比较文学》，葛雷等译，北京：北京大学出版社，1989年，第93页。译文里的"人道主义"可以理解作人文主义。

的方法论包袱强加于比较文学研究，并压上19世纪事实主义、唯科学主义和历史相对主义的重荷"[1]。很显然，韦勒克的批判锋芒不仅仅是直指法国学派的研究内容和方法论，更是指向了作为学科的精神基础的实证主义（还包括了事实主义、唯科学主义等）。在另一篇文章里，韦勒克提出了比较文学与人文主义的关系，他把自己对比较文学中的唯科学主义的不满情绪与批判激情追溯到美国的新人文主义的代表人物白璧德（Irving Babbitt，1865—1933）身上，并且引用了白璧德的一句名言："比较文学如不严格置于人道的标准下来研究，将成为最微不足道的学科之一。"韦勒克进而说："人道主义的确切含义正是教堂山大会的议论中心，也仍然是今天比较文学中的问题。"[2]由此，我们也可以把韦勒克的人文主义立场看作对法国学派繁琐考据背后的实证主义的挑战。

法国比较文学学者布吕奈尔等三位学者在1983年合作修订出版的《什么是比较文学》一书，又一次回应了艾田伯的观点。他们在引论里概括说："作为一种普通的文化工具被接受的比较文学，在法国还在寻找它的高级科研的纲领。……它本身似乎还在两种基本的使命之间摇摆：一方面，是在各种形式下对人道主义进行广泛的创新；另一方面，

1　韦勒克《比较文学的危机》，黄源深译，载干永昌等编《比较文学研究译文集》，第122—123页。

2　韦勒克《今日之比较文学》，黄源深译，载干永昌等编《比较文学研究译文集》，第160—161页。这里所译的"人道""人道主义"，应该也可以译作人文主义。

它是一种科学。"[1]这就是说，直到1983年的时候，法国的比较文学学者仍然怀着强烈的兴趣探讨以下几个问题：比较文学究竟是属于一种工具功能的方法论，还是一门有更高纲领的学科？它的精神基础是什么？学科的人文主义的精神又表现在哪里？

艾田伯的《比较不是理由》于1963年出版以后，在比较文学领域产生了很大的反响。最为热忱的响应者是美国密歇根州立大学的两位比较文学教授 Georges Joyaux 和 Herbert Weisinger，他们不仅很快翻译了这本小册子，还在译者前言里对这一观点做了淋漓尽致的发挥。他们声称"比较文学始终让人记得，文学是保存全人类精神的一个容器"[2]，并且直截了当地把文学建立在人性的基础之上："人性的核心——无论我们怎样去定义它——似乎终究思考的就是同一类问题——生、死和来世，出生和成长，婚姻和家庭，爱与欢乐，挑战和奋斗，憎恨、害怕、愤怒和悲伤，希望和绝望……文学总是围绕这几个大主题，不断地塑造，变化万千，但源头和目的只有一个。艺术不是塑造，而是再塑造；艺术家不是创作，而是再创作；读者不是体验，而是再体验。总体而言，创造是一个深刻的社会现象：呼唤人与人跨越分离彼此、使其孤立的鸿沟，比较文学的作用就是让我们的耳朵对这种

1　布吕奈尔等《什么是比较文学》，葛雷等译，第11页。这里的"人道主义"同样可以理解作人文主义。

2　*The Crisis in Comparative Literature*，"Foreword"，pp. xxii-xxiii：" Comparative literature is a constant reminder that literature is the vessel in which the spirit of man, of all men, is stored."

呼唤变得更加敏锐。"[1]

这两位译者的阐释中,"比较文学是人文主义"的命题占了重要的位置。但是,用人性论来解释文学现象并非新问题,人性与文学之间的关系,并不完全等同于人文主义与比较文学之间的关系。艾田伯把人类文化多元性看成人文主义的本原,强调的是人类各种族、各文化均平等的关联性,这与人性制约文学所产生的相似性仍然有不小的距离。如果我们仅仅从人性论的角度来理解和阐释艾田伯的人文主义的观点,那么,仍然没有进入艾田伯的博大精深的学术理想。

因此,我们还必须进一步探讨,为什么说作为学科的比较文学的精神基础是人文主义?人文主义的精神究竟能否为比较文学带来什么?我们应该从哪一个角度来认同人文主义对比较文学学科的意义?

当我们重新回到艾田伯的人文主义立场的时候,当我们重温艾田伯的"比较文学是人文主义"这个简短判断句的时候,我想起了20世纪法国思想界另一位伟大的人文知识分子让·保尔－萨特(Jean-Paul

---

[1] *The Crisis in Comparative Literature*, "Foreword", p. xxi: "The ultimate core of human nature-whatever we might define it to be-seems finally to be occupied by the same questions-of life and death and the future life, whether here on earth or elsewhere; of birth and growing up; of the challenges to the emerging person; of marriage and family; of love and ambition and joy, and of overcoming the obstacles in their path; of hate and anger and fear and sorrow; and of their consequences; of despair and of hope; (...) and around these few great central themes literature wondrously weaves its manifold threads, over and over again, into new and unforeseen shapes, countless in their variety, yet single in their origins and purpose. Art does not shape, it reshapes; the artist does not create, he recreates; the reader does not experience, he re-experiences. Making, considered in all its aspects, is thus a profoundly social phenomenon : it is men calling each other across the gulfs of separation in which they are enisled, and it is the role of comparative literature to sharpen our ears to this call."

　　　　　　　　　　　步履匆匆:陈思和讲当代人文

Sartre，1905—1980）曾经说过的一句话：存在主义是一种人道主义[1]。
法国是一个具有悠久的人道主义传统的国家，在那里，知识分子、学者对"人道主义"有着极为丰富、异于常识的解读。我们都知道，存在主义是一种强调存在先于本质、强调个人主体对世界的选择的哲学，这与强调普适性的人文主义似乎关系不大。但是，萨特把人文主义分为两种。他指出："十八世纪，在无神论哲学家的头脑中，上帝这一概念被勾销了，但并没有因此而取消本质先于存在这一理念。这种理念比比皆是，我们可以在狄德罗、伏尔泰，甚至康德的作品中找到：人具有某种人性，这种人性就是人这一概念的体现，它寄寓于所有人身上，也就是说，每个人都是人这一普遍概念的个别标本。"我们暂且把这种人文主义归为一种用普遍人性来解释人的同一性，也是我们通常所理解的人文主义。萨特又介绍了另外一种存在主义的人文主义："虽然不存在上帝，但至少先有一个生物，这个生物体现了存在先于本质，在被任何概念所确定之前，该生物已经存在了，该生物便是人，或如同海德格尔所说，人的实在。这里所说的存在先于本质到底是什么意思呢？意思是说：人首先存在了，世界上先有人，先出现人，而后人才确定自己是人。……因此，存在主义的第一步就是使所有的人掌握自己，使他对自己的存在负全部责任。我们说人对自己负责，不是说

1　在两个文本的英译本中，这两个判断句的宾语所用的词完全一样：Comparative Literature is Humanism. Existentialism is a Humanism. 我们似乎也可以把萨特的话改译为"存在主义是一种人文主义"。

人仅仅对他个人负责，而是说他要对所有的人负责。"[1]萨特强调的是人的社会实践的能力，人在进入社会实践之前不存在抽象的本质，而是在不同的社会实践中，人才可能会努力塑造自己究竟是什么样的一个人，是实践造就了千差万别的独特的人性。这种差异性同样是——而且是更加凸现了人的主体的力量，因此说，它仍然是一种人文主义。

　　请原谅我在这篇报告中引用如此冗长的段落。我从"存在主义是（一种）人道主义"的命题里，意识到"比较文学是人文主义"的内涵的复杂性。比较文学学科诞生于人文主义的策源地欧洲，当我们认同人文主义普适性的同时，会给人们造成一种错觉，似乎人文主义等同于欧洲中心主义。同时，即使在西方学界，对人文主义的解读也存在着很大的差异。[2]我们回到比较文学领域来讨论这个问题，艾田伯的人文主义的解读非常有意思。在他看来，普适性的人文主义既属于一个民族文学的品格也属于所有民族，无论希腊、罗马，还是中国、日本；而且不同文化传统之间的交流，将会促成比较文学可能真正跨越东西方的界限。当我读到他兴致勃勃地把从东方的中国、印度到非洲、大洋洲的古老文明统统揽进他的比较文学的范围时，很难设想，他将如何用欧洲中心论的人文主义去涵盖或者贯穿。全世界多种起源的文明的唯一共同之处，就在于它们都是人类在长期劳动实践中形成和创

<hr>

1　萨特《存在主义是一种人道主义》，沈志明译，载艾珉选编《萨特读本》，北京：人民文学出版社，2005年，第632—633、633—634页。

2　如布吕奈尔等著《什么是比较文学》中记载哈佛大学比较文学教授哈里·莱文（Harry Levin）回应艾田伯的观点时，就恰如其分地提醒说：这个词（指人文主义）是适合于以往一个相当长的阶段的19世纪的创造，它不容有半点含混。（葛雷等译，第11页。）

造出来的产物，所以，无论多么风姿多彩、天差地别，地球上的所有文明都是人的文明，是人创造了文化。我们再回到萨特的理论起点上：既然强调人在实践中高扬主体，而后决定人的本质的存在主义被叫作人文主义，那么，即使强调了文化的差异性，强调了反殖民主义文化对欧洲中心论的分离与批判，其实也等于强调了各民族文化（尤其是第三世界文化）的实践，是特定环境下的人群（民族）在实践中形成的文化，由此决定了文化的本质。文化就是人类在实践中高扬主体性的产物。那么，人文主义在多元文化的差异性研究中，仍然可以成为一种标志性的精神。

四、生命是同一的，文化是差异的：比较文学的学科精神

但是，我们都知道差异只是一种物质特性规定的表面现象，差异本身并不会给比较带来意义。比如，我们说一只狗与一张板凳肯定有差异，但是比较狗与板凳没有意义。只有在事物的同一性的前提下对其差异性进行比较研究，才能产生意义。我们可以在"宠物"的前提下，比较"狗""猫"甚至"兔子"作为宠物的差异性，如果抽掉了前提，比较就失去了意义。在今天，比较文学已经成为一门内涵极其庞杂的学科。从来没有一门学科的研究对象会包容那么多的语言、文化和学科背景。既然我们的比较文学学者的语言技能、学科背景，甚至研究兴趣都各不相同，那么，是一种怎样神秘的力量鼓励我们坐到一起，进行交流、沟通和讨论呢？在我们把一些跨越民族与语言的文学、

文化现象置于同一个平台进行比较研究的时候，或者，在我们充分注意了事物的差异性，充分强调了民族文化的独特性的时候，我们是否还需要有一个根本的精神力量来制约我们的学科，成为我们学术信仰的共同基础？我在回答这些大问题之前，还想先解决一个具体的小问题：我们能否将萨特所描绘的两种人文主义的含义在比较文学学科中有机地统一起来？

我们似乎比较容易理解萨特强调的人在社会实践中体现出差异性的人文主义精神，那么，这种差异的多元的人文主义的精神内核是否还存在着更高形式的同一性？也就是说，人、人类以及人类所创造的文化，在更高的层面上有没有达到新的融合的可能性？如果答案是可能的，那么，作为比较文学学科的精神基础就可以奠定，一切地球人类的文明的比较都可以在这个更高的同一性上得以实现。

解答这个问题，还是要回到人本身。在早期的比较文学大师们的经典著作中，对于这个问题的回答多少有些力不从心。因为那个时代的科学发展及其对人的观念所产生的影响，还停留在抽象的人性论层面上。在欧洲进化论发现之前，宗教的上帝造人说基本上解决了人的本质问题；文艺复兴以后人文主义开始流行，普适性的人性论取代上帝，人性的本质依然是一种空洞的假设。一直到1858年进化论学说创立，生物遗传的科学探索逐步取代了抽象的人性论。在21世纪初的十年中，科学家们已经完成了对数十种动植物生命遗传物质 DNA（脱氧核糖核酸）的测序工作，发现人与其他生物的遗传基因保留了十分密切的亲缘关系。人类基因序列的分析证明："现在生活在地球上的所有人类，无论肤色、民族、语言如何不同，都属于同一个人种，即现代智人（Homo sapiens）。数万年前地球上生活过多种不同的人种，如南方古猿、欧洲的尼人（Neanderthal man）等或者已灭绝，或者已相互融合。"物种生命现象越相似，遗传基因DNA则越接近。所以，"同卵双胞胎的DNA完全相同，同胞兄弟的DNA有99.95%以上是相同的，世上任何两个现代人的DNA相同部分都在99.9%以上，而人类与其近亲黑猩猩的DNA相同部分只有95%左右。"[1]科学证明了人类生命构成的同一性，区别于其他生物的生命遗传物质。生命遗传基因的实验证明了人类的生命本质不仅存在，是物质性的，而且还先于人的社会实践。生命遗传的研究成果还揭开了远古人类大迁徙的秘密。虽然学界还存在争议，但大多数研究结果都显示了：在四五万年前，一小群现代人从非洲向外移民，先进入亚洲，再进入欧洲，而且这种事只发生过一次。[2]

1　宋圭《人性·兽性·虫性——进化论出世150周年眺览》，载《前沿科学》2009年第1期，第8页。

2　王道还《人类大迁徙》，载《科学发展》（台湾）2003年1月，第361期，第74—75页。关于人类大迁徙的研究成果，有一篇综述可供参考："20世纪末，世界首项全基因组研究主要关注不同族群间的短重复DNA序列（即微卫星序列，microsatellite）的差异，但最近几年，这项研究的关注范围已扩大不少。今年2月，两个研究小组分别在《自然》和《科学》上发表文章，报道了迄今为止规模最大的人类遗传多样性分析。"分析的结果与人类学家、考古学家、语言学家和生物学家的研究成果一样，为现代人类的"非洲起源说"提供了证据："一小群人从非洲大陆走出，到一个新的地域生活、繁衍后代，后来这群早期人类的一个分支与'母体'脱离，向其他地方迁移……这个过程会不断重复，直到形成了今天这样的世界格局。"根据大量的统计学数据，现在学术界"坚持严格意义上的多地区起源假说"已经不多，但也有一些新的提法出现，如认为："早期人类走出非洲后，与其他地区的古人类进行交配、繁殖后代，因此在现代人类的基因组中，80%都受到了这种交配的影响。"（加里·斯蒂克斯《现代人身世之谜：DNA记录人类迁徙路线》，高星、吴秀杰译，载《环球科学》2008年第8期。）

由此证实了人类的生命本质决定了世界各民族各地区的人群本质上没有优劣之分，所谓"优胜劣汰"的竞争，都是后天的客观环境所造就。

于是，我们在生物科学的最新成果面前似乎可以相信，在文化差异之上，还存在着更高的生命遗传物质的同一性。生命基因的同一性制约着我们的千差万别的精神世界。所谓人性，似乎介于人的生命基因与文化实践之间，它既是生命同一性的心理和生理的反映，又与实践中的文化环境的特殊性相关，一定程度上具有实践性、社会性、阶级性的特点。所以，人性既是抽象的，又是具体的。而文学，则是最贴近生命的精神现象，与一切理性形态的学术著作不同，优秀的文学艺术都是直接从个人的感性出发，表现出生命冲动的原生态。这就是艾田伯的英译者所强调的：文学永远是人性的内核的表达。

再回到作为学科的比较文学上来吧。现在我想说的是，比较文学的研究对象是文学，必须是文学，这样它才紧紧联结到人类生命内核的同一性之上。对于人类不同民族、文化，甚至个体生命的差异现象的比较和展示，最终是为了一个严肃的使命：在更高的生命层面上探索和了解人类相通、世界和谐的途径。这就是我们所探讨的比较文学学科的人文主义精神基础。

谨以本文向伟大的人文学者勒内·艾田伯教授致敬。

2011 年 7 月 31 日于上海完稿

初刊《上海师范大学学报》2012 年第 1 期

2012年

纪　事

　　2012年，1月17日到2月8日，赴意大利那不勒斯东方大学讲学，其间应好友陈迈平的引荐，向瑞典学院写推荐信介绍莫言的创作。10月，莫言获诺贝尔文学奖。12月5日到12日，作为亲友团成员陪同莫言赴斯德哥尔摩领奖。本年收录的诗与文，均与莫言获诺奖有关。

　　12月24日，中文系正式换届。我卸下担任了两届共十一年又六月的系主任之职。

　　是年，论著《新文学整体观续编》获上海市哲学社会科学优秀成果著作一等奖；个人被评为上海市领军人物。

　　是年出版有论文集《文学史理论的新探索》（台湾：新地文化艺术有限公司）、修订本《中国现当代文学名篇十五讲》（北京大学出版社）等。

斯德哥尔摩纪行六首

一

湘人跨凤箫声远，遥望灵山试启程。

十二春秋天道健，莫言风雪赴斯城。

【自注】2012年瑞典学院诺贝尔文学奖颁给中国作家莫言。

二

赫尔辛基留滞客，机场一夕话艰难。

西方月桂东方折，误认花冠作棘冠。

【自注】2012年12月5日，我作为亲友团成员陪同莫言去斯城领奖，当晚因大雪飞机无法降落，在芬兰赫尔辛基机场住了一夜。谈到国内舆论蜂起，叹息斯德哥尔摩艰难之路。

三

从海礁岩出地心，千年沉默值黄金。

风摧浪拍鸥遗矢，历尽沧桑化大音。

【自注】12月6日，抵达斯城，莫言参加记者招待会，因为没有按照中国香港和西方某些记者预想的立场回答问题，莫言遭到某些媒体舆论的猛烈攻击。

四

君称大地说书人，我意卢梭讲话真。

苦难成诗依地母，蛙驴牛马入精神。

【自注】12月7日，莫言在瑞典学院发表演讲《讲故事的人》，其讲真话的勇气让人联想卢梭的《忏悔录》。四种动物均指莫言小说："蛙"指《蛙》，"驴"指《生死疲劳》，"牛"指《牛》，"马"指《玫瑰玫瑰香气扑鼻》等。

五

一声华语"莫言请"，顿似大潮交响鸣。

地煞天罡重运转，黄人无愧自豪情。

【自注】12月10日，在诺贝尔奖的颁奖仪式上，评委会主席佩尔－韦斯特伯格在致辞完毕时，用中文说"莫言请"，莫言上前领受国王颁发的诺贝尔文学奖的奖章和证书。莫言为第一百零九位获奖者，之前正好一百零八位，故有"天罡地煞"从头开始之喻。鲁迅当年曾拒绝诺奖提名，他认为"倘因为黄色脸皮的人，格外优待从宽，反足以长中国人的虚荣心"。但今天莫言领奖，中国人已经毫无愧色。

六

面包红酒腌鱼片，一席千人烩锦鸡。

伉俪君王花艳簇，白头院士笑如啼。

【自注】12月10日晚餐，在斯城市政厅蓝厅举办盛大筵席，瑞典国王卡尔十六世·古斯塔夫率王室人员均参加。筵席只有三道菜。前菜：腌红点鲑配菜花冻，佐瑞典鱼子酱与莳萝蛋黄酱；主菜：雉鸡肉配鸡油菌、糖水梨、当季时蔬和杏仁土豆泥，佐红酒酱；甜点：开心果碎意式奶酪、樱桃冰糕和一枚大樱桃。宴会共三个小时。

2012 年 12 月 13 日在飞机上吟成

站在诺贝尔讲坛上的报告:《讲故事的人》

一、莫言的创作与诺贝尔文学奖

新世纪以来,中国在经济领域获得飞跃性的发展,全世界有目共睹;但是从另外一个方面看,中国近百年来饱受苦难、贫困、战争、耻辱的长期折磨,一旦经济迅速起飞,必然要拖泥带水,社会震荡,导致各种矛盾尖锐爆发:繁华与糜烂现象同体共生,贫富不均加剧,社会矛盾和伦理冲突骤然尖锐,外在的狂欢假面舞会掩盖了内在集权控制的紧张感,公民意识和民主意识的觉醒,等等,这一切都刺激了文学创作,迫使文学直逼社会转型中的大量感性的生活素材,也迫使中国文学重新回到一百多年前欧洲(特别是俄罗斯)社会转型中的古典现实主义大师们的批判立场和视角。当代文学再度发挥了知识分子的批判力量和民间立场的愤怒情绪。在重振雄风的新世纪中国文学行列里,以莫言为代表的中国当代作家们做出了重要贡献,他们人到中年,三十年来历尽了青春激情、理想受挫、转向民间、批判实践,最终形成了丰富的表达自我的成熟风格，而他们的美学追求，也构成了一个时代的文学风格。

莫言是其中最有代表性，也最具有影响力的作家之一。他创作的小说，语言丰富，感觉怪诞，小说叙事仿佛是挟带着大量泥沙的洪流滔滔不绝，一泻千里，有非常强烈的艺术感染力。他塑造的形象让人想起欧洲文艺复兴时期拉伯雷笔下的主人公。莫言的小说创作风格与福克纳相似，他的每一部小说几乎都离不开家乡高密东北乡，他能够听见土地开裂的声音，能够意识到鱼在水里的感受，他对于天籁之声和大自然具有的五彩之色有特殊的敏感。他对于中国历史的理解别出心裁，处处凸显民间文化力量的存在，总是站在农民的立场上抗议他们所遭遇的不公正的命运。他的代表作中篇小说《红高粱》以抗日为背景写出了中国民间力量的生存状况，长篇小说《檀香刑》表达了作家运用各种民间语言的高超能力。莫言的缺点是写得太多，有的长篇小说写得太长就显得精练不足，尤其是大量来自民间的粗俗语言，要翻译成西方规范的语言相当困难。

莫言在新世纪连续发表了两部长篇小说，一部《生死疲劳》（2006年首次出版）曾经荣获香港浸会大学颁发的第二届"红楼梦奖·世界华文长篇小说奖"大奖；另一部《蛙》（2009年首次出版）曾经获得茅盾文学奖。这两部小说都以非常尖锐的描写，艺术地反映了中国农村社会在半个世纪以来的苦难历程，中国农民对于土地与生命权利的孜孜不倦的追求。作家深刻洞察了中国社会的本质。20世纪50年代以后，国家为了尽快摆脱贫困落后的经济状况，在农村政策上采用了过激的土地集体化的政策，控制了农村的所有生产资料；同时在控制人口增长方面采取过激手段，制止农民无节制的生育。而土地与生育，是中国农民祖祖辈辈寄托了全部人生理想的两大领域，土地是农民赖以生存的基本生产资料，生育是农民家族生命延续的基本形态，这两者结合起来，成为农民的生与死的全部意义的隐喻。这两个方面的被控制和剥夺，对中国农民构成了最大的悲剧性的伤害。在中国，没有一个作家能够像莫言那样如此深刻地感受中国农民难以言说的悲痛；也没有一个作家，能够如此尖锐地表达中国农民作为社会弱势群体被损害与被侮辱的处境及其软弱而无效的反抗。作家在《生死疲劳》中刻画了地主西门闹被枪毙以后冤魂不散坚持申冤，农民蓝脸为维护自己的土地而苦斗终生，在《蛙》里写了一个无情执行计划生育政策的农村医生"姑姑"的残忍、疯狂以及变态心理，在中国文学史上都是独一无二的文学典型。这些人物故事以独特的中国经验为人类表达追求自由的理想，提供了新的美学探求。

关于莫言的创作，诺贝尔文学奖评委们在授奖词里是这样论述的：

莫言是一个诗人，一个能撕下各种典型人物的宣传广告而把一个单独生命体从无名人群中提升起来的诗人。他能用讥笑和嘲讽来抨击历史及其弄虚作假，也鞭笞社会的不幸和政治的虚伪。他用嬉笑怒骂的笔调，不加掩饰地讲说声色犬马，揭示人类本质中最黑暗的种种侧面，好像有意无意，找到的图像却有强烈的象征力量。

高密东北乡包容着中国的传说和历史。他的旅行能够进入一个驴子和猪的声音比人民委员们的声音还高的国度，很少有现实中的旅行能够超过它们，而且这个国度里的罪恶和爱情都能达到超自然的比例。莫言的想象飞越在整个人类的存在状态之上。他是一个妙不可言的自然描绘者，他对饥饿最有体会了如指掌，也从来没有作家如此赤裸裸地描绘过中国整个二十世纪的暴力，包括那些英雄、情人、虐待狂、土匪——而首先是力大无穷不可降伏的母亲。他向我们展示一个没有真理、没有理性和没有同情的世界，也是一个人类失去理智、无力无援和荒诞不经的世界。

这种社会不幸的一个例证是在中国历史反复出现的"人吃人"现象。在莫言笔下这也表现为不加节制的消耗浪费、产品过剩、垃圾堆积、纵情声色和难以言说难以置信的欲望，只有这位作家能够在所有的禁忌界限之外用措辞言说。

在长篇小说《酒国》（英语书名 *Republic of Wine*）中，人们最喜欢品尝的美味佳肴是一个烤熟的三岁婴儿。而正是男孩变成独一无二的食品，那些被忽略的女孩就幸存下来。这种反讽指向中国的家庭政策，女胎儿要流产，而数量到了天文级别：女孩甚至都不值得吃。有关此事莫言又写了一本完整的长篇小说《蛙》。[1]

应该说明的是，尽管莫言在创作中表达了对农民苦难的强烈愤怒

---

[1] 本文所引的诺贝尔文学奖授奖词，是翻译家陈迈平根据瑞典文翻译的中文本。为了阅读方便，引者略改动了几个词的顺序，特此说明。

和深刻同情，但是这些小说作品都是第一时间在中国国内正式出版，而且因为其尖锐的批判立场和有趣的叙事形式赢得大量读者的关注和尊重；莫言在文学领域的巨大影响已经是一个客观的社会存在。这首先要归功于莫言对中国社会（包括政治权力心理、群众社会心理等）的深刻认识与把握，其次要归功于他的魔幻神秘的写作技巧和艺术形式。前者使他始终站在中国现实的土壤里进行写作活动，并且在中国读者群体中产生积极的影响，这一点很像他的前辈鲁迅先生，一辈子在深刻地分析和批判中国社会和中国现实政治，但始终没有离开自己的祖国，这是需要高超的生存智慧和战斗能力的；后者使他的小说叙事始终建立在一种形式奇特、感觉陌生，甚至是表达晦涩的先锋文学结构之上，如《生死疲劳》和《蛙》的叙事结构，都套用了中国佛教传统中因果报应、六道轮回的荒诞形式，以及创造性地利用了《西游记》《聊斋》等古典小说中描写的动物、地狱、幻境等神秘意象，使他的尖锐的现实性和批判性都包裹在丰富的叙事艺术中并表达出来。艺术的力量产生了积极的作用。

　　围绕莫言荣获诺贝尔文学奖，在舆论上又一次引起了激烈的道德对峙，这是可以想见的争吵，可惜不是正常的争论。批评的一方竭力夸大莫言与体制之间的妥协立场，同时又对莫言创作里的尖锐的批判立场视而不见。我曾经读过莫言的一篇文章，题目为《优秀的文学没有国界：在法兰克福"感知中国"论坛上的演讲》，这是莫言在德国法兰克福一个论坛上的演讲稿，他有针对性地提到了一个流传的故事：歌德与贝多芬面对国王的不同态度，贝多芬昂首而过，歌德却退向一边，脱帽鞠躬。莫言评价说，随着自己的年龄增长，他意识到像贝多芬那样做也许并不困难，反倒像歌德那样做更需要勇气。[1]莫言的比喻也许是因为在德国演讲而信手拈来，虽然不够准确，但还是表达了他内心的一点悲哀。我不想讳言莫言在现实层面上有其软弱的一面，莫言是中国农民的弱势处境与悲痛心理的最成功的表达者，但同时，他也是中国农民性格缺陷的最深刻的表述者。那种弱者常有的内在愤怒与外在谦恭、顽固的内心追求和玩世不恭的态度、狡黠而智慧，甚至有点阿 Q 式的自欺欺人，这样的农民形象在莫言笔底下比比皆是，同样也会影响到莫言在现实层面上的处世态度。但是我以为衡量一个作家最根本的标准，是他的作品中流露出来的基本的生活态度和思想倾向，作家面对世界的全部态度，是应该通过他的艺术创作来完成的。罗曼·罗兰在他的英雄传记里表达过这样的意思，米开朗琪罗在现实生活中是一个软弱的人，一生都在为他所不喜欢的教皇雇主服务，受尽了委屈和屈辱，但是他在艺术创造中天才地熔铸了内心的巨大痛苦，将其转换为艺术的形象，生生不息地传诸后世。米开朗琪罗没有被政敌流放、迫害，但是谁也不能否认，米开朗琪罗的艺术是在巨大痛苦中完成的，所以他的创作含有生命的力量。我觉得莫言把歌德的内心软弱和庸俗的世俗行为称为"更需要勇气"，是肺腑之言，这个勇气不是针对外部世界的压力而言的，而恰恰是指他内心的良知让他做出这种抉择时给予的痛苦。抗衡这种痛苦也需要有更大的勇气。

---

1 参阅莫言《优秀的文学没有国界：在法兰克福"感知中国"论坛上的演讲》，载《上海文学》2010年第3期。

二、文本解读：在讲故事的背后

2012年12月7日下午，瑞典时间17点30分，莫言登上了庄严而朴素的瑞典文学院讲堂，开始向全世界的文学爱好者和他的读者，宣读了一份被称为诺贝尔讲演的文章：《讲故事的人》。这份备受关注的演讲稿，据莫言本人说，他只花了两天不到的时间就完成了初稿，可见是胸中自有块垒，必须一吐而后快。演讲的内容犹如题目，是由一系列故事组成，这些故事，有的是他亲身的经历，有的是从别处借来的，也有些是以前他在其他文稿里提到过的。演讲没有发表宣言式的理论主张，没有阐述自己对当今世界的看法，更没有直接回答近一个多月来海内外舆论中针对他获奖而起的攻击、批评和论争。一切均在故事中。

讲演稿共分三个部分：母亲、写作、体制下的个人。

（一）以母亲的名义，站在大地上诉说

第一部分是母亲的部分，不仅感人，而且包含了丰富的思想容量。莫言的演讲是由一段即兴的题外话开始的，他祝贺一个年轻的母亲（瑞典学院常务秘书的夫人）在两小时以前生产了一个女儿。[1] 由此，

1　莫言走上瑞典学院演讲厅的讲台，开场白是这样说的："我说两句演讲稿之外的话，两个小时以前，我们瑞典学院的常务秘书，他的夫人生了一个小女孩，这是一个美丽的故事的开端，我相信在座的懂中文也懂外文的人，会把我刚才的话转译给大家，我向他表示热烈的祝贺。"当日笔者在现场听演讲，当莫言说到"美丽的故事的开端"时，全场掌声雷动。

　　　　　　　　　　　　　步履匆匆：陈思和讲当代人文

他回忆起自己的母亲，他告诉大家，他的母亲已经去世了，而且尸骨无存，早已经化为大地的一部分。因此母亲又成了土地的象征，这也是《丰乳肥臀》里大地母亲的文学意象。莫言说他站在大地上的诉说，就是对母亲的诉说。我觉得，这句话更合理的解释是，莫言"站"在大地上诉说而不是"对"大地诉说，那么，作为大地象征的母亲不是莫言的倾诉对象而是他的依仗，莫言是站在大地上诉说，是以大地母亲的名义对大家说。这是一种表达庄严的言说。

正因为如此，"母亲"在莫言的讲演里被神圣化和虚拟化了。与其说莫言在向全世界的听众介绍自己的母亲，不如说，他是在介绍自己的成长经历：一个人的人格是怎样在不断地被教育中完善起来的。母亲固然是伟大榜样的示范，而"自我"才是真正的诉说中心。莫言了不起的地方也在这里体现出来了——一个获得了世界级荣誉的成功人士，一般来说在这个时候思念母亲，夸耀自己的成长经历，都是司空见惯的，而盘旋在莫言此时此刻思想中的，恰恰是一种深深的忏悔。这让我想起了卢梭的《忏悔录》。莫言所举的童年过失，有些似乎是不可原谅的性格缺陷：逃避责任的怯懦、睚眦必报的狭隘、自私而缺乏同情心、贪图小便宜不够诚实。四个故事以后，他又强调了自己曾经对于死亡的恐惧。一个人选择这个足以夸耀自己的时机，竟面对全世界的听众和读者，就这样一件一件地抖搂出自己的"家丑"，用字狠劲，毫不留情，坦率得让人心惊。譬如，他说自己曾面对一个老年乞丐怒声说"你要就要，不要就滚"；还有，他贪小便宜时"有意无意"地多算了买菜老人的钱，等等。难道莫言就不能选用一些更加平淡、更加谨慎的词来形容自己的缺点吗？但是莫言就是这样不给自己留面子地说了出来，他是用母亲的名义忏悔自己曾经有过的童年过错，这些过错，几乎都可以说是与生俱来、难以泯灭的性格弱点。他仿佛在大声告诉一切想了解他、敬爱他、迷恋他甚至嫉恨他的人："我曾经就是这样一个人。人所具有的缺点我都有，但是我还有一个人所不具备的优点，我能够无掩饰地把曾经有过的错误公布出来。"而这些缺点、弱点、致命的伤害，都因为他的母亲的言传身教而被提醒、被正视，并且企图被克服，因而，他的人格在忏悔中获得了拯救和提升。他的文学前辈巴金先生生前大声疾呼要"讲真话"，这在莫言的演讲中获得了真诚的体现。

因此，母亲部分的话语包含了两套意义。积极的意义是：母亲如何以美好的人格榜样教育他和培养他；消极的意义是：他向卢梭致敬，向巴金致敬，以母亲的名义进行一场真诚的灵魂忏悔——连这样的隐私都敢公开表白，还有什么样的误解和攻击不能面对呢？虽然在莫言小说里也曾经多次出现类似的艺术形象，但毕竟是虚构的，而公开演讲中的"我"就不能说是虚构了。如果说，忏悔是演讲第一部分的关键词，那么，我们将要讨论莫言自曝的种种性格缺点究竟是从何而来。是一般的人性弱点还是特殊情况形成的心理伤害？他在这样的特殊场合诉说这一切究竟有什么意义？这是演讲的重要部分。作者不是孤立地暴露自己童年时期的性格缺陷，而是通过一个个成长故事，把几十年来中国农村的苦难史串联起来，环境与性格成为一种现象的两面。

莫言出生于 1955 年，他演说的五个故事的时间顺序是：第一个故事发生在1958年"大跃进"办公共食堂的时代；第二、三个故事发生在20世纪60年代初的"自然灾害"时期；第四个故事应该是在"文革"前夕（在他辍学之前），第五个故事发生在60年代末的"文革"时期，因为1970年莫言已经15岁，不大可能因恐惧母亲死亡而大哭。但是，第二个故事的后半部分，那个扇母亲耳光的麦田看守员已经成为老人而莫言企图去报复的时间，只能发生在70年代，即莫言15岁前后到21岁参军之前。而从1958年到70年代这十多年，是中国农村最受折腾的时期："大跃进"造成农民的极度贫穷；三年自然灾害的大饥荒把农民拖到了死亡线上；人民公社对农民土地和农作物的无情剥夺，造成了农民对管理体制仇恨对立的情绪；1963年以后由于农村实行了部分宽松政策，允许自由买卖，才有了莫言卖白菜的悲喜剧；"文革"时农村经济凋敝，农民生活在贫病交困之中，人的生命贱如微草，才有了孩子对死亡和失去母亲的恐惧。总之，贫困、饥饿和死亡，是笼罩在童年莫言心头挥之不去的阴云。俗话说人穷志短，极度贫困造成了人性的怯懦、狭隘、斤斤计较以及铤而走险，饥饿逼得人们疯狂争夺、人情淡漠、自私冷酷，而在死亡的幻觉下，人们对生活充满了绝望。这样的生活现实在莫言小说里曾被演化为大量生动感人、如泣如诉的文学故事，而在演讲里他再现这样的生活场景，为他的忏悔提供了一个背景：苦难的生活不仅摧毁人的身体，也腐蚀了人的心灵，成为人性发展中一股向下堕落的力量，为邪恶的滋生准备了湿润的温床。

母亲形象在故事中出现，显然是精神的象征，是与现实层面的假丑恶对峙的人性力量所在。母亲不是来自神的世界而是一个普通的贫苦农民,她是莫言的生命的赐予者,血缘遗传基因的根本之源。这是讲演中莫言开始忏悔的第一句话"我是我母亲最小的孩子"的用意所在。母亲给予的向上的血缘力量与现实影响中的向下堕落的人性力量之间的一场旷日持久的争夺战,成就了作为作家的莫言人格。莫言是一个从来不讳言人性弱点并敢于夸张描写的作家,而对于这一切弱点而生的悲悯之情,则来自他的母亲。莫言在演讲里用前所未有的干净美好的语言来抒发对母亲的赞美,为人们理解他的作品提供了另外一种途径——人性的提升,不是靠外在于人性的现实世界的教育影响,人性的拯救力量是自我的力量、血缘的力量和本能(遗传)的力量。这是一种真正的人文主义的立场。我以前解读莫言小说的时候从未想到这一点,是演讲中母亲形象给了我启发。接下来我们就能理解下面一段母亲对儿子所说的话的象征意义:

> 我生来相貌丑陋,村子里很多人当面嘲笑我,学校里有几个性格霸蛮的同学甚至为此打我。我回家痛哭,母亲对我说:"儿子,你不丑。你不缺鼻子不缺眼,四肢健全,丑在哪里? 而且,只要你心存善良,多做好事,即便是丑,也能变美。"[1]

如果我们把前面莫言陈述的一系列忏悔故事联系起来看,似乎可

1　莫言的演讲《讲故事的人》在网络上有多种版本流传,但因为版权属于瑞典学院,至今国内还没有权威的纸质刊物刊登最准确的中文文本。本文依据的是莫言在瑞典学院演讲时陈列在演讲厅门口的中文讲稿(打印稿)。

以把这段话中关于相貌"丑陋"的意象置换为上述性格缺点的总称。一个坦白了自己种种错误缺点，还沉浸在罪恶感中的孩子转向母亲倾诉：我难道真的有这么"丑"吗？母亲依然不是神，而是一个普通的农村妇女，她安慰儿子的话很简单：一、你是健全的，从劳动的观点看，健全的人能够劳动，就是美的，怎么会是"丑"呢？健全来自遗传，遗传决定了美丑。二、心存善良，善良不是外在的教育所致，而是生命中的本能所致，善良从人的内心出发，抗衡现实的邪恶，于是就要"多做好事"，以内心对抗外力。而遗传和本能，只能来自母亲（先人的象征）的血缘。母亲对莫言如是说，意味着生命的本能提升莫言，转"丑"为美。

这样，解读莫言的作品，有了一个新的视角。

（二）向拉伯雷致敬：来自生命本原和民间的理想倾向

母亲形象以正面的意义出现在莫言的演讲之中，不知道是否出于巧合，这解释了莫言创作中的一个最重要也是最为人忽略的问题：理想的倾向。因为诺贝尔遗嘱里明确提出，文学奖是奖励给创造出具有理想倾向的优秀作品的作家，所以，一个世纪来，围绕着什么是理想的倾向，争执不休。

这种争论几乎从一开始就发生：法国伟大的自然主义作家埃米尔·左拉就是因为作品中描写了大量粗俗的社会现象和人性丑恶，被排除在获奖者的行列之外。但是，左拉没有理想吗？且不说左拉在德莱福斯事件中挺身而出，发扬了卢梭、伏尔泰的光荣传统，高举起现代知识分子的旗帜，我要说的是，正是埃米尔·左拉，第一次将人体生命内在的遗传因素写入了文学作品，作为制约人们善恶良知的超越性力量，人类理想才有了新的理解和解释。而在左拉之前，所谓的理想一般是与宗教信仰、政治信仰以及某种神秘力量导致对未来的美好想象联系在一起的。因此，理想是属于个人生命以外的彼岸世界，是帮助人类克制自身肉体欲望、生命本能的超越性的精神力量。在中国古代就有所谓"存天理，灭人欲"的信条。在今天的中国，依然是鼓励人们要用崇高的道德理想（一种符合主流意识形态的价值标准）来克制人的欲望。在这些道德理想主义者看来，作为一个肉体的人，是不美好的。而当左拉引进生命遗传基因对人的命运可能有的制约作用以后，关于人的解释就不同了，左拉笔下描写的人物，善良邪恶不是取决于外部社会，而是取决于生命内部的遗传基因。因此，决定人的性格和命运的力量在于人类自己。左拉不仅开创了西方将近一个世纪的现代主义小说的基本观念，而且，人类遗传基因科学的研究成果证明了他的预见性。但是，在一百一十年以前，传统的理想观念妨碍了诺贝尔文学奖的评委们正确认识左拉创作中具有的全新的理想倾向，左拉所描绘的人性中的种种丑恶粗俗现象，诸如暴力、犯罪、性、贪婪、酗酒、非理性的疯狂等等，都是来自人类遗传基因，这种遗传基因与社会制度的非正义性结合起来，才导致了善良的泯灭。所以人类要改变自己的命运，唯有以认识自己生命遗传中与生俱来的缺陷为起点，战胜自己和提升自己。理想产生于遗传基因中的善的力量。所以左拉在晚年的《四福音书》中高声赞美繁殖，人类的繁殖（遗传）才是人类

步履匆匆：陈思和讲当代人文

的福音。

　　尽管左拉开创了现代文学的道路，但是他并没有改变人们对于理想的认识。人们认同左拉在德莱福斯事件中作为斗士的形象，却极大地不尊重他作为小说家的成就，没有意识到捍卫真理斗士的理性选择与自然主义作家的非理性描写是同一个不可分割的人格体现，都是反映了人的生命的欲望和追求。而延续着左拉的非理性艺术创造道路的西方作家，如斯特林堡、乔伊斯、伍尔夫、普鲁斯特、里尔克等等，都没有进入这一荣誉的行列。这种情况到了20世纪40年代以后才逐渐发生扭转，尤其是在威廉·福克纳、巴勃罗·聂鲁达和加西亚·马尔克斯等一批重要作家获奖以后。但我之所以从左拉开始谈起，是因为左拉的人生和创作标志了两种理想的不同演绎可以同时存立：前一种理想倾向于人类对美好未来的勇敢追求和斗争精神，而这个美好未来的标准既是人类理性选择的结果，也是一种外在于人类生命的被确认的原则，在多元角逐的国际政治斗争中，这一原则在不同政治语境下也被赋予了多元的解释；而后一种理想倾向于对人的生命元素及其文化历史的追寻和发现，歌颂人的生命力量，并通过对人性的深刻描写来认识人性，充分肯定人应该通过自身的力量来掌握自己的命运，而不是消极地被拯救，这种追求更多地倾向于人文的理想和文学的理想。经过了一百多年的传承和实践，这两种理想主义的倾向都得到了诺贝尔文学奖的尊重并且有所反映。这次莫言的获奖表现了这一点。

　　莫言的创作无疑是属于后一种理想倾向的传统。我这样来区分理想的内涵，并非认为作家只能选择其中的一种理想标准来作为自己安身立命的追求目的。如果有作家同时承载了两种理想的责任，并在文学的创造中开拓新的艺术境界，这当然是最好的状态。但是在充满冲突误解和社会异化的当今世界，企图真正做到两者的完美结合并非一厢情愿可以做到，尤其是在中国特殊而严酷的现实环境之下。莫言的选择，我以为是一种长期在苦难和屈辱的环境下心灵压抑的必然结果，也是中国作家的生存智慧和岗位意识所决定的。他把一切内心的痛苦、抗议和挣扎统统融入虚构的文学世界，极其丰富地创造了中国现实的真实场景和人性力量的复杂内涵，但是一旦走出这个明亮的文学世界则一团昏暗，三缄其口，真正做到"莫言"了。这是中国特殊环境下的特殊选择。当年鲁迅拒绝共产党领导人李立三要他公开抗议国民党政府以及流亡苏联的建议，宁可在白色恐怖下进行隐晦的有实效的杂文书写；当年钱锺书在"默存"的自我警戒下躲进书斋白首穷经，完成了传世的学术著作《管锥编》；当年陈寅恪双目失明，凭惊人的记忆来"著书唯剩颂红妆"，完成了不朽的历史传记著作《柳如是别传》；当年沈从文在放弃写作、改行研究文物的自我规训下，完成了中国古代服装史和大量的潜在写作；当年无名氏（卜乃夫）在埋名隐姓十多年的隐居生活下，完成了二百万言的灵魂自白书《无名书》；当年巴金忍受年衰病痛，怀着巨大隐忧，用曲折的文笔吞吞吐吐地写出了真心忏悔的《随想录》，成为80年代知识分子的良心之作。似乎不能说这些作家都没有知识分子的勇气和社会责任感，也不能说他们缺乏心灵自由和担当责任，在一个摧毁文化理想的年代里，真正承接知识分子理想血脉的，正是这些作家和他们的作品。如果我们只赞美广场上人们的大声呐喊而无视铁屋子里默默挣扎的人们的努力，并不能算是真正的知人论世。莫言性格中有怯懦的因素，这在演讲中已经被他自己首先揭发出来。那个因为怕挨打而躲在草垛里整整一天的小男孩，就是莫言的心理写真。在他讲到自己走上文学道路之前的经历里，有个令人感兴趣的隐喻：少年放羊娃莫言躺在草地上仰望白云，幻想着狐狸变美女的奇迹出现，可是当一只真的火红色的狐狸从草丛里跳出来，"我被吓得一屁股蹾在地上，狐狸跑没了踪影，我还在那里颤抖"。现实中的狐狸如此可怕，而幻想中的狐狸竟如此美好，这个悖论也是莫言所有文学创作的出发点。莫言在演讲中发出的"对一个作家来说，最好的说话方式是写作。我该说的话都写进了我的作品里。用嘴说出的话随风而散，用笔写出的话永不磨灭。我希望你们能够耐心地读一下我的书"的呼吁，也是我们理解莫言演讲中关于写作部分的出发点。有些话，是不能被当作轻飘飘的风吹过耳朵的。

莫言演讲中的第二部分内容没有太多的新鲜感，关于莫言的写作情况我并不陌生。不过当演讲稿从母亲的形象发展而来的对遗传基因和生命本能的思考，还是让我感到了一些兴奋。莫言的创作美学，在世界文学传统中可以归到拉伯雷的《巨人传》的渊源，一种来自民间"下半身"文化的不断张扬人性狂欢力量的榜样，对莫言来说简直是驾轻就熟，浑然天成。但是莫言小说里还是他的中国元素，那就是对于苦难命运的忍受以及对由此引起的痛苦心灵的忍受。莫言向读者介绍的第一部创作是《透明的红萝卜》，他说："我认为《透明的红萝卜》是我的作品中最有象征性、最意味深长的一部。那个浑身漆黑、具有超人的忍受痛苦的能力和超人的感受能力的孩子，是我全部小说的灵魂，尽管在后来的小说里，我写了很多的人物，但没有一个人物，比他更贴近我的灵魂。"莫言如此来归纳自己创造的艺术形象黑孩，看得出他强调的是这个人物承载苦难的特殊能力和特殊方法。这是莫言小说最关切的地方，也是最让人心痛的地方。他深深地知道，中国农民的身上承载了千百年的沉重压迫与精神腐蚀，他们的无意识里弥漫着沉重的苦难意识难以表述出来，或者说他们是被剥夺了表述痛苦的言说能力，反而采取了冷漠的情绪来对待苦难；同时，他们的沉默并不说明他们没有丰富的内心情感世界，也不说明他们没有作为一个人追求美好生活的生命能力。这就是《丰乳肥臀》《四十一炮》《生死疲劳》《蛙》等所要告诉我们的中国农民的真实形象。所以，《透明的红萝卜》里这个聋哑孩子的形象还孕育了更为重要的元素，那就是理想性。黑孩最后做了一个"透明红萝卜"的美好的梦，把现实生活里一块被捶打冶炼的铁疙瘩，变成了透明灿烂的红萝卜。这是黑孩发自生命的理想所在，尽管它起源于一个梦。

奇怪的是，在这部分演讲里，莫言提到了他的一系列重要小说作品，却没有介绍他最重要的代表作《红高粱》。只是在谈到生活真实与艺术虚构的区别时，他轻描淡写地引用了他父亲对前来责难莫言的人们说的一句话："他在《红高粱》中，第一句就说'我父亲这个土匪种'，我都不在意你们还在意什么？"《红高粱》是中国当代文学中新历史小说的开山之作，也是代表作。《红高粱》之前，中国当代文学中的"历史"都来自主流意识形态的教科书，如果是关于抗日题材的作品，大陆当代文学一定是写中国共产党领导的八路军、新四军的抗战，在台湾文学里一定是写国军的抗战。而《红高粱》第一次摆脱了两种党派的视域而直接引进了民间抗战的视角：抗日英雄余占鳌（我爷爷）是一个土匪，他所爱的女子（我奶奶）是一个酒店老板娘，他们杀人越货、浪漫风流、元气充沛、无拘无束地生活在这一片广袤无边的高粱地上。正是这些英雄豪杰、风流女子登上了历史舞台，演出了有声有色的历史故事。用民间的立场取代党派立场和意识形态立场来书写历史还原历史，才是我们认识《红高粱》的价值所在。也正因如此，莫言开创了一种民间理想主义的道德境界。这是中国当代文学创作中具有里程碑意义的转变，此后，民间理想主义取代了道德理想主义和党派理想主义，有一批重要作家都创作了民间理想主义的优秀作品。如张承志从西北伊斯兰哲合忍耶教派中吸取力量书写了《心灵史》，张炜站在民间大地创作了《九月寓言》，王安忆在上海怀旧寻梦的民间性中创作了《长恨歌》，严歌苓用民间智慧来面对土改而创作了《第九个寡妇》，还有苏童的《米》、阎连科的《受活》、韩少功的《马桥词典》等等优秀作品，都是民间理想主义的代表作。在这里，我明白了莫言只选了父亲这段话的用意，"我父亲"是小说里的人物，并非真实生活中的莫言父亲，但老人的话却好似智慧的嫁接，把小说中的民间理想主义的立场转移到作家血缘所承传的理想传统上。所以，我们理解莫言文学的理想倾向除来自生命血缘和生命本能以外，还必须注入第二种特质：民间性。这也是来自拉伯雷的传统，而莫言把这种传统与自身的血缘传统联系起来了。

莫言在演讲中还先后提到了前辈作家沈从文和他的恩师——军旅作家徐怀中，除了表示他在文学创作中的传承和谦虚以外，他提到沈从文似乎也是在向诺贝尔文学奖表示一种敬意。沈从文是第一个进入了诺奖评委视野的中国作家，那年（1988年）因为他的去世而失去了机会。沈从文也是一位乡土性很强的作家，在党派纷争、斗士林立的20世纪三四十年代，沈从文自觉地退回到自己的家乡湘西，书写了大量的乡土故事，如著名的《边城》和《长河》，在民间立场和生命力量的开掘中抒发了自己的人生理想。

（三）集体主义的体制中，个人何为？

莫言在众多媒体（主要是西方媒体）的争议声中走上诺贝尔讲坛，他本来可以对媒体的误解与攻击置之不理，因为能够代表桀骜的中国登上这个西方神圣讲坛的事实已经说明了他的胜利，但是他还是愿意回答这些误解与攻击，方式仍然是讲故事。他说："尽管我什么都不想说，但在今天这样的场合我必须说话。"又说："我是一个讲故事的人，我还是要给你们讲故事。"这两句话，让我一度把这一部分的三个故事解读为莫言在西方媒体面前的自我辩护，后来细读之下，我觉得这样的理解不全面：因为第一，这三个故事并不是专门针对西方媒体或者误解他攻击他的人说的，我在之前似乎读到过相关内容的故事；第二，莫言也没有必要在这样一个重要时刻去质对一部分心存误解或者别有用心的舆论。那么我们可以把这三个故事看作作家站在世界讲坛上对更多的听众讲述的寓言，通过三个故事表达了人们所关心的莫言作为一个体制内的作家，他所理解的有关个人与社会、体制和宗教的三重关系，同时也表达了文学的真善美的问题。

第一个故事，还是从莫言的自我忏悔说起。他讲了他在念小学时的一次告密事件：在集体参观忆苦思甜教育展览时，几乎所有的同学都为了表示悲伤而努力装出痛哭的样子，只有一个同学没有这样做。"有一位同学，脸上没有一滴泪，嘴巴里没有一点声音，也没有用手掩面。他睁大眼看着我们，眼睛里流露出惊讶或者是困惑的神情。"这是一群十岁左右的孩子，在20世纪60年代的强迫性政治教育下已经开始出现了扭曲心灵的伪善性格，把原来发自内心感情真实的"哭"演变成为政治上表示进步的举动，不仅如此，由于伪善而不自然的行为本身对孩子来说就是一种折磨，所以他们特别害怕看到有人在这个集体中不参与表演的行为，伪善者特别讨厌的就是真诚，因为在真诚的面前，伪善者就感到了作假的困难。那位没有参与痛哭表演的同学并不是什么觉悟的先驱者，而只是心灵中的单纯善良暂时还没有受到戕害，但是很快灾难就来了，有十几个同学向老师告发了这个同学，其中也包括莫言。于是这个同学受了警告处分。单纯的孩子无法在虚伪成风的环境下苟且地生活下去，他只活到四十多岁就死了。莫言从这个事件中看到：当众人都哭时，应该允许有的人不哭；当哭成为一种表演时，更应该允许有的人不哭。

在一个集体主义为原则的社会环境里生活过的人，对这个故事都会产生刻骨铭心的记忆。当一部分人对于某种外在理想原则做了绝对的确认以后，这部分人就成为一个"集体"，他们在共同的理想原则下生活，为同一的理想而奋斗；这对于自愿加入这一团体的个别成员来说是没有问题的，因为对理想的信仰，无论宗教、政治、党派都需要克服个性的欲望和权力，以最大能量奉献于理想事业；但是当这个原则扩大到集体以外的范围，要求集体以外的人也必须遵从这个集体选择的理想原则，就变得荒诞和非理性了。如果某种理想被强调为放之四海而皆准的普遍原则（即真理），并且利用集体的统治力量（国家形式）使它成为人人必须遵从的教条，那么荒诞也可能变成一种实践。它会覆盖所有的影响所及的人的个性选择。中国儒家强调"己所不欲，勿施于人"是一种王道，但事实上人类世界历史上无数的战争、冲突、杀戮、镇压、刑法等等，都是在"己所欲，必施于人"的堂而皇之的正当理由下进行的。这是人类通往奴役之路还是通往自由之路的最初分歧点。一旦选择了奴役之路，那就意味着个性的毁灭，所有的人必须被迫伪装成服从，尽量使自己取得与集体的同一性。因为只有在这种集体的同一性下才能获得安全感。这个"安全感"是建立在异己者不安全的威胁之下的。所以，莫言把"当众人都哭"和"当哭成为一种表演"分为两个阶段是有道理的，前一阶段只是集体与个人的异己关系，而后一阶段，则是在个人已经被毁灭的前提下个性是否还有消极存在（不伪装）的可能。我突然觉得，莫言的这个故事解决了巴金生前呼吁"讲真话"的前提条件。巴金的呼吁曾经遭受到许多人的讥笑、讽刺和鄙视，那些讥笑者故意混淆和模糊巴金提议"讲真话"的背景，把"讲真话"曲解成"小学二年级"学生就可以做到的低级要求。但是在巴金以及他的同辈人看来，在中国的特定政治环境下要做到"讲真话"根本不是一件容易的事情，所以，也曾有人提出过，实在不能"讲真话"的时候，可以保持不说假话。"讲真话"和"不说假话"也是两个不同环境下的产物，后者是退而求其次的不得不为之的保持操守的措施。莫言的这个"小学生装哭"的故事，明确地分出了两类"不哭"的允许范围和限度。

第二个故事，看上去过于简单，寓意也不明确。故事发生在军队期间，莫言一个人在看书，老长官推门进来，显然是找平时坐在莫言的办公桌对面的那个人，现在那个人不在，于是老长官自言自语地说：没有人？虽然用的是问号，但明显不是在问莫言。少年气盛的莫言被这种漠视他存在的态度所激怒，于是冲动地抢白老长官："难道我不是人吗？"这样的调侃话在我们日常生活中是经常会遇到的，并没有什么尖锐性的含义。这事发生在三十多年前，是20世纪80年代初人道主义思潮刚刚在中国思想界发生作用的时候，在这个背景下大声疾呼"难道我不是人？"，留下了思想解放运动的痕迹。但是，莫言在这里偷换了对话中"人"的概念：老长官说的"没有人"是指他所要找的那个"人"，而敏感的莫言则把"人"泛化成为所有的人，概念的人成为大前提，于是就有了小前提："我也是人。"这是典型的20世纪80年代初的人道主义思潮影响下的思维方式。

那么，莫言感到内疚的是什么呢？是对老长官不够尊重任意抢白？是故意曲解了老长官说的"人"的所指？我想最主要的还是，老长官作为领导漠视了作为下级军人的莫言的存在。所以他描写了当时的心情："我洋洋得意了许久，以为自己是个英勇的斗士。"这是一个向体制要人权的寓言。契约是双方的，作为一个下级军人珍视老长官的权威，那么他必然在乎老长官对自己是否在意。"难道我不是人吗？"其实是抗议老长官对他的漠视。但是，我们似乎也可以反问莫言：难道你是不是"人"还需要"问"老长官吗？你需要由老长官来证明你是一个人吗？这又回到了第一部分中的故事，当莫言告诉母亲，别人都嫌他"丑"而欺侮他时，母亲告诉他，你并不丑啊！你五官不缺、四肢健全，为什么说你丑呢？关键还是你自己能否心存善良，能否多做好事。所以，一个人是"丑"还是"美"，要通过自己的遗传基因、内心本能及其实践来证明，而不是依靠别人的眼睛来确认。如果我们在这个意义上，推论莫言后来真正感到内疚的，应该是他"洋洋得意"地"以为自己是个英勇的斗士"的幼稚行为。"难道我不是人吗？"的提问需要看对象，看你是对谁提出这样的问题。联系到前一个故事，如果是要这个假哭的集体认可你是一个"人"，甚至是个"模范的人"，那你的前提就是，必须咧开大嘴号哭，或者把唾沫抹在眼睛里冒充眼泪。

我们从莫言的小说中看，从《透明的红萝卜》《红高粱》开始，莫言笔下的大多数人物几乎都没有人把他们当作人看的，而是他们自身的生活实践中，那种大胆无畏、放荡无度的元气淋漓的生活方式（像余占鳌、九儿），或者不屈不挠、九死不悔的倔强的生活选择（像西门闹、蓝脸），为自己谱写了一个大写的"人"字。这才是个人的选择，个人用自己的实践来证明自己是一个独立的人，这样的人才是真正的人，具有独立价值的人。在这个意义上他们也是美的人。

第三个故事，是莫言从老一辈那里听来的。这个故事似乎涉及个

步履匆匆：陈思和讲当代人文

人与宗教的关系。莫言在演讲词里公开说："那时（指童年——引者）我是一个绝对的有神论者，我相信万物都有灵性，我见到一棵大树会肃然起敬。我看到一只鸟会感到它随时会变化成人，我遇到一个陌生人，也会怀疑他是一个动物变化而成。"这种万物有灵的民间宗教，当然不能简单归为佛教还是道教，或者是其他什么宗教。我以为莫言从小接受的是民间最普遍的有神论，也就是通常所说的，头上三尺有神灵。我们人间做什么事，并不知道是善还是恶，只有当你做了以后才能知道，因为有"神"的眼睛高高在上。在雷电交加面前，这八个泥瓦匠可能都是无辜的人，因为处境危急，才使人生出疑惑：需要选择一个"坏人"，通过惩处他来拯救其他人。这不是什么英雄行为，而是古代的活人祭祀的野蛮方式。但是在离我们现在并不遥远的历史上，这种野蛮祭祀的现象曾经频繁地出现过，每一次政治运动都会抛出百分之五的人进行活体祭祀，用他们的牺牲来保护大多数怯懦者的短暂安全。于是集体就犯罪了。所以当八个无辜的泥瓦匠决定选其中一个无辜的人作为牺牲的时候，另外七个人就犯罪了，受到了神的惩罚。这个故事显然不是来自西方的宗教故事，而是一个被世俗化了的中国民间神话。这个故事仍然没有离开忏悔的主题，但是忏悔的主体扩大了，不再是莫言个人的忏悔，而是他把自己融入了这个有罪的群体，提出了集体忏悔的精神要求。人不是天生有罪的，而是在他人即地狱的人世间，你随时可能被当作有罪的人给抛出集体，也可能因为抛了别人而犯罪，被压死在雷电击毁的庙宇里。于是，你到底是做那个被选出来的泥瓦匠还是另外七个被压在废墟里的泥瓦匠，只能由你自己来选择。

第一个故事讨论体制内的人如何使自己保持真实，第二个故事讨论体制内的人如何来证明自己的价值，而第三个故事，则是讨论如果在一个邪恶的体制内，人何以为善。莫言是一个讲故事的人，他因为讲故事获得了诺贝尔文学奖。

本文第一部分《莫言的创作与诺贝尔文学奖》的前三段，引自我致瑞典学院推荐莫言获诺贝尔文学奖的原信部分内容，2012年1月16日写于那不勒斯的东方大学，后来又做了若干补充而成文；第二部分《文本解读：在讲故事的背后》，2012年12月12日写于斯德哥尔摩大饭店，初刊《学术月刊》2013年第1期。两部分合在一起构成本文，收入拙著《中国现当代文学名篇十五讲》（第二版），北京大学出版社2013年。

2013年

纪 事

2013年，贾植芳先生于2008年4月24日去世，于今已经五周年。我应《人民文学》主编施战军兄之邀，在教师节前夕写了《五年来的思念》，阐述纪念先生的意义，同时为先生百年纪念（2016年）做准备。2014年，贾先生藏书入藏张掖河西学院，以后几年，在刘仁义校长的主持下，河西学院相继建立贾植芳先生藏书陈列馆、贾植芳讲堂等纪念场所，我与李辉多次赴河西学院讲学和宣传先生的精神。2020年，《贾植芳全集》（十卷）由北岳文艺出版社出版。凡此种种可以告慰先生天上之灵。

是年，论著《新文学整体观续编》获教育部第六届高等学校科学研究优秀成果奖（人文社会科学）一等奖。

是年出版有自选集《思和文存》三卷本（黄山书社）、旧体诗集《鱼焦了斋诗稿初编》（广西：漓江出版社）、演讲集《从鲁迅到巴金——陈思和人文学术演讲录》（上海：中西书局）、回忆录《1966—1970：黯淡岁月》（上海书店出版社）等。

是年，.金理编著《陈思和学术教育年谱》（华东师范大学出版社），徐昭武编选陈思和随笔集《文学是一种缘》等。

为贾植芳先生藏书陈列河西学院而题四首

一、黑水

（张掖古名黑水，与舍下书斋名相符）

黑水藏书偿夙愿，斋名伴读数十年。

今知古国合天意，复旦河西喜结缘。

二、捐赠

感念恩师灵在天，藏书护送到祁连。

植芳万里丝绸路，浩瀚精神大漠烟。

三、薪传

西北芝兰海上传，幽香暗渡故山川。

贾门三代精诚系，纸墨诗书比石坚。

四、丹霞国家公园

七彩罗裙百色冠，三千佳丽列仙班。

莫道张掖观无海，一片丹霞火巨澜。

2014年7月6日晚，河西学院宴席上遵刘仁义校长之命，即席赋吟。

五年来的思念：贾植芳论

贾植芳先生离开这个世界已经五年，但我常常觉得，先生并没有离开。因为，一个人的生命不仅仅依赖肉身而存在，人的生命可以依托于三个界面：第一界面当然是寄植于人的肉体，这是最物质的层面，通常唯物论者相信，人活着，生命就存在，人死了，生命也就随肉身而消失；我是个唯物论者，我也从来不相信鬼神，但我还是认为，人的生命现象还远不止那么简单。一个人虽然死了，他生前认识的，有过交往的人，他的爱人、亲属、子女、朋友，后辈，亲疏不论，只要想起他来，音容笑貌历历在目，他的言论行为依然激励他人，怎么就能够判断他的生命已经不存在了呢？不是明明活在他人的记忆和思念中吗？这就是生命所依存的第二个界面，属于虚幻的、感情的层面。不过，人事总有代谢，当那些保存生命信息的记忆、思念的拥有者也陆续逝去，疏远的晚辈对他不再有回忆的时候，他也许就真正地消亡了，这是生命的再度消失。但是还有例外，那就是有一部分人的生命信息通过某些物质——文字、图像、声音等，通过某种有形或无形的遗产，还能够继续被保存。譬如说，我们没有见过鲁迅，也没有与他生活在同一时代，但是，我们通过读鲁迅的著作，看鲁迅的照片，通过他人关于鲁迅的回忆、研究、阐释……，慢慢地，鲁迅在我们的心里活了起来，他经常在我们的念想、议论之中。也许我们心中认定的那个鲁迅，与真实的鲁迅毫无关系，与鲁迅亲友们的回忆中的鲁迅也没有关系，只是我们由己推人的模糊想象而已，但是鲁迅的生命信息依然是存在的。贾植芳先生也没有见过鲁迅，但他可以通过鲁迅亲炙者胡风、冯雪峰以及那个时代的信息，感受到鲁迅在他心里复活。即便如孔丘嬴政之流，只要他们的名字、思想、事迹还在我们的关注之中，他们的生命信息还是会存在于当代。这是生命所依存的第三界面：它是依附于某些物质媒介传达到后世的一种信息，尽管这种信息可能是极其模糊的，但也可能因一人千形愈加丰富了。逝者的生命信息穿越时空，只要与另一个活着的生命相逢就有可能被激活，那是属于精神的界面。有时候，当我们走过墓园，望着无数墓碑上的名字、照片、碑文，我们会感受到某种生命信息的存在，精神的不朽是存在的。

由此想起古人所说的"三不朽"。我以前在纪念先生的文章里分析过"三不朽"，那时候我仅仅是从一个人生前如何立德立功立言的关系上来认识，以为立德在于社会行为的表率性，立功在于岗位上的业绩，而立言仅仅是前两者的"注释"。但是当我把思考转向一个人死后的生命依托时，"不朽"的意义才真正地从三个界面显现出来——人活着的时候，生命价值通过人生行为（尤其是岗位上的工作）所达到的业绩来体现，是为立功（即"不朽"之基础）；人在去世后，其生命依然保存在他人的记忆、思念中，是为立德（即"不朽"之可能）；而时过境迁，后世人仍然从阅读逝者著作、感受逝者事迹中获得鼓舞，其生命信息依然与后世的无数生命相逢、交流和沟通，产生出模模糊糊但又极有启迪的效应，那是立言。立言是立功、立德的延伸，可以延续到不可知的未来世界，完成生命价值的最终"不朽"。而且，立言可以是生命主体之"言"，也可以是他人、后世的人们对逝者的生命信息之所"言"。"立言"是一种集体性的行为，其容纳的生命信息愈多，延续的时间也愈长，总体的生命能量会超过个体的生命信息，逝者的名字就成为一种集体性的符号。

我原先打算在贾植芳先生五周年忌日写一篇先生对我教诲的文章，但不知为什么，一敲键盘竟扯上生命不死的话题，也许，撇开"不朽"这个词含有的"长生不死"的庸俗性，从纯粹精神界面来说，它还包含了生命信息从一个生命传递到另一生命的无限性，世界上没有永不腐朽的有机体生命，但是生命的繁殖本能抗衡了腐朽的宿命，生命不仅繁衍，而且在繁衍中延续、进化和变异，这种"传"的意义便是不朽；精神现象也是一样。世界上没有一种精神理想会永远不过时不腐朽，只有当精神理想被后世不断地阐释修正并在实践中继承发扬，才会成为一种精神传统得以保存。我是1977年恢复高考后的第一批大学生，但是我经常在想，假如我当时没有考入复旦大学，也许我在以后的三十年里有很多种人生道路可以尝试，可能成功也可能失败；假如我当年没有在中文系资料室遇到贾植芳教授，而是跟随了别的导师，那我也有可能走上不同的道路。一切可能性都是存在的。

记得在先生九十诞辰的时候，复旦中文系办过一个祝寿会，会上章培恒先生说了一段话，至今记忆犹新。章先生一口绍兴普通话，"这个、这个"口音很重，现在根据他发言的整理稿，是这样说的：

> 我在古代文学研究方面，如果说能够有一点成绩的话，那么跟我的古代文学的两位老师蒋天枢先生和朱东润先生的教导固然是分不开的，跟贾先生的教导同样也是分不开的。贾先生所教给我的当然不是具体的研究中国古代文学的方法和路径，但是贾先生教给我研究中国文学的方法和路径。而这个研究中国文学的方法和路径，是体现在中国现代文学的研究里面，同时也是研究中国古代文学非常需要的。如果没有这样的一种指导，我当然还会做中国古代文学的研究，但是跟现在的情况可能会很不一样。而这一种很不一样在我来看并不是我所希望的，我应该说，正是我所害怕的。

这段话出自章培恒先生的内心所感，我禁不住想进一步深究，章先生感到害怕的、因为有了贾先生这位名师才得以避免的，究竟是一种什么样的状态？章先生接着说下去：

> 我在古代文学研究里面，有人说我的功夫都是邪派武功——就是武侠小说里面的邪派武功。换句话说，在古代文学研究领域里面并不是正宗的，但是我觉得这个不正宗，实在是我很喜欢的，

而这个不正宗也就是从贾先生的方法和路径里面所学到的。所以我想，贾先生对我的影响是一辈子的，既在做人方面也在做学问方面。

我体会这段话里两个关键词：一个是"不正宗"，另一个是"做人"。而那种"不正宗"的做学问的方法和路径，恰恰是章先生所喜欢的，因为体现了他的人格的魅力；而所谓"正宗"的做学问的方法和路径，是在当下教育体制内大多数人都在平平稳稳走着的治学道路，却是章先生非但不为，反而感到"害怕"的。这就是做学问和做人结合起来的一种研究方法和路径。那么，贾先生到底是教给了章先生什么"独门秘籍"，把这位学生时期就加入了中共地下党、20世纪50年代初院系调整后身为学生就担任了复旦中文系第一任党支部书记、后来成长为名重士林的古代文学专家，变成了"邪派武功"的"高手"？章先生的学问之大之深，非我所能议论，章先生生前最后一本大书即他领衔完成的《中国文学史新著》（第二版增订本），是耗尽他心血的一部新意迭出的文学史，在这部"新著"里，他力图再现人性发展与文学发展的同步历史，强调文学内容的演进是通过文学形式的演进而体现出来，并且站在"五四"新文学的现代立场上重新审视，挑出古代文学的精华、剔除糟粕，批判了儒家正宗的伦理学说如何压抑人性的自由表达，而又大力推举人性如何冲破这种清规戒律，通过了"不正宗"的文学形式曲折表达了觉醒的信息。真是道高一尺，魔高一丈，正宗的主流文学史以文学反映社会矛盾为标准，而这部被称为"石破天惊"的

"新著"则高标人性的自由、感情的强烈为判断文学是否优秀的标准，突破古代文学史研究领域的瓶颈，完成了"重写文学史"的整体尝试。我想，章先生要说的"正宗"与"不正宗"，大约就是指这些在文学史研究领域里对主流的学术定论的大胆突破，另标新帜，在学术研究中体现出强烈的人性的力量。这种深得"五四"新文学的核心力量——从人性的视角来反观古代文学研究，是章先生与主流学派的分界线，而这种特立独行的反叛的批判精神，也许正是贾先生传授给章先生的最重要的人格的力量。

我们可以再看看贾先生的另外两位弟子，他们都是研究现代文学的专家，一位是曾华鹏教授，一位是范伯群教授，他们都是复旦大学1955届的毕业生，那一年他们的老师贾植芳因胡风冤案而罹难入狱，学生也受到牵连。但是他们两人在艰难的环境中坚持合作研究现代文学，从作家论开始，在1957年，竟然在《人民文学》发表了那个时候最有分量，也是"石破天惊"的《郁达夫论》，这篇长论与曾、范两位前辈后来合著的一系列现代作家论著作，构成了现代文学研究领域一道很特殊的"风景"。我在一篇文章里说过这件事："由于1955年政治风云的摧残，贾先生过早地被中断了学术生涯，但是他的教学思想却有他的学生继承和发扬，并在他们的实践中融进现代作家论的研究成果中。我们可以看到，在新民主主义文学史理论框架中，作家被经典化的过程是严格经过政治意识形态的过滤而确立起来的，所谓鲁、郭、茅、巴、老、曹加赵树理（早期还加上瞿秋白）的作家排名模式，就是典型的例证。但是贾植芳先生却给学生提供了另一个作家谱系，我听说，当时贾先生为四位学生布置了作家论的作业，要求他们每人写一本作家研究的专著，并且联系了泥土出版社，准备一起推出。被指定的四本作家论，据说是冰心论、郁达夫论、王鲁彦论和朱自清论。我们可以从这两个不同的作家谱系的比较看出，贾植芳先生更加重视的是一些在文学史上有创作实绩的自由作家，而不是按照新民主主义革命地位的重要性来排名的经典模式。尤其可贵的是，王鲁彦作为乡土文学的重要作家，曾经一度受到胡风等左翼作家的轻视和误解。王鲁彦英年早逝，已经无力再站出来为自己辩护，而作为胡风朋友的贾植芳先生却一点也没有受到自己朋友的影响，他毫不掩饰自己对鲁彦乡土小说的喜爱和重视，指导学生去研究鲁彦，宣传鲁彦。假设一下，如果没有1955年那场运动，在20世纪50年代中期学术界将整整齐齐地推出四种由年轻人书写的有学术分量的现代作家论，将给学术界带来多大惊喜的收获！"这种局面在当时虽然没有出现，但经过两位学者在逆境中的努力，终于在20世纪80年代，他们的作家论、鲁迅研究等著作喷薄而出，成为学术界一对引人瞩目的"双打冠军"。进而，范伯群先生年近七十，退休后转岗到复旦大学，在章培恒先生主持的古代文学研究中心另辟蹊径，展开了现代通俗文学的系统研究，终于在八十高龄的时候，他的研究成果得到学术界的高度关注，他的学术成果对于正宗的现代文学史的研究思路、框架结构及其内涵，都产生了巨大的解构意义。这又是一种"重写文学史"的实践。

我不是故意把学生的学术成就完全归功于老师。事实上，作为教师的贾植芳先生因为罹难而无法完成对学生学业上的完整指导，但是他慧眼识英才，把优秀学生的才华充分调整到了一个火山口，接下来就让它自然地喷发了。而通往这个火山口的途径，恰恰不是具体的学术方法，而是将自己置身于现代文学的传统之流努力探索奋进的知识分子立场和精神，这种立场就是让自己从正宗的主流的传统规范中走出来，通过自己的独立思考，重新来审定自己的研究对象。所以，贾先生的做人道德和作文风格，都不是四平八稳、唯唯诺诺、在集体主义的传统中把自己很深地埋藏起来，而是相反，他的为人和文字里处处能够看得到傲骨在格崩崩地发出声响。在做人方面，他在漫长的人生岁月里相继成为民国政府、日本宪兵队以及共和国的囚犯；在文学方面，他学习鲁迅、追随胡风、崇拜尼采、服膺陀思妥耶夫斯基和契诃夫，至死不渝。20世纪80年代初，思想解放运动尚未深入，知识分子在作文上还有许多顾虑。当时《新文学史料》编辑部找人写一篇台湾诗人覃子豪的小传，找到了诗人当年的诗友贾芝先生，贾芝先生又把这个任务转交给贾植芳先生。植芳先生写了以后，文章转送到刊物编辑部，编辑误以为是贾芝先生写的，最后送到主编手里，那主编是贾氏兄弟的朋友，也是当年的难友牛汉先生，他一看就说，这篇稿子不像是贾芝的风格，倒是像贾植芳的风格。显然牛汉先生太熟悉贾先生的风格了，文字背后总是有一种桀骜不驯的人格力量。这种人格力量，在正宗的主流传统看来只能说是"邪派武功"了。

从大的方面来说，五四新文学运动本身就是一场先锋文学运动，是对两千年来占统治地位的儒学传统进行比较彻底的批判和清算，进而形成了以西学（后来又具体为马克思主义）为主导的新文化运动，与现代性的世界潮流接上了轨道。我们今天的人们已经很难理解当时新文学运动对传统所采取的决绝的决裂态度，如鲁迅，曾经公开号召青年人要少看，甚至不看中国书，这个话，现在用在哪儿都会遭到耻笑，但是只要上网看一看，在21世纪已经过了十三年，离《新青年》创办（1915年）已近百年的今天，竟然还有人鼓励学生着古衣冠行跪拜礼，据说这样可以来对抗全球化以及世风日下的社会，那你就不难理解当年先驱们反传统斗争所面临的艰难和绝望了。传统文化的生命就是要在自我的内在裂变中发展延续的，在这个意义上，20世纪第二个十年的那场先锋文学运动，正是担当了正宗传统的"邪派武功"，成为它的批判者和重写者。而鲁迅精神，正是这场先锋文艺运动的核心力量。

贾植芳先生对鲁迅的心仪是发自内心的，他与胡风的交往，缘于他对鲁迅为代表的新文化传统的倾心与向往。1937年初，在东京留学的21岁的贾植芳先生在书店里发现了上海生活书店出版的《工作与学习》丛刊的头两辑，从它的编辑风格、撰稿人员阵容中，他惊喜地发现"这是一个坚持和发扬鲁迅的战斗文学传统的严肃文学刊物"。他凭直觉认定，鲁迅的生命在这个刊物里复活了，于是就向刊物投稿。他不知道这个刊物的实际主编是胡风，也不认识胡风，仅仅是出于对心中认定的鲁迅的信任，他就积极向胡风主编的刊物投稿，逐渐走上了文学创作的道路，成为文学史上称作"七月派"作家的一员。显然，贾植芳先生成为胡风的密友最初是出于对鲁迅的认同，而胡风作为鲁迅亲炙的弟子，也一定会向植芳先生讲述他心中的鲁迅，于是，鲁迅的生命再度、三度地复活于他们之间越来越深厚的友谊之中。但是在20世纪三四十年代的政治党派斗争中，鲁迅被卷进去了。随着中共党内的权威们不断地关注鲁迅、抬高鲁迅和诠释鲁迅，鲁迅在左翼政治派系中的地位越来越高，成了代表某种政治力量的符号；而在这个被符号化的过程中，胡风又渐渐地被边缘化，尤其是1944年刘白羽、何其芳到重庆传递延安精神以后，胡风的文艺思想和文艺理论，差不多也成了不正宗的"邪派武功"。

"五四"新文学的传统一脉相传，差不多有了近百年的历史，到时候自然会有很多正宗的主流的权威出来写纪念文章，四平八稳，中规中矩，长江后浪推前浪。而一部百年文学史对我来说，记住的是：反叛者秋瑾女士牺牲于1907年7月15日，鲁迅先生去世于1936年10月19日，胡风先生去世于1985年6月8日，贾植芳先生去世于2008年4月24日，章培恒先生去世于2011年6月7日，曾华鹏先生去世于2013年1月27日。这是一部文学史还是学术史，思想史，生命史？这并不重要，但是它在偏得中承传知识分子的理想火种，在"不正宗"的艰难道路上磨炼人格，在一代一代的牺牲与传承中获得永生。

2013年7月2日于鱼焦了斋

初刊《人民文学》2013年第9期教师节前夕

2014年

纪　事

2014年，大年初三，我接到学校任命，担任复旦大学图书馆馆长之职。3月20日就职上任。一年内主要做了四件事：第一件事，促成贾植芳先生的藏书捐赠工作，在师门与图书馆的合作捐赠下，两万六千册图书送往甘肃河西学院，成为一桩美谈；第二件事，促成建立复旦大学中华古籍保护研究院，图书馆工作得到学校领导层的高度重视和全方位支持；第三件事，在暑假（8月11、12日）召开图书馆工作务虚会议，厘清、调整图书馆领导班子的职能分工，确定图书馆未来发展的三大方向，即古籍保护、数据图书馆和学科情报评估；第四件事，启动了古籍馆和未来新馆建造的推进方案，为图书馆今后发展起了一个良好开头。

是年著述不丰，《塑造当代"脊梁"的艺术形象》是我对奚美娟表演艺术研究的开端，这篇论文只是原计划的第一部分，全文没有最后完成，但对表演艺术的关注由此开始。

是年出版有三十年前的一本论文集《批评与想象》（华东师范大

学出版社），分类著作《巴金晚年思想论稿》（复旦大学出版社）和《行思集——台港澳暨海外华文文学论稿》（颜敏选编，广州花城出版社）。

花甲吟

花甲罔闻能耳顺，轮回岁月又逢春。

曹公未尽辛酸泪，贾府偏传中意人。

不惑犬耕昼梦路，知天萤照夜游神。

老来何处安身命，书海茫茫守我真。

【自注】"贾府"指恩师贾植芳先生。先生晚年曾担任馆长之职。

2014年1月28日吟于鱼焦了斋

塑造当代"脊梁"的艺术形象

　　1990年，奚美娟演完话剧《明天就要出山》，就开始考虑她自己要"出山"了。第二年她从话剧舞台转向电影表演，与刚从谢晋麾下开始独立执导的武珍年联手，拍摄了电影《假女真情》，一炮而红获得了当年第十一届金鸡奖最佳女主角奖。从此，幸运女神一直眷顾奚美娟。1992年她接拍了电影《蒋筑英》，扮演蒋筑英的妻子路长琴，同年获得首届电影华表奖最佳女主角奖。紧接着，她拍摄了电视剧《一个医生的故事》，扮演了山西长治人民医院的妇产科医生、卫生部"白求恩奖章"获得者赵雪芳，该作品获得1993年的"五个一工程"奖。1997年，她在电影《一棵树》中扮演女主角珠珠，角色原型是被评为"中国十大女杰"的治沙模范牛玉琴，曾经获得联合国粮农组织颁发的拉奥博士奖，该奖专授予在改造人类生态环境方面有突出贡献者。影片上演后不久，奚美娟荣获乌兹别克斯坦的塔什干国际电影节大奖[1]。2001年，她又参

1　塔什干国际电影节创办于1968年，亦名塔什干亚非拉国际电影节。由苏联电影委员会、苏联电影工作者协会、乌兹别克电影委员会、乌兹别克电影工作者协会在塔什干联合举办，为著名的国际电影节之一。《一棵树》获奖是在第十二届电影节（1997年），当时苏联已经解体，塔什干成为独立的乌兹别克斯坦首都，电影节还在延续。

与了电影《法官妈妈》的拍摄，扮演的是以中国第一代少年刑事审判法官尚秀云为原型的主角安慧。

迄今为止，奚美娟参与拍摄的电影作品不过十来部，其中就有三部是以真人真事为基础拍摄的影片，再加上一部电视剧，共有四部作品是在为当代先进人物作传，而且取得了成功。我国电影领域的几个大奖以及相关的国际电影奖项，在短短五六年中相继降临一个话剧演员的身上。这种殊荣在中国当代电影史上是很难见到的现象。本文把研究这个现象作为认识奚美娟的表演艺术的切入口。

奚美娟从事电影表演创作主要是在20世纪90年代。那个时代是中国电影发展史上的一个特殊时期。市场经济才刚刚起步，文化领域处于无名状态：中国电影事业处于从国家意识形态控制的一统天下朝向市场经济规律调控转型的瓶颈口上，商业片还在摸索走向市场的可能性，实验性的探索电影受到一系列挫折以后进入低迷状态，官方极力倡导的主旋律电影也受到市场冷淡。在这样一个时刻，奚美娟适时地介入电影表演领域，从艺术上提升了当时的主旋律电影。她以精湛而平实的表演风格正面演绎先进人物，拉近了政治高度与社会一般视野的距离，传达出人性美好因素在社会上的主导力量。坦率地说，这几部作品中，除了《一棵树》相当完美以外，其他几部的编导水平表现平平，艺术上的遗憾之处也俯拾即是。但因为有高水平演员群体的倾力支撑，仿佛是一道灰暗的天幕上闪耀这几颗明亮的星星，唤起了人们心灵深处的感动。

今天我们的社会似乎进入一个道德失范、人心涣散的低谷阶段，人们宁愿以拒绝美好事物为代价，来保护自己不再蒙受欺骗的羞辱。但即使在这样的环境里，当我们重新观看奚美娟主演的几部电影，我们依然会被那些美好的人物形象所感动。在人心深处，我们依然在期盼社会应该变得比现实更加美好一些，个体的人也应该变得更加善良一些，因为只有与美好善良在一起，我们的生活才会有安全感，国家才会有希望。鲁迅曾在暗无天日的社会环境里说过："我们从古以来，就有埋头苦干的人，有拼命硬干的人，有为民请命的人，有舍身求法的人，……虽是等于为帝王将相作家谱的所谓'正史'，也往往掩不住他们的光耀，这就是中国的脊梁。"[1]在中国历史长河里，真正担负着这个民族生存希望的，不是帝王将相而是坚守在社会各个岗位上的"脊梁"；在今天，奚美娟所塑造的几个艺术形象，仍然是鲁迅所归纳的四种人——如埋头苦干的牛玉琴，拼命硬干的赵雪芳，为民请命的尚秀云，还有舍身求法、以牺牲自身来换取社会对知识分子认同的蒋筑英和他的妻子……奚美娟对优秀人物的演绎并非是无选择的，她选择的都是站在生活第一线的各种普通人，真实地传达出深藏在她们心底里的各种委屈，以及她们在工作岗位上的热情和美好理想的追求。任何时代都需要这样的普通而崇高的人们，没有他们社会就不会进步，人们也不会看到希望。正是因为奚美娟准确把握住了时代脉搏以及她对于当下生活的信念，她才能准确地，真心实意地，而不是敷衍地塑造这些优秀人物。在这些人物身上寄予了她对日常生活中真善美的理解，

---

1 鲁迅《中国人失掉自信力了吗》，载《鲁迅全集》第6卷，人民文学出版社，1981年，第118页。

她才能把真人真事演成了艺术典型形象。

　　但是，要在一个人心涣散的年代里塑造当代优秀人物的艺术形象，这本身就具有挑战性。既然是优秀人物，塑造他们的形象就要突出他们品质异于一般人的优异之处，而同时，优秀人物在日常生活中仍然是普通人群中的一员，他们身上的先进性是与普通人的感情世界联系在一起的。这一点如果处理不好，也会引起负面的效应，影响人物的可信度。奚美娟遇到的第一个考验就是拍摄《蒋筑英》。在1992年拍摄这部影片的时候，知识分子的情绪普遍沮丧，主旋律电影选择蒋筑英为歌颂对象，是因为蒋筑英曾经在"左"的路线下长期得不到公正待遇而不改其追求理想的热情和为科学事业做的努力；影片通过塑造这样一个在十年前去世的知识分子典型，与当下知识分子受到挫伤的情绪对接起来，意图重新激活知识分子内心的热情，化解社会矛盾以及思想文化领域的对立情绪。所以，这部影片能否成功的关键，在于人物能否取信于观众，能否让人们感到真实而产生同情和共鸣。奚美娟本来是话剧演员，话剧舞台上塑造人物，形体动作和台词状态多少要带一点夸张的表演，而按照传统的主旋律文艺的表现方法，这种略带夸张的表演正符合表现所谓"高于生活"的"英雄状"。但奚美娟没有这样做，相反，她以完全生活化的平实技巧，追求一种如同生活本来形态的境界。她在影片里扮演蒋筑英的妻子路长琴，她解读这个角色的"戏"，就在于表现一个年轻妇女突然失去丈夫时该怎么面对。这就把人物还原到最基本的感情单位，不管她去世的丈夫是不是英雄，也不管这部影片是不是体现主旋律。为了真实展示特定境遇的人物心理，她进一步追问的是：路长琴爱不爱她的丈夫？他们夫妇的感情恩爱深到什么程度？这才是决定人物面对飞来横祸的心理基础。表演起点就在这里，奚美娟做足了蒋筑英出差前夜恩爱夫妻的一场戏：丈夫夜里还要伏案工作，妻子满怀疼爱地走过去，递水、按摩、揉捏，渐渐地从背后拥住丈夫，恋恋不舍的感情全在不言中。奚美娟柔情似水，扮演蒋筑英的巍子的脸部呈现孩子般的陶醉。这是一场非常出感情的戏，但紧接着的镜头，竟是在观众毫无心理准备的情况下突然出现蒋筑英出差猝死的讯息。前一镜头的夫妻缠绵迅速过渡到后一镜头的丈夫猝死，其震撼的艺术效果被强烈凸显出来。也因为有了前一场感情戏的铺垫，接踵而来所要表现的妻子的感情就完全可信了。应该指出，这个作品在电影叙事上存在着严重缺陷：如蒋筑英死后，单位领导隐瞒真相，安排路长琴带两个孩子从长春到北京，又从北京到成都，这当然是可以理解的，但是路长琴到了成都还继续被瞒着，以致她深夜独闯医院探望，才在停尸房见到丈夫遗体，这样处理细节已经不太合理。更令人莫名其妙的是，真相大白了，第二天单位方继续隐瞒真情，还安排路长琴去参观蒋筑英生前的工作场所等等。这种匪夷所思的叙事即使来自生活真实，也不符合观众认知的期待，很难要求演员把人物感情表演得恰如其分。奚美娟演得相当费力，贯穿全剧的不祥之兆的紧张感一直制约着她，还必须应付一些不自然的情节设计。但是在影片中的两个长镜头里，她找到了表现情感的突破口，比较自由地展示了表演才能。第一个长镜头是路长琴被通知丈夫病了，要她第二天去成都探望。晚上天热，她睡不着，起床倒水，喝水被呛着，咳嗽，然后走到书桌前，看到照片，自然进入回忆；这一场戏里本来没有呛水咳嗽的要求，但演员通过一系列三度创造，用生动的细节表演把一个长镜头的空间充实了，刻画出夫妻间心心相连的感情。另一个长镜头更加重要：路长琴深夜去医院探望丈夫，看门大爷把她带进了太平间停尸房。这是全剧的高潮，长时间的不祥和紧张感突然被证实，人物并非全无心理准备，只是不愿被证实这个噩耗。奚美娟在这个场景的表演节奏是突然拒绝进门，转身逃离，跑了几步又清醒过来，再转身扑向太平间。每一个环节都表达得非常逼真，又有节制。她的拒绝承认是因为早有了心理预感而不想被证实，如果是一个没有任何心理准备的人面对这样的特定境遇，很可能是被击倒昏厥、瘫痪在地等情绪反应，而她表演的两次转身动作，则是表达了一个不想被证实与不得不承认噩耗的心理过程，唤起了观众身临其境的感受。这个戏虽然有不符合生活逻辑的叙事缺陷，但由于奚美娟准确把握了三个长镜头的表演艺术，让夫妻之爱、夫妻之念、夫妻之痛三个境界一层一层地铺垫开去，蒋筑英英年早逝的知识分子悲剧被有力烘托出来，产生了感人的效果。

奚美娟在论述演员三度创作的系列文章里，都曾以路长琴艺术形象的塑造经验作为例子，奚美娟理解中的演员三度创作，是一个弥散着主体性的广阔艺术空间。演员在表演过程中非常主动地参与了角色的创作，在剧本的规定情境和导演的构思安排下，演员仍然可以有广阔的艺术空间来施展自己的创造性，甚至可以弥补前两度创作中的缺陷。奚美娟在这三个长镜头里设计了大量的小细节小元素，把镜头语言表达得淋漓尽致。如在第一个长镜头着重表现妻子对丈夫的融融至爱至情，与紧接而来的巨大悲痛形成了震动人心的对应效果。在第二、第三个长镜头里都有奚美娟作为演员主动设计的表演动作，假如没有喝水呛咳、没有两度转身的细节表演，情节照样可以延续，但就不会有现在这样抓住人心的力量。这是奚美娟在演员三度创作中最富于主体性，也是最饱满的部分。

作为一个话剧演员，奚美娟擅长于在众目睽睽下通过一个长时间段的表演来塑造人物性格，她接拍的几部作品在导演构思上满足了这一优势。这是她成功转型的关键之处。《一个医生的故事》是一部根据报告文学改编的电视剧，摄影采取了纪录片的形式，长时间地跟踪拍摄人物的日常生活行为，为奚美娟塑造人物形象提供了用武之地。这部电视剧叙事真实感人，又是强调真人真事（结尾时，原型赵雪芳也出现在镜头里），作品人物的语言不多，大量摄影镜头都是围绕着主人公的肢体语言展开叙事，表现人物的精神状态。赵雪芳担任长治市人民医院的副院长，有她作为医院领导、主治医生的严肃的精神气质和严厉的工作作风，但是，这部作品里要强调的恰恰是她形象的另外一面：身怀绝症却拼命工作，面对底层妇女姐妹的健康，她奉献出内心深处最柔软的部分——人间大爱。奚美娟恰到好处地处理了这两方面的性格特点，电视片一开始描述赵雪芳从严治院，抓规章制度，体现出坚持原则、不徇私情的领导风度；在一场为病人做手术的场景里，担任助手的医生（也是好友）心不在焉而递错手术刀，赵雪芳毫不留情面地斥之换人，寥寥几个镜头把一个优秀医生的风骨凸现出来。奚美娟在银幕上的表演色调基本上是暖色的，总是给人以亲切温和、善解人意的印象，但她的坚持原则、不妥协的方正性格有时也会露出锋芒。在这个片子里，奚美娟更加着力于突出赵雪芳身患重病的形象，基调放在病魔缠身之"抑"，才能充分高"扬"拼命工作的无私精神。有一场戏，赵雪芳刚刚为病人做完手术，拖着疲惫的身体，从长长的走道走过来，看见办公室门口粘着一张纸条，有人告诉她晚上女儿将带男朋友回家吃饭，提醒她早些回家。这场戏演得相当传神。我想用一个字来形容奚美娟通过肢体来表达人物此时此刻的精神状态：垮。其动作是微微地张开两条胳膊，松弛了整个身体，脸上毫无表情，模模糊糊，从一个黝黑的通道摇摇晃晃地走过来。（这个动作不但表现一个被沉重工作击垮了的女性身体，同时还刻画了人物此时一种疲惫的心理状态。后来奚美娟在《一棵树》里演珠珠获知丈夫要截肢后，茫然走在医院通道时又"垮"过一次，也是极为感人。）接着，她读了纸条上的内容，随手撕下纸条，却只撕了一半，又撕了一遍，才把纸条撕下来。这个动作并不是事先设计好的，只是纸条粘得太牢才没有撕下，一般情况下，演员可以有两种选择，一是停下来重新拍摄，二是干脆漫不经心地留下半张纸条转身走了。但是奚美娟处理这个细节却是将错就错，继续撕下纸条的另一半，完整做完这个动作以后，才转身走开。我们仔细推敲这个细节的三种处理方法，就会发现其中的差别：如果演员着重要表现人物非常关注女儿的婚事，那么心急火燎回家而顾不得再撕纸条是合适的，可是赵雪芳恰恰不是这种风风火火的性格；如果采取第一种处理方法，那只是叙述一个动作而已，也不说明人物的性格。唯有奚美娟做了第三种即兴处理，歪打正着地凸显了人物即使在极度疲惫下仍然一丝不苟的做事态度。力求把一个动作做完，正是赵雪芳身患绝症还拼命工作的性格基础，被演员用一个下意识的动作揭示出来了。这个细节在影片里格外醒目。

　　接下来一组镜头也非常感人：赵雪芳准备回家的时候接了一个电话，获知自己患膀胱癌，她在恍惚中忘记了回家，茫然不知所措地走在街上，脸上没有什么表情，随后她又木然转回医院，看到了婴儿室里的初生婴儿，听到婴儿啼哭，两眼才慢慢流下了眼泪。这组镜头长达好几分钟，奚美娟没有一句话，却把一个人物对生命的新陈代谢的感悟过程完整地刻画出来。镜头的语言通常是通过人物脸部表情来传达的，但在整个过程中奚美娟一直神情冷淡，这是贯通全剧的人物性格，为的是表现人物在面对大病大痛时的淡定。在奚美娟看来，演员在镜头面前，状态比表情更为重要。这对于理解赵雪芳艺术形象的塑造非常重要，一个演员的表情是通过脸部"做"出来的，而状态，则是通过整个身体自然协调地体现出来的，从体形到精神，更具有完整性。像赵雪芳这样的先进人物，很容易被演成"英雄气"，过去的舞台和银幕上不乏这样的形象，而在奚美娟的表演中，一种因为体弱而松松弛弛的外部状态与她对工作对病人绝对负责任的内心世界形成了人格的张力。赵雪芳的"状态"可以作为研究奚美娟表演艺术的一个个案。

　　1997年奚美娟与张子良编剧、周友朝导演合作，拍摄了影片《一棵树》，这是以西北地区的治沙女杰牛玉琴为原型的故事片。从艺术品质而言，这是奚美娟所有参与拍摄的电影作品中最好的一部，编导、摄影、演员的整体阵容都非常完美，可谓一部传世之作。《一棵树》明显超越了前两部表现真人真事的局限，升华为艺术典型性的形象塑造。珠珠也经历了丈夫病逝之痛，但是与路长琴承担的角色意义不同，路长琴是为衬托蒋筑英而设立的角色，珠珠的经历却是独立展示西北农村妇女改造大自然的创业史，也是农村女性的精神成长史。这个形象，和以往那些与奚美娟日常生活经验相似的知识女性形象反差极大，珠珠是一个生活在窑洞里、土炕上，背负沉重的传统生活习惯和劳动方式，像大沙漠里的一棵树那样，孤立无援地为自己的命运而奋斗的底层女性。也许是因为角色的反差太大，奚美娟的表演艺术才能被充分调动起来，发挥到了极致。银幕里的奚美娟，人们已经无法从造型上认出往常那个清雅、内敛、温柔的知识女性，她身上穿着大红大绿、臃肿拖沓的北方大棉袄，头上包扎着花头巾，长长的刘海遮住了额头上为人们熟悉的红痣，皮肤粗糙黝黑，动作粗鲁利索，活灵灵是一个陕北农村的妇女。影片里几个主要演员都来自西北地区，表演技巧自然纯熟，几乎与黄土地浑然一体，而奚美娟在这样一群人、这样一片沙中间走来走去，没有一点异端的气味。其中有一场戏，丈夫在手术室里做截肢手术，手术室门口走道上护士们匆匆走过，珠珠独自坐在椅子上，茫然发呆的眼神跟随护士们的身影移来移去。你会觉得这个人与我们平常在医院或其他公共场所里看到的可怜无助的农妇没有任何的差别，但她的呆滞的眼神里隐藏了多么大的痛苦和无奈。当你盯着这个形象看，同情心一下子就被揪了起来。

奚美娟在表演艺术上深受苏联艺术表演家查哈瓦的影响，这位斯坦尼斯拉夫斯基体系的忠实捍卫者，总是力图把斯坦尼的体验体系与表现派的艺术精华结合起来，不断丰富斯坦尼的体验理论。他曾经引用过苏联表演艺术家康士坦丁·塞尔盖耶维奇的经验之谈："扮演汉姆莱脱、奥赛罗、查理三世、麦克佩斯这样的角色，要想从头到尾都靠情感，那是根本办不到的，这是任何人力也做不到的事情。五分钟靠情感，三个钟头靠高度的技术——只能这样上演莎士比亚。"查哈瓦然后说，这五分钟的情感就是钻石，最美妙精彩的部分，"但是要想使这钻石发光，那就必须把它镶在高度技术的纯金的托子里"。他进而说："高度的技术就是这一双翅膀，它使演员的情感能够飞翔起来，传达到各个角落。"[1]虽然这是指舞台剧的演出，但也是影视剧表演艺术的金科玉律。任何表演艺术都离不开对角色的情感体验，但更需要的是有高度的表演技术激活这种情感体验，使之贯通全剧。当奚美娟扮演的角色与她的日常经验、气质比较接近的时候（如路长琴和赵雪芳），她的表演基本上是本色、放松而且自然；但是像珠珠这样一个与她的日常经验比较陌生的角色，她的精湛演技起到了关键性的作用。比如在沙漠里劳动，这是奚美娟以往没有的生活经验，为了演好这场戏，她听从导演的忠告，身上背负着泥土在沙漠里走动，沉重的压力迫使她的步履跟跄，达到了逼真的艺术效果。还有一场珠珠把丈夫的截肢埋到土里，浇上石灰，然后坐下来喘息……西北妇女不善于言辞却用剧烈劳动的肢体动作来宣泄内心痛苦，被表现得出神入化。

1　查哈瓦《争取"表现派"和"体验派"戏剧的结合》，收录于《论匠艺·戏剧理论译文集第三辑》，斯坦尼斯拉夫斯基等著，中国戏剧出版社，1957年，第60—61页。

这部影片本身含有深邃的思想意义，珠珠继承丈夫植树开荒的事业，不仅仅是经济利益的追求，还包含了妇女追求独立自尊的精神诉求。这个人物在影片中是有性格发展的——从一个传统的顺从听话的农村小媳妇，在生产实践中慢慢地朝着妇女独立、当家做主的方向转化。这是一条重要的性格线索，比影片着重表现的牛玉琴治沙的真人真事更为精彩。影片刚开始，青年农民王旺驾着驴车把媳妇带进沙漠中的家乡。半道上他喜滋滋地逗新媳妇，怀里取出一个小铃铛，珠珠含羞微笑，伸手一把抓过铃铛，迅速揣进怀里。这是奚美娟让角色给观众的第一个亮相，动作干脆利索，有点出人意料，不仅是为了刻画新媳妇的调皮娇嗔，而且含有一个隐喻：暗示这个女性在漫长的人生道路上，会果断、准确地把握住人生机会，把自己的命运紧紧抓在自己的手中。影片的后半部分，珠珠身上当家做主的精神状态越来越明显地表现出来了。有一个场景，他们夫妻开荒治沙获得政府的嘉奖，林业局局长手捧五千元现金（一大堆人民币）上门送到躺在炕上的丈夫面前。这个场景里珠珠是陪衬，只是站在丈夫的身边，在局长拿着钱走过去交给丈夫的过程中，她平淡地看着局长走过去，视线始终超越在人民币之上，就是说，她的视线没有盯着局长手里的这么多现金，而是看着整个的人（局长）和事件（奖励）。但当她送局长出门，听到局长在推荐种羊的时候，她毫不犹豫地返身进门，直接走到丈夫面前，把桌上那堆钱拿过来交给局长去购买种羊。这是一个农村妇女当家做主的历史性转变。显然这个女人不是不在乎钱，而是她有着比钱更远大的目标。这个情节是剧本预设的，但从表演技巧上说，从视线淡然超越金钱和果断抓钱买羊的过程，珠珠的襟怀在鲜明对照中显露出来，不能不说是演员的成功演绎。这个时候，演员自身拥有的高贵气质不知不觉地在这个农村妇女的角色里起了引领性作用，一点也没有生硬和拔高之嫌，角色内涵自然地"飞翔"起来了。表演技巧的高度与角色情感的深度有机地融合在一起。《一棵树》是奚美娟表演艺术的一次飞跃，她在表现与自己性格反差较大的角色中，充分调动了自己的表演天才，塑造出一个闪闪发光的艺术形象。这个人物形象比她获得国内各种大奖的《假女真情》《蒋筑英》等女主角更加成熟醇厚，标志了她的表演艺术的高度。

通过以上三个角色的分析，我们似乎可以就如何演好当代生活中的优秀人物，即如何把真人真事上升到艺术典型形象的问题，在奚美娟的艺术实践中找到若干答案。奚美娟在探讨演员三度创作时说过一段经验之谈："一个演员接受角色以后要做的准备工作，不仅仅是熟记台词，更重要的是根据剧本提供的特定人物与规定情景进入角色体验。在体验中演员能否把自己所能体验到的全部经验都调动起来，仿佛让自己进入到另一个人的身体里去，形成一个你我不分的表演境界，才是表演是否成功的关键。"我觉得这是对演员与角色关系的最好的阐释。奚美娟是一个从外貌到内在性格都有着鲜明个性的演员，很难强求演员与角色之间的形似。而路长琴、赵雪芳、牛玉琴等都是知名度较高的"真人"，她们外形与奚美娟都有一定的距离，奚美娟也没有刻意去追求形似。她对人物的体验往往表现为：创造角色时，本能地调动自身内在的气质，用本然的演员气质来演绎现实生活中的杰出、优秀的人物。所以她对所扮演的优秀人物的塑造，都有比较充分的把握，并且能够传神地表达出来，她所创造的艺术形象，既体现了角色性格中的先进特质，又融入了演员对于这种先进特质的坚信和创造。演好优秀人物首先取决于演员对于优秀人物的信任，相信美好人性一定会引导社会主流价值、战胜阴暗与邪恶，这样才能把人物表现得真挚而感人。其次是演员已经具备了再创造美好事物的艺术能力，这涉及演员的自身内在气质。这种气质说起来并不神秘，它体现了一种文化素养在演员表演过程中的自然呈现。当演员的自身气质能够提升角色性格，那么在看似自然的表演中，角色性格在展示中不知不觉地获得了丰富性；如果演员自身内在气质够不上角色所内含的性格特征，那么，演员不论怎么"卖力"也只能是拿腔拿调，不可能表演到位，角色性格也不可能传神地表达出来。奚美娟之所以得天独厚地成功创造一系列以真人真事为基础的艺术典型，不仅出自她对于优秀人物先进事迹的信任和热忱，我想，更重要的是，她身上固有的某种气质帮助了她对先进事迹的理解和演绎，使她有能力带着自己的气质走进角色的生命性格中，并且在这些角色的再现过程中又展示出她自身含有的理想性。

2015年

纪　事

2015年，陈独秀创办《青年杂志》百年纪念，我开始写作《新青年》研究系列论文。原打算通过细读44封《新青年》同人通信的文本，深入探讨《新青年》阵营"分化"的历史原因，但写了两篇，连第一封信件还没有分析完，工作的繁忙和时间的窘迫，都不允许我再做进一步的探寻，只好匆匆收场。这两篇《重读有关〈新青年〉阵营分化的信件》分别刊于夏锦乾先生主编的《上海文化》杂志。夏先生原是人民文学出版社资深编辑，我与李辉合作的第一本论著《巴金论稿》的责任编辑，他退休后回到上海，主编《上海文化》，又一次刊发了我的论文。选录了旧体诗《偶作》，读者可以了解我这一段时期忙碌的生活情景。

是年出版有编年体文集《昙花现集》（上海人民出版社）、《耳顺六记》（云南人民出版社）。

偶作

老生未忘公家事，赤日黄尘汗渍衣。

楼馆间行千步远，往来自减一分肥。

眼花能识朦胧美，心悟方知昨日非。

秋色人生红烂漫，蓝图在胸起积微。

【自注】"楼馆"指复旦大学光华楼和图书馆，两者之间大约千步之遥，中文系设在光华楼，我平时奔波于两地之间。

2015年7月18日

重读有关《新青年》阵营分化的信件（之一）

前些日子，为编辑《史料与阐释》，我邀请王观泉先生著文介绍香港收藏家许礼平先生提供的三幅书信手迹。王观泉先生认定这三封信件均与现代史上"《新青年》分化"事件有关，他特意撰写了有关《新青年》思想发展及后分化的研究大文《光芒四射之余辉，也光芒四射》，浩浩瀚瀚，势不可收。我读之怦然心动，勾起进一步探幽析微的兴趣，于是把有关《新青年》分化的信件文献重新系统阅读，现把阅读体会及一些不成熟的想法整理如下，以求教于方家。

《新青年》阵营"分化"书信的文献来源

王观泉先生在文章里提到学术界研究"《新青年》分化"的资料来源时，有如下介绍：

---

1 《史料与阐释》，陈思和、王德威主编，年刊，复旦大学出版社出版。此处所指第3期，2015年出版。

上世纪50年代，出版界大佬张静庐主编的《中国现代出版史料》分甲、乙、丙、丁（上下卷）四编出版，在第一卷《甲编》第7—16页题为《关于〈新青年〉问题的几封信》，开启了对于早已被遗忘了三十多年的《新青年》的研究。……又等候了四十年于2001年，出版了由另一出版大老宋原放主编、陈江辑注的《中国出版史料（现代部分）》两卷（山东教育出版社2001年4月第一版），在上册第10—17页刊登题为《涉及〈新青年〉分化的几封信》的一组信件。从标题看是，张编是没有倾向性的史料汇集；宋编陈辑的资料却有倾向性，指为"分化"，必有"左""右"之分。此为一。二、陈江的辑注多出一封信。现在，我因为要考释许礼平先生提供的李大钊致胡适的一封信和周启明致李大钊的两封信，再广收遗漏，列出一份清单……[1]

我在编辑时，出于校对文献的需要，参考了欧阳哲生的两篇文章：《新发现的一组关于〈新青年〉的同人来往书信》与《〈新青年〉编辑演变之历史考辨——以1920—1921年同人书信为中心的探讨》。[2] 前一篇文章里叙述了作者2002年在美国胡祖望家中获得《新青年》同人书信十五封的经过，并且发表了这些信件的抄件，其中包括许礼平收藏的

1　王观泉《光芒四射之余辉，也光芒四射》，《史料与阐释》第3期，复旦大学出版社，2015年，第142—153页。
2　前一篇载《北京大学学报》（哲学社会科学版）2009年第4期，后一篇载《历史研究》2009年第3期。这两篇文章后经修订收入作者的《五四运动的历史诠释》，北京大学出版社，2012年。

三封信件。这些书信中有些内容后来被学界引用，发挥了重要的作用，但书信原件依然保存在胡祖望家属手中。2009年5月，这批信件首次由中国嘉德拍卖公司公开拍卖，6月，国家文物局从嘉德拍卖公司购得，于同年7月整体移交中国人民大学博物馆收藏。2012年《中国人民大学学报》第1期正式公布这批书信共十三封[1]，其中有十一封陈独秀致胡适等人的信件，两封钱玄同信件。对照欧阳哲生发表的十五封信件，有十封陈独秀信件是重合的，中国人民大学博物馆收藏的陈独秀信件中多了一封1932年10月10日陈独秀致胡适的信[2]，为欧阳哲生发表的信件所无。两封钱玄同信件与欧阳哲生发表的信件也相重合，只是其中一封因为钱玄同用罗马拼音签名，被专家误认为是陶孟和[3]。唯有欧阳发表的信件中李大钊致胡适一封、周作人致李大钊两封尚无着落。那么现在清楚了，这三封信件的原件已经被许礼平先生所收藏。

欧阳哲生在《新发现的一组关于〈新青年〉的同人来往书信》一文中，除了公布十五封信件外，还提供了一组有关"《新青年》分化"的资料来源，十分详尽，比王观泉提供的资料目录更加丰富。如下：

1　该期学报以《中国人民大学博物馆藏"陈独秀等致胡适信札"研究》为总标题，发表三篇文章：黄兴涛、张丁整理《中国人民大学博物馆藏"陈独秀等致胡适信札"原文整理注释》、黄兴涛《中国人民大学博物馆藏"陈独秀等致胡适信札"释读》、齐鹏飞《文物价值和史料价值俱珍的重要历史文献——中国人民大学博物馆藏"陈独秀等致胡适信札"刍议》。其中第一篇的"原文整理注释"包括十三封陈独秀等致胡适信札。

2　关于这封信件的考释和研究，请参见王观泉《〈资本论〉在中国》，载《史料与阐释》第2期，复旦大学出版社，2014年。

3　黄兴涛在《中国人民大学博物馆藏"陈独秀等致胡适信札"释读》中对此有详尽说明，可以参考。

第一批为1954年2月北京中华书局出版的《中国现代出版史料》甲编，内收《关于〈新青年〉问题的几封信》一文。这篇文章共收入陈独秀、胡适、鲁迅、李大钊等人的六封信。这些信注明原件保存在北京大学。……

第二批为1979年5月北京中华书局"内部出版"的《胡适来往书信选》上册，内又增收了七封与《新青年》转折时期相关的信……这些信来源于保存在中国社科院近代史研究所的"胡适档案"。在"胡适档案"中还保有陈望道致胡适（1921年1月15日）一信，当时没有公布，后来收入《胡适遗稿及秘藏书信》第35册（黄山书社1994年出版）。

第三批是鲁迅博物馆于1979年为纪念五四运动六十周年，在《历史研究》（1979年第3期）[1]、《复旦学报》（社会科学版，1979年第3期）两刊发表了一批与《新青年》有关的信件。1980年鲁迅博物馆为纪念"左联"成立五十周年纪念，再次公布其收藏的一批书信（内含此前在《历史研究》《复旦学报》两刊公布的信）[2]。此外在《钱玄同文集》第六卷《书信》里还收有一封李大钊致钱玄同信（1921年1月）。

---

1 这条信息有误，应该是《历史研究》1979年第5期。

2 鲁迅博物馆1980年公布的书信载于《中国现代文艺资料丛刊》第5辑，上海文艺出版社1980年12月出版。题为《胡适、刘半农、陈独秀、钱玄同、郑振铎、傅斯年、陈望道、吴虞、孙伏园书信选》（1917年9月—1923年8月），鲁迅研究室手稿组选注，共六十三封信件，包括《历史研究》和《复旦学报》已经刊登过的八封书信。但其中内容与《新青年》阵营"分化"相关的，一共有十五封。

此外，"第四批"就是中国人民大学博物馆收藏的十三封信件加许礼平收藏的三封信件，其中陈独秀致胡适信中有三封信件的时间分别为1925年2月5日与2月23日，1932年10月10日，内容无涉《新青年》分化，今姑且不计在内。四批信件，可以说是目前研究《新青年》从一个坚持启蒙主义立场的同人刊物转变为宣传马克思主义的共产党组织的机关刊物及其阵营由此分化的最重要的资料文献。

根据王观泉与欧阳哲生提供的文献目录，汇总起来大约如下：

一、宋原放主编的《中国出版史料（现代部分）》第一卷上册（陈江辑注）所收《涉及〈新青年〉分化的几封信》七封

001[1]　陈独秀致李大钊等（未注明日期）[2]

002　陈独秀致胡适、高一涵（1920年12月16日）

003　胡适致陈独秀（未注明日期）

004　鲁迅致胡适（1921年1月3日）

005　胡适致李大钊等八人（1921年1月22日）

006　李大钊致胡适（未注明日期）

007　陈独秀致胡适（1921年2月15日）

二、选自《胡适来往书信选（上）》的信件六封

008　陈独秀致李大钊、胡适等（1920年4月26日）

009　陈独秀致胡适（残）（1920年8月2日）

1　这里编号是笔者为方便讨论而设，特此说明。

2　编号001的"陈独秀致李大钊等（未注明日期）"，为张静庐主编的《中国现代出版史料》甲编内收《关于〈新青年〉问题的几封信》所无，其余六封，两者收录相同。特此说明。

010　陈独秀致胡适（1920年9月）

011　陶孟和致胡适（1920年12月14日）

012　胡适致陈独秀（稿）

013　钱玄同致胡适（残）（1921年1月29日）

　　三、来自《胡适、刘半农、陈独秀、钱玄同、郑振铎、傅斯年、陈望道、吴虞、孙伏园书信选》中相关信件十五封

010　陈独秀致周作人（1920年3月11日）

015　陈独秀致周作人（1920年8月22日）

016　陈独秀致周作人（1920年9月28日）

017　陈独秀致鲁迅、周作人（1921年2月15日）[1]

018　陈望道致周作人（1920年12月16日）

019　陈望道致周作人（1921年1月28日）

020　陈望道致周作人（1921年2月11日）

021　陈望道致周作人（1921年2月13日）[2]

022　陈独秀致周作人（1920年7月9日）

023　陈独秀致鲁迅、周作人（1920年8月13日）

024　陈独秀致周作人（1920年9月4日）

025　钱玄同致周作人（1920年8月24日）

026　钱玄同致周作人（1920年9月25日）

027　钱玄同致周作人（1920年12月16日）

1　编号014—017的4封信先曾刊登于《历史研究》1979年第5期。

2　编号018—021的4封信先曾刊登于《复旦学报》1979年第3期。

028 钱玄同致周作人（1920年12月17日）[1]

四、来自《钱玄同文集》第六卷的信件两封

029 李大钊致钱玄同（1921年1月）

030 钱玄同致鲁迅、周作人（1921年1月11日）

五、来自《胡适遗稿及秘藏书信》书信一封

031 陈望道致胡适（1921年1月15日）

六、来自《中国人民大学博物馆藏"陈独秀等致胡适信札"原文整理注释》公布的信件十封

032 陈独秀致胡适、李大钊（1920年5月7日）

033 陈独秀致胡适（1920年5月11日）

034 陈独秀致胡适（1920年5月19日）

035 陈独秀致胡适（1920年5月25日）

036 陈独秀致高一涵（1920年7月2日）

037 陈独秀致胡适（1920年9月5日）

038 陈独秀致胡适、高一涵（1920年12月21日）

039 钱玄同致胡适（约在1920年12月21日至1921年1月3日之间）

040 陈独秀致胡适、高一涵、张慰慈、李大钊等（1921年1月9日）

041 钱玄同致胡适（1921年2月1日）

---

1 编号025—028钱玄同致周作人信件，内容丰富，不完全针对《新青年》，但偶尔有些段落涉及对《新青年》的看法，在此存以备考。

七、《新发现的一组关于〈新青年〉的同人来往书信》首次公布、原信为许礼平先生收藏的三封

全部信件44封。[2]

《新青年》阵营"分化"的背景

这44封信件中，最早是1920年3月11日陈独秀致周作人信（编号014）。陈独秀于2月19日除夕之日定居上海后才22天，就围绕着《新青年》稿子筹划致信周作人。其内容有：策划七卷六号（五月份出版）的劳动节专号、代周氏兄弟向群益书店联系出版《域外小说集》、向周氏兄弟索稿等等。信中透露，之前他还有一信致钱玄同，但未见回信，内容不外是索稿。当时京沪之间邮路时间较长（书刊邮寄时间五天，信件可能快些），陈独秀在3月11日信中催问此事，估计他在3月上旬已经开始《新青年》的正常编辑工作。当时陈独秀战斗生涯尚未进入建党阶段，也不存在《新青年》编辑部内部的分裂。陈独秀编《新青年》还是

1　032—044　初刊于欧阳哲生的《新发现的一组关于〈新青年〉的同人来往书信》但个别文字、署名有出入。

2　根据欧阳哲生《〈新青年〉编辑演变之历史考辨——以1920—1921年同人书信为中心的探讨》一文提供的新材料，陈独秀于1920年6月15日、17日、8月2日、7日都有信件给程演生，内容都是为了《新青年》筹款。这四封信件尚未完整公布。故没有列入这批书信目录。

依仗北京同人，在信中，对守常、玄同、周氏兄弟，都充满怀念之情。

这组信件的最后两封都是周作人致李大钊的信，时间是1921年2月25日（043）与27日（044），内容差不多，主要是声明他赞同《新青年》的分裂："《新青年》我看只有任其分裂，仲甫移到广东去办，适之另发起乙种杂志，此外实在没有法子了。"但他不希望胡适在北京办刊继续用"新青年"之名："适之的杂志，我也很是赞成，但可以不必用《新青年》之名。《新青年》的分裂虽然已是不可掩的事实，但如发表出去（即正式的分成广东、北京两个《新青年》），未免为旧派所笑。"（043）周作人的态度，大致也代表了鲁迅。周氏兄弟此时对《新青年》转向共产主义的政治宣传是有思想准备的，表示同情的理解，但他们也有自己的底线："如仲甫将来专用《新青年》去做宣传机关，那时我们的文章他也用不着了；但他现在仍要北京同人帮他，那其内容仍然还不必限于宣传可做了。"（044）这话表明，周氏兄弟虽对陈独秀的"专用《新青年》去做宣传机关"表示理解，但他们并不准备介入这种转变。这两封信是写给李大钊的，之前李大钊似乎是反对《新青年》分裂的，但在周作人的信里可以看出，《新青年》阵营之分裂已经成为定局了。也就是说，1920年3月11日到1921年2月27日不到一年的时间，新文化运动以来最重要的思想文化阵营——《新青年》编辑部同人之间发生了极为深刻、以致影响20世纪中国走向的"分化"[1]。

1　王观泉是不赞成用"分化"来形容《新青年》阵营的分裂事件的，他认为"指为'分化'，必有'左''右'之分，不赞成简单地以'左''右'来划分《新青年》这一战斗团体，我对此表示赞成；其实《新青年》"分化"无关左右，而是一部分先锋分子接受俄国第三国际的建议，从理论走向实际运动而发生的结果。

王观泉先生是一位学术视野宏大的学者，他在论文《光芒四射之余辉，也光芒四射》里论述了《新青年》编辑部同人从发展到分裂的过程，正折射出国际社会在一战前后形势变化的大趋势对中国思想精英的深刻影响。他把1914年9月5日《青年杂志》的创刊日与欧战中第一次马恩河战役英法联军击溃德军、促使中国加入协约国同盟，宣布"绝德"（1917年3月14日）的过程联系在一起，如此描述："《青年杂志》以民主和科学为远程目标。眼下全线投入第一次世界大战与中国之命运。从一卷一号起，选择政治和军事进展的顶级论文和战场信息和报导，如透视日本绝德的《大隈内阁之改造》以及《巴尔干半岛之风云》《德意志邻近中立国之态度》《波斯湾排除英法势力之风波》《英法阁员会商军事》等等。大概由于《青年杂志》的走向，特别登出如《共和国家与青年之自觉》《战云中之青年》《德国青年团》《英国少年团规律》《巡视美国少年团》《青年论》等等，迟到的《青年杂志》不说超越，至少是跻身于名刊《东方杂志》《晨报副刊》等，并且与梁启超、梁士诒、刘彦、伍廷芳父子以及张君劢等朝野时贤多共同语言，更不必提及在全国名牌大学中的影响了。"[1] 王观泉注意到当时笼罩欧洲大陆的战争已经吸引了急于想走进世界格局的中国知识分子的注意力，无论梁任公、梁士诒、刘彦、伍廷芳父子还是张君劢，"朝野时贤"，政治立场未必相同，但是对于欧战的关注显示了他们思想的超前性和宽广度。陈独秀主编的《新青年》正是在这一时代"共名"的

1　王观泉《光芒四射之余辉，也光芒四射》，第144页。

维度里后来居上，成为一个携带着较多国际视野和信息的广受欢迎的思想刊物。

近期学界论述《青年杂志》在上海创刊时期，往往强调其"是一本青年文化修养的时尚读物"[1]，或者说"是一本以当时的中国青年为预期读者的杂志"[2]。说它是本青年读物总不会错，但是作为一本自觉引领青年文化潮流的读物，陈独秀的"自觉"，首先是在培养青年获得世界视域的制高点，而不是其他。他在创刊之初就向青年读者公布了自己的办刊方针："今后时会，一举一措，皆有世界关系。我国青年，虽处蛰伏研求之时，然不可不放眼以观世界。本志于各国事情、学术思潮尽心灌输，可备攻错。"[3]为此，前有陈独秀、高一涵、李亦民等人，后有周作人、胡适、陶孟和等人，或写或译，介绍西方的各种思想学术潮流，《国外大事记》《世界说苑》等栏目重点介绍世界形势和正在发生的事情，基本上是围绕着欧战的进展而展开。1918年11月11日欧战以德国战败宣告结束，中国作为战胜国也曾扬眉吐气于"列强"之中，北京的学校宣布11月14日、15日、16日连续放假三天，市民学生集会庆祝，学者教授登台演讲，欢腾一片；李大钊、蔡元培、陶孟和都在公众集会上发表了演讲，李大钊、陈独秀、蔡元培撰写文章，与那些演讲稿一起刊登在《新青年》第五卷第五号，这一期刊物几乎成了庆祝一

1　庄森《飞扬跋扈为谁雄——作为文学社团的新青年社研究》，上海：东方出版中心，2006年，第26页。

2　左轶凡《试论〈新青年〉的青年形象塑造》，载《史料与阐释》第3期，复旦大学出版社，2015年。

3　《青年杂志》第一卷第一号，社告第二条。

战胜利的专号。如果说，从《青年杂志》第一卷第一号撰文介绍第一次世界大战中"华沙战役"等开始，到第五卷第五号庆祝协约国的胜利，《新青年》同人中有一部分人始终密切关注世界战争的情报，紧跟着世界大势探寻中国的出路何在；那么，整个世界大势走向也将反过来影响《新青年》同人的思想。再进而论之，第一次世界大战期间的俄罗斯爆发了推翻沙皇统治的"二月革命"，紧接着又爆发列宁为首的布尔什维克领导的"十月革命"，都不能不给《新青年》同人以深刻的刺激。

我以前曾经讨论过五四新文化运动的先锋性因素[1]，主要是体现于《新青年》同人倡导的"文学革命"和以鲁迅为代表的新文艺创作实绩。而"先锋"的文化意义绝不局限于文艺思潮，它的彻底反现状、反传统的姿态和立场，必然要以更为直接与社会变动发生关系的形态展现出来，政治斗争往往成为先锋运动最终选取的领域。这也是当时世界大势所致，法国的超现实主义、俄国的未来主义等文艺运动，最终都与正在新兴过程中的激进的左翼政治思潮相结合，成为革命浪潮中的弄潮儿。相反的例子是意大利的未来主义领袖马利内蒂最终走向了法西斯主义运动。但不管最终目的怎样，先锋运动的政治指向是一致地反对平庸的、物质的、死气沉沉的中产阶级社会生活。所以，作为一种先锋运动的旗帜《新青年》，同人们中最激进者必然会把注意力转向正在崛起的俄罗斯革命，而李大钊、陈独秀是其中的佼佼者，先锋运动中的急先锋。俄罗斯爆发的革命对这个先锋运动群体多少都有一点影响，

1　参阅拙作《试论"五四"新文学的先锋性》，初刊《复旦大学学报》2005年第6期。

包括鲁迅、钱玄同和胡适等，但是站在先锋立场上最坚决最敏感的是陈李二人。陈独秀始终是站在时代的前沿，紧紧盯住了欧战大势所趋，1917年中国朝野热议加入协约国参战时，陈独秀就在《新青年》第三卷第一号发表《对德外交》，呼吁"绝德"而加入协约国，刊物出版日期为3月1日，到3月14日中国政府正式宣布与德国绝交，参加第一次世界大战，陈独秀在《新青年》第三卷第二号又发表《俄罗斯革命与我国民之觉悟》，针对刚刚发生的俄罗斯二月革命推翻沙皇政权以后是否会与德国单独媾和问题发表见解，他说："吾国民所应觉悟者，俄罗斯之革命非徒革俄国皇室之命，乃以革世界君主主义侵略主义之命也。"[1]陈独秀所说的"君主主义"，是与民主主义相对立；"侵略主义"，与人道主义相对立，陈独秀站在民主主义和人道主义的立场上，歌颂了俄罗斯革命的世界性意义。李大钊对俄罗斯革命更为敏感。在1918年11月欧战胜利的庆祝期间，他连续发表《法俄革命之比较观》《庶民的胜利》和《Bolshevism的胜利》三篇文章，热烈歌颂列宁和托洛茨基等领导的俄国十月革命。随之，他的世界观朝着马克思列宁主义转变，在由他轮值主编的《新青年》第六卷第五号，他不但发表了著名的《我的马克思主义观》，还策划了一个关于马克思主义的讨论专号，发表了不同立场的学者对马克思主义的论述。很显然，李大钊、陈独秀的立场一直在往前推进，由先锋立场走向了以马克思主义为旗帜的列宁主义，也就是从事实际的革命运动了。

1　陈独秀《俄罗斯革命与我国民之觉悟》，初刊《新青年》第三卷第二号。

再回过来看《新青年》杂志同人的本来立场，一般来说，民国初期的知识精英都经历了传统士大夫阶层向现代知识分子的转型，但相对于梁启超的研究系、章士钊的《甲寅》以及商务印书馆的《东方杂志》等带有浓重庙堂气息的学术派系而言，《新青年》的立场则更接近知识分子的"广场"价值取向：《新青年》阵营基本上采取了拒绝庙堂的立场，偏重思想启蒙，民众教育，批判社会上种种落后和愚昧现象，从事文化领域的"革命"。这一群由留日、留美、留法的海归知识分子构成的新思想阵营，携带了国外引进的不同的思想流派和思想方法，也包括西方的民主精神和自由思想，独立于传统庙堂与社会民间之间，形成了一股新的社会力量。这才是《新青年》阵营所显示的区别于别的学术团体的新气象，也是在当时的社会风气中最吸引人的新鲜活泼、充满生命力的精神力量。胡适在1917年回国时"打定二十年不谈政治的决心，要想在思想文艺上替中国政治建筑一个革新的基础"[1]的计划就是从这个背景而来。"不谈政治"并不是他们真正的目的，也不是《新青年》同人必须遵循的约束，只是他们自觉拒绝庙堂的一种姿态。客观环境不利于谈政治，或者说，政治黑暗到无从谈起，才迫使知识分子放弃谈政治，发奋在思想领域努力。而作为一种先锋运动，其本质就在于对当下社会环境的批判，先锋文化团体即使在艺术领域或者思想领域做功夫，最终目的仍然在于调整与社会的关系，指望通过先锋运动来激化社会批判和社会冲突，先锋运动导

1　胡适《我的歧路》，收录于《胡适文集》第3册，欧阳哲生编，北京：北京大学出版社1998年，第363页。

致政治介入是有其内在规律的。陈独秀主编的《新青年》屡屡发表有关世界大战的报道、讨论中国的外交立场、对欧战、"绝德"以及俄罗斯革命，难道都不是谈政治吗？待到欧战结束，全民沸腾，中国第一次在列强面前有了面子，谈政治更加受到社会欢迎而变得自然而然了，《新青年》催生了《新潮》《每周评论》等卫星刊物，非但不再回避谈政治，反而大张旗鼓地领导了民众爱国运动。思想启蒙运动的结果总不外乎唤醒人们对于自己命运的自觉，对于社会进步的责任，最终导致社会变革、政治动荡甚至改朝换代，是必然的结果。欧洲的思想启蒙运动导致了法国大革命的流血，俄罗斯革命民主主义者的思想启蒙导致了推翻沙皇统治的二月革命与十月革命，都是历史的先例，因此我们讨论新文化启蒙运动与1919年的"五四"学生爱国运动，无法将两者截然分开甚至对立起来，以其之矛攻其之盾。从思想启蒙发展到社会运动，继而唤起实际革命，都由其内在的逻辑发展所决定的。

所以，我们今天谈论《新青年》的"分化"，其实就是《新青年》阵营中几位文化先锋走出了原来的鼓吹"民主"与"科学"的思想革命藩篱，从《新青年》阵营中分离出来，单独前进，从而促使了原来阵营的瓦解。为什么李大钊发表《我的马克思主义观》，欢呼"布尔什维克的胜利"的时候没有引起《新青年》的"分化"？为什么1919年下半年胡适与李大钊发生"问题与主义"争论的时候没有"分化"，而要到1920年陈独秀南下以后才出现了无可挽回的分裂——完成了所谓的"分化"？事实上，只要把"主义"分歧停留在思想理论的讨论范围，坚持民主、自由和尊重对方的立场的《新青年》同人就不会走向分裂。《新青年》不是一个政党，更不是权力机构，只是一个基于民主理想、先锋做派而自由结合的文人团体，更何况从这个团体建立之初，同人之间就充斥了善意的互相批评，胡适有在《新青年》上宣传实验主义的自由，李大钊当然也有宣传马克思主义的自由，所以以"问题与主义"争论并没有影响李大钊与胡适个人之间的关系，在陈独秀南下，与胡适发生"短兵相接"、分裂几乎无可避免的时候，李大钊依然苦口婆心地做和事佬，希望弥合两者的关系，维护《新青年》团结，从这一点上来看，我们过去把"问题与主义"争论的意义看得过于严重了。

但是到了1920年4月陈独秀接受了共产国际的建议，秘密组织建党以后，一切都发生变化了。1919年是陈独秀命运急剧转变的一年。那年3月26日，蔡元培在汤尔和、沈尹默等人怂恿下，决定变相免去陈独秀文科学长之职。原因是陈独秀的嫖妓风波引起了媒体舆论的关注，但这事件正值新旧势力斗争激烈的关键时刻，容易被人理解为社会新旧势力冲突的结果。后人叙述中也未免夸大这个事件的性质，汤尔和几乎成了千古罪人。[1] 也有学者把汤尔和、沈

---

1 胡适一直坚持这个观点。1935年12月28日，事隔16年之后，胡适仍致信批评汤尔和："当时外人借私行为攻击独秀，明明是攻击北大的新思潮的几个领袖的一种手段，而先生们亦不能把私行为与公行为分开，适堕奸人术中了。"胡适对1919年3月26日之夜的汤宅会议耿耿于怀，上纲上线，在1935年12月23日致汤尔和信中甚至说："然独秀因此离去北大，以后中国共产党的创立及后来国中思想的左倾，《新青年》的分化，北大自由主义者的变弱，皆起于此夜之会。……不但决定北大的命运，实开后来十余年的政治与思想的分野。"（引自《738. 胡适致汤尔和（稿）》和《736. 胡适致汤尔和（稿）》，载《胡适来往书信选》（中册），中国社会科学院近代史研究所中华民国史组编，北京：中华书局1979年，第290、281—282页。）

尹默等人怂恿蔡元培罢免陈独秀，视为浙江籍与安徽籍之间的派系斗争。这些说法都有一定的片面性。陈独秀为人桀骜不驯，对周围人群可能多有得罪，他主编《新青年》的先锋立场和激进态度也让周围在场的知识分子感到不舒服，所以被小人落井下石是可以想象的。至于说到嫖妓，民国初期还保留晚清社会的遗风，文人嫖妓并未触犯法律，北大延续了京师大学堂的许多恶俗风气，只要想想一个文科学长一个理科学长为嫖妓闹出风波，甚至大打出手，校园风气之污秽可想而知。作为社会名流、新思想领袖，陈独秀在私德上确有不可推卸的责任。蔡元培为端正校风特设进德会，陈独秀是骨干，明知故犯又惹出媒体风波，蔡元培免其文科学长是必要的措施，但为了顾全两位学长的面子，蔡还特意将早已在议的《文理科教务处组织法》提前实施，用教务长来取代两科学长，而夏元瑮出国放洋，陈独秀留任教授，应该说是一种稳妥的处理方法，体现了蔡元培与人为善的厚道与原则。汤尔和、沈尹默都是当年向蔡元培推荐陈独秀的人，对陈独秀素有厚望，如今风波骤起，舆论危及北大声誉，两人急于摆脱干系，建议蔡元培免去陈独秀文科学长，也是可以理解的。事实上，被免职以后的陈独秀并未因此降低其作为思想明星的声誉，这从两个月后陈独秀被捕而激起声势浩大的社会营救事件可以证明。而且，陈独秀这样一个大无畏的人，生命欲望必有异于常人之健旺强烈，他既是清政府也是北洋政府的不妥协的敌人，生命都在所不惜，哪里会把陈腐道学、媒体舆论放在眼里？即使不当文科学长，他依然是北京大学的名教授、思想界的大明星、

《新青年》的主编，照样叱咤风云。如果以为被免职事件刺激了陈独秀，让他脱离自由主义而变成共产党，那么胡适也太低估了陈独秀。在我看来，真正刺激陈独秀的，还是越来越激进的社会环境，当时的社会风潮推动了他走向社会前沿，从书斋走向监狱。五四运动骤然爆发，作为一个文化先锋走向街头散发传单，唤起民众，不管是不是文科学长，陈独秀都会做如是选择。被捕入狱也是他早有思想准备的，他发表随感录《研究室与监狱》才几天[1]，就以身试法被捕了。1919年9月16日陈独秀被保释出狱，还是受到警察的监视，人身行动都不自由。经过这三个多月的狱中考验和社会营救，陈独秀从思想明星变成政治明星，其思想在特殊环境的刺激下日趋偏锋，同时政治活动也深深吸引了他，不能想象这时候的陈独秀还能沉住气在书斋里做一个稳稳当当的教授。既然从研究室走到了监狱这一步，等他出了监狱以后，就再也回不到研究室了。这是典型的先锋做派。这时候唯一能够把他拴在研究室的工作就是编辑《新青年》。10月5日，陈独秀在胡适寓所召开《新青年》同人会议，会议决定《新青年》自第七卷起仍归陈独秀一人主编。据胡适说，陈独秀在上海失业，编辑部同人请他专任《新青年》的编辑，给他一个具体的职业。[2]胡适这话似不完全准确，因为1919年10月5日陈独秀

1　《研究室与监狱》发表于1919年6月8日出版的《每周评论》第25号。陈独秀在6月9日和11日两次上街散发传单。根据京师警察厅档案，6月11日被捕。

2　《胡适口述自传》，载《胡适文集》第1册，欧阳哲生编，北京：北京大学出版社，1998年，第355页。

收回《新青年》的主编权，还没有到上海定居的准备。[1]编辑部同人之所以同意他一人主编刊物，还是从道义上鼓励他重回研究室的努力。《新青年》的同人刊物性质没有变化，仍然由编辑部同人提供稿件。所以第七卷前几期的内容也没有什么特别的变化，第七卷第一号的《本志宣言》更加强调了编辑部同人的统一立场，议论政治的倾向更加明显。到了第二年2月，陈独秀去上海定居，《新青年》也被带到上海去编辑，胡适的回忆材料可能针对这个阶段暗示了一个事实：陈独秀离京南下后是否还能继续担任《新青年》的主编工作，编辑部同人对此有过讨论意见，可能在这个时候，胡适强调陈独秀的生计问题。陈独秀到上海后主编《新青年》是有薪水的，一百五十银元。[2]

1920年4月，俄共（布）西伯利亚局东方民族部代表维经斯基来到上海与陈独秀见面，商定成立中国共产党，具体日期已无考。当时的情况是，十月革命后不久，联共布尔什维克政权还处于欧洲帝国主义的包围之中，出于稳定大后方的战略，1920年3月，俄共中央正式决定建立远东局（又称西伯利亚局），负责领导远东各国革命的

1　关于陈独秀何时离开北大，似乎没有定论。陈明远《文化人的经济生活》一书中引用《北京大学1919年职员薪俸册》记载，陈独秀薪俸300银元发到6月份，说明陈独秀被解除了文科学长以后两个月仍然拿的是文科学长的薪水。陈独秀6月11日被捕，9月16日出狱，他的薪俸是否因为被捕而没有发，还是因为他已经离开了北大而没有发，现在没有可靠证据。但是，他出狱后的身份仍然是北大教授。11月份他主持了刘师培的葬礼时，对他的学生陈钟凡说："校中现已形成派别，我的改组计划已经实现，我要离开北大了。"可见11月份还未离开北大。（参见陈钟凡《陈仲甫先生印象记》未刊手稿，转引自唐宝林《陈独秀全传》，北京：社会科学文献出版社，2013年，第225页。）

2　根据《〈新青年〉编辑部与上海发行部重订条件》第六条款："发行部每期除赠送编辑部一百份外，并担任编辑费一百五十元。"陈独秀的编辑费应该是一百五十银元。

工作。维经斯基就是这个组织派往中国的，任务是建立中国共产党和考察在上海设立共产国际东亚支部的可能性。当时列宁领导的联共（布）政权和第三共产国际派出许多人秘密深入东方各国（中国、朝鲜和日本等）[1]，寻找那些国家内部的反叛力量，组织革命政党来推翻或牵制本国政府，稳定俄苏政权的大后方。[2] 联共（布）政权以及第三国际派往中国的人员起先并没有具体的对象，他们在混乱形势中广泛接触中国各种政治力量，物色他们在中国的代理人。为此，他们对吴佩孚、陈炯明、孙中山都产生过兴趣，维经斯基这一路从东北到北京、天津主要接触当时社会革命力量中最有影响的无政府主义组织，以及知识分子领袖李大钊。那是1920年4月，李大钊身为北京大学图书馆馆长和北大教授，在社会上有崇高的威望，而且公开宣布自己的马克思主义信仰。维经斯基对他肯定抱有期望。但那时候李大钊所信仰的马克思主义理论体系十分复杂，在具体的政治主张里，还是比较倾向于无政

---

1 任建树根据《共产国际、联共（布）与中国革命档案资料丛书》第一卷所载来华人数统计："苏俄政府的这两个不同职能的外交渠道，其对华实施从1920年起渐渐加强。从这一年的4月到1922年12月止，由俄共或政府先后派遣来华的有14人，由共产国际派来的6人，共有20人。"（任建树《20年代初联共对华政策的制定——〈共产国际联共（布）与中国革命档案资料丛书〉研究札记》，载《上海行政学院学报》2001年第1期，第123页。）

2 唐宝林根据《共产国际、联共（布）与中国革命档案资料丛书》发布的资料："当时派维经斯基来华的俄共（布）远东局海参崴分局领导人、俄罗斯联邦驻远东全权代表维连斯基把俄共中央政治局给他的指示归纳为四条，其中第一条是'我们在远东的总政策是立足于日美中三国利益发生冲突，要采取一切手段来加剧这种冲突'，其次才是'支援中国、蒙古、朝鲜、日本的革命'。这就是说维经斯基以及以后一切来华代表，执行援助中国革命的政策，必须要服从苏俄的外交政策即苏俄国家利益。当时苏俄对华政策最大的国家利益是什么呢？是追求苏俄远东边界线上的安全……"（唐宝林《陈独秀与共产国际（1920—1927）》，载《湖北行政学院学报》2002年创刊号，第51页。）

府主义的工团主义和克鲁泡特金的互助思想 [1]，这一点陈独秀也一样 [2]，他们对于十月革命之"庶民之胜利"高声欢呼，但对于列宁强调的阶级斗争、无产阶级专政并非心仪，维经斯基与李大钊的会晤似乎没有产生具体成果，于是李大钊推荐他去上海与陈独秀见面，可能是李大钊认为陈独秀对中国革命未来途径的判断更具有敏锐性。

维经斯基在上海与陈独秀有过多次商谈。当时的陈独秀正处于人生的十字路口：一方面因为主编《新青年》、发表惊世骇俗的言论、因散传单被捕入狱引起全国性营救的不平凡经历，把他从思想明星一步步推向政治明星，他迫切需要寻找到一种可靠的政治力量来支持他从事社会活动。在1919年11月，陈独秀对他的学生陈钟凡说要离开北大。

---

1 唐宝林在《陈独秀全传》这样评价李大钊："一般认为，李大钊是中国接受马克思主义第一人。但是细读他的代表作《我的马克思主义观》却发现，李大钊接受的是近似马、恩晚年的思想，即恩格斯领导的第二国际社会党的思想——'社会民主主义'。所以他用'总觉有些牵强矛盾'的评说，委婉地批评了马、恩在《共产党宣言》《资本论》中'经济（即物质生产）决定一切'、'阶级竞争'（即阶级斗争）是历史发展动力，忽视伦理、道德、人道主义、宗教等精神方面的作用的观点。因此，他庄严地宣告：'我们主张以人道主义改造人类精神，同时以社会主义改造经济组织……我们主张物心两面的改造，灵肉一致的改造'。"（第231页）我同意这个观点。李大钊、陈独秀、毛泽东等早年都接受过无政府主义的影响，把马克思主义与无政府主义的某些观点进行了调和。1920年以后陈、李都是在共产国际指导下才转向列宁主义，强调阶级斗争和无产阶级专政。

2 1919年11月2日，陈独秀出狱不久写了《实行民治的基础》，公开宣布："我们所渴望的是将来社会制度的结合生活，我们不情愿阶级争斗发生，我们渴望纯粹资本作用——离开劳力的资本作用——渐渐消灭，不至于造成阶级争斗。"（载《新青年》第七卷第一号）表明这时候的陈独秀还不是一个自觉的马克思列宁主义的信徒。唐宝林《陈独秀全传》里说：陈独秀出狱以后，"与蔡元培、李大钊等人发起成立了北京工读互助团运动，进行空想社会主义的试验。……这个运动最早是外来的'新思潮'——克鲁泡特金的无政府共产主义、托尔斯泰的泛劳动主义和日本武者小路实笃的新村主义——在中国进步青年中影响的结果"。（第224—225页）

离开北大后做什么？陈独秀明确表示："专心从事社会运动。"[1] 这表明陈独秀对北大教授岗位已经无心恋战，决定转向"广场"，从事更为直接的政治运动。但从另一方面来说，书斋里奢谈社会主义比较容易，一旦离开北大跑到上海，等于跃入社会运动的汪洋大海，而那时社会上主要的反抗组织大多是倾向无政府主义和基尔特社会主义，而陈独秀没有扎实的社会基础，具体能够做什么？怎么做？都是需要实践的未知数。唯一能够被他紧紧抓在手里的，就是《新青年》及其产生的社会影响。这种压力对陈独秀来说可想而知。但是在与维经斯基见面以后，这一切都变了。陈独秀有了共产国际的支持，他立刻抓住从天而降的机会，迅速调整自己的行动目标，坚决反对与无政府主义组织合作，要求独立地成立中国共产党。他第一举措就是向昔日盟友无政府主义[2]开炮，以清理自己的阵营。

在这个问题上，不仅维经斯基及时地支持了陈独秀，陈独秀也及时为维经斯基提供了中国革命的途径。[3] 以陈独秀的果断强悍、富有革命经验以及置之死地而后生的状况，他无疑成为维经斯基最理想的革命领袖人选。我们现在从维经斯基1920年6月致组织的信件里所汇报的工作情况来看，他已经明确选定了陈独秀为领袖，但是维经斯基对

1　唐宝林《陈独秀全传》，第225页。

2　陈独秀在李大钊掩护下从北京到天津，再转道上海的路途上已经接触了一些无政府主义组织，到上海以后，他也曾经尝试与无政府主义组织和其他社会革命力量谋取合作。当时，另一个共产国际安排来华的代表鲍立维（柏烈伟）也在天津谋求建立包括无政府主义在内的"社会主义同盟"。此事与陈独秀也有一定的关系。

3　这个观点也是来自唐宝林的推测（《陈独秀全传》，第250页），笔者觉得是对的。

他在中国接触到的无政府主义者还是保持了好感，所以他开始着手进行的工作，是让陈独秀与中国无政府主义谋求联合。维经斯基给组织汇报工作的信件中有一段十分重要的话，描绘了1920年4月到6月期间他在上海的工作情况：

> 目前，我们主要从事的工作是把各革命团体联合起来组成一个中心组织。"群益书店"可以作为一个核心把这些革命团体团结在它的周围。中国革命运动最薄弱的方面就是活动分散。为了协调和集中各个组织的活动，正在着手筹备召开华北社会主义者和无政府主义者联合会议。当地的一位享有很高声望和有很大影响的教授（陈独秀），现在写信给各个城市的革命者，以确定会议的议题以及会议的地点和时间。[1]

根据这段话我们可以找出三层意思，与本文要解读的文献有直接关系：1. 维经斯基确认了陈独秀在未来中国革命中的领袖地位，安排陈独秀出面来整合"活动分散"的各派革命力量；2. 他之所以选择陈独秀，是因为陈独秀在中国"享有很高声誉和有很大影响"，而这些声誉和影响来自《新青年》，所以出现了"群益书店（社）"为核心的意思；3. 当时着手协调和集中各派组织的目标中包括了社会主义者和无政府

---

1 《维经斯基给某人的信》，载《共产国际、联共（布）与中国革命档案资料丛书》第1卷，中共中央党史研究室第一研究部译，北京：北京图书馆出版社，1997、1998年，第29页。

主义者。广义上说，无政府主义者也是社会主义者，所以这里特指的社会主义者，应该是指不是无政府主义者（但可能受无政府主义影响）的社会主义者。

在俄国十月革命初期，无政府主义与布尔什维克也有过短暂的联合，但不久，无政府主义者遭到了布尔什维克政权的镇压，克鲁泡特金从欧洲回到俄国，曾经企图说服列宁放弃暴力镇压，列宁拒绝了。克鲁泡特金遭到软禁。但在中国，为了组织反叛力量必须调动一切可能参与革命的因素，那些涣散的无政府主义组织也成了俄国布尔什维克的团结目标。据书信的注释者说明，信里说的这个会是1920年7月19日在上海召开的"最积极的中国同志"会议，为中国共产党的成立奠定了基础。但是唐宝林在《陈独秀全传》里认为维经斯基信中筹划的那些与无政府主义者联合的活动最后都没有落实，原因是陈独秀的抵制。后来的事情显然不是按照信中的设计进行的，1920年5月，上海建立了共产国际的东亚书记处，指导东亚国家的革命运动，这以后，钦差大臣频频降临，在上海举行了一系列的会议指导中国革命。8月，以陈独秀为核心的中国共产党发起组正式成立，真正地为建立中国共产党奠定了基础。1920年8月2日，陈独秀致信胡适（009）约稿："我近来觉得中国人的思想，是万国虚无主义——原有的老子学说，印度空观，欧洲形而上学及无政府主义——底总汇，世界无比，《新青年》以后应该对此病根下总攻击。这攻击老子学说及形而上学的司令，非请吾兄担任不中。"这时候《新青年》第八卷第一号已经付印，陈独秀正在筹备第二号的稿子，《新青年》的经费已经落实，陈独秀心情大好，摆出一副大干一场的姿态，他希望得到好朋友胡适的支持，把古代思想史的老子批判与现实斗争中无政府主义批判巧妙地结合起来，并且把胡适推为"司令"。显然，陈独秀这时候意气风发，又恢复了1917年与胡适联手发起新文学运动时期的勃勃雄心。由此也可见陈独秀成功地改变了共产国际原来联合无政府主义的想法，独立地担当起领导中国革命的重任。

从这时候开始，《新青年》阵营的分化才渐渐凸显出来了。

完稿于2015年2月24日

初刊于《上海文化》2015年第2期

重读有关《新青年》阵营分化的信件（之二）

1920年4月26日陈独秀在上海致信给十二位北京同人（008）：

守常　孟余　慰慈

适之　孟和　抚五

申府　百年　遏先　　　诸兄公鉴：

玄同　尹默　启明

　　《新青年》七卷六号稿已齐（计四百面），上海方面，五月一日可以出版，到京须在五日以后。

　　本卷已有结束，以后拟如何办法，尚请公同讨论赐复：

　　（1）是否接续出版？

　　（2）倘续出，对发行部初次所定合同已满期，有无应与交涉的事？

　　（3）编辑人问题：

（一）由在京诸位轮流担任；

（二）由在京一人担任；

（三）由弟在沪担任。

为时已迫，以上各条，请速赐复。

弟　独秀四月廿六日[1]

这是一封值得我们认真解读的信件，从中可以帮助我们解决若干问题。

一、《新青年》编辑部同人的构成

这是一封陈独秀写给北京十二位同人的公开信（公信）[2]，内容完全是履行公事：《新青年》七卷编完了，合同已经到期，接下来怎么办？很显然，这十二位收信人构成了《新青年》在京同人的基本名单。那么，笔者首先想了解的是：这十二位收信人怎么会成为《新青年》同人的？陈独秀为什么要向他们汇报和请示工作？这涉及《新青年》编辑部同人的构成。

1　录自耿云志主编《胡适遗稿及秘藏书信》第35册，合肥：黄山书社，1994年，第569—570页。此信首次公开发表于《胡适来往书信选》（上册），中国社会科学院近代史研究所中华民国史组编，北京：中华书局，1979年，第90页。但是整理本文字与原文有出入。本文根据手稿录入。特此说明。

2　1920年5月7日陈独秀致胡适、李大钊信中有"日前因《新青年》事有一公信寄京……"见黄兴涛、张丁《中国人民大学博物馆藏"陈独秀等致胡适信札"原文整理注释》，载《中国人民大学学报》2012年第1期，第25页。

本文先梳理一下这些人与陈独秀及《新青年》的关系：

《新青年》（原名《青年杂志》）1915年在上海创办，最初的编辑人员很简单。陈独秀一人担任主撰，其他撰稿者基本上是《甲寅》杂志的班底、陈独秀的安徽籍老乡或多少与安徽有关的人，其中积极撰稿的有高一涵、易白沙、刘叔雅、谢无量、陈嘏等，但在这封信的收信人名单里，一个也不见。而这十二位收信人中，名字最早出现于《新青年》的是李大钊和胡适。1916年9月出版的《新青年》二卷一号上有李大钊的散文《青春》和胡适的翻译小说《决斗》，紧接着二卷二号上，又有胡适致陈独秀信，提出文学改良的主张。而胡适的论文《文学改良刍议》要到1917年1月出版的《新青年》二卷五号才发表，同期刊出的还有陶孟和[1]的社会学文章《人类文化之起源》。（插一句，《新青年》二卷二号起，刘半农的创作频繁发表。）到了1917年2月出版的《新青年》二卷六号，钱玄同以通信的形式声援北大文科改革以及文学革命的主张。——此时开始，陈独秀已经应蔡元培邀请，携带着《新青年》杂志进入北京大学担任文科学长，刘叔雅、刘半农、胡适等也前后进入

1　据陈万雄《五四新文化的源流》，陶孟和于1913年进北大任教，教授社会学、社会问题和英文学戏曲等课程。（北京：三联书店，1997年，第31页。）据1918年编制的《国立北京大学廿周年纪念册》中《职员一览》记载，陶孟和担任文本科教授，兼法本科教授和哲学门研究所教员。据1918年9月编制的《国立北京大学职员履历表》记载，陶孟和：日本东京高等师范学校和英国伦敦大学毕业，从事社会学研究。（《京师译学馆校友录》，陈初辑，台北：文海出版社。）

北京大学[1]，加上先在北大任教的钱玄同、沈尹默，"四大台柱"[2]为主角的《新青年》阵营已经布局成功。《新青年》三卷二号通信栏里还出现了张嵩年（申府）[3]的名字。1918年1月，《新青年》第四卷起改为同人刊物，由编辑部同人轮流执编。四卷一号开始，频繁出现周作人[4]和沈

1　陈独秀于1917年1月始担任北大文科学长时，沈尹默与钱玄同已经在北大任教。

　　　　　刘叔雅于1917年上半学期进北大任教。据《钱玄同日记》1917年4月14日记载："大预中新请来一国文教习，为刘叔雅，合肥人。曾在《青年杂志》上登有《叔本华自我意志说》，年纪甚轻，问系刘申叔之弟子。"（整理本，杨天石主编，北京：北京大学出版社，2014年，第313页。）《职员一览》记载，担任理科预科教授，兼文科预科教授和国文门研究所教员。

　　　　　刘半农于1917年9月由陈独秀介绍进北大任教。《职员一览》记载，担任法预科教授，兼理预科教授和文科国学门研究所教员。

　　　　　胡适于1917年9月起任北大文科教授。《职员一览》记载，担任文本科教授兼哲学门研究所主任，又兼国文、英文二门研究所教员。

　　　　　钱玄同从1913年开始在国立北京高等师范学校历史地理部及附属中学任国文、经学教员，兼任北大预科文字学教员。（见曹述敬《钱玄同年谱》，齐鲁书社，1986年。）1917年秋被聘为北京大学文本科教授（《钱玄同日记》1919年1月24日所记）。《职员一览》记载，担任文本科教授兼国文门研究所教员。

　　　　　沈尹默于1913年在北大预科任教。蔡元培引进陈独秀为文科学长，沈尹默、汤尔和都有引荐之功。《职员一览》记载，担任文预科教授兼国文门研究所主任。

2　1917年10月16日刘半农致钱玄同信："先生试取《新青年》前后所登各稿比较参观之，即可得其改变之轨辙。……譬如做戏，你，我，独秀，适之，四人，当自认为'台柱'，另外再多请名角帮忙，方能'押得住座'。"四大台柱应指陈独秀、胡适、钱玄同和刘半农。（载《中国现代文艺资料丛刊》第5辑，上海文艺出版社，1980年，第303页。）同信中，刘半农又说："信中不能多说话，望先生早一二天来谈谈！愿为你之好友者！"从语气上看，这应该是钱、刘最初交往，有相见恨晚之意。《钱玄同日记》1917年10月18日记："三时至大学法科访半农，谈得非常之高兴。"（第323页）是应邀约谈的记录。

3　张申府于1917年秋北大数学系毕业留校。《职员一览》记载，担任预科补习班教员。

4　周作人于1917年4月进附设国史编纂处任职，9月正式任北大文本科教员。（《周作人年谱》，张菊香、张铁荣编，天津人民出版社，2000年，第121、125页。）《职员一览》记载，担任文本科教授兼国文门研究所教员。

尹默的作品，四卷四号刊化学教授王星拱（抚五）[1]的科普文章，四卷五号又刊心理学教授陈大齐（百年）[2]批"灵学"文章，同期还发表鲁迅的《狂人日记》和白话诗。——这里除了鲁迅，其他都是北大的教员。到了1919年出版的六卷四号和六号，连续出现朱希祖（逷先）[3]的文章，五号又出现了顾孟余[4]的头条文章。——到此为止，《新青年》进入全盛时期，也就是第二阶段的同人刊物时期。《新青年》的社会影响与发行量都是在这个时期获得充分的扩大。十二位收信人中的大部分进入了《新青年》同人行列，唯有张慰慈[5]在《新青年》第七卷前几期才开始露面。第七卷虽然由陈独秀主编，依然属于同人性质。

现在，我们似乎可以看清楚这十二位撰稿人与《新青年》关系的

1　据《五四新文化的源流》记载，王星拱于1916年毕业于英国伦敦大学理工学院，获硕士学位。回国被聘北大任教。（第17页）1918年编制的《职员一览》记载，担任文本科兼预科讲师。1918年9月编制的《国立北京大学职员履历表》记载，他毕业于英国帝国科学工程学院，担任文本科教授，薪水二百四十元。后一条信息比较可靠。

2　陈大齐于1914年进北京大学任教，初授哲学概论、心理学、理则学课程，后授认识论、陈述心理学等课程。（见周进华《经师人师——陈大齐传》，台湾商务印书馆，1986年，第9页）《职员一览》记载，担任文本科教授兼哲学门研究所教员。

3　朱希祖于1913年受聘任北大预科教员兼清史馆编修。袁世凯称帝时辞去编修，专任北大教授。《职员一览》记载，担任文本科教授兼国文门研究所教员。

4　顾孟余又名顾兆熊。1917年任北京大学教授兼文科德文门主任，后任经济系主任。《职员一览》记载，担任文本科教授兼理预科教授。《国立北京大学职员履历表》记载其毕业于德国柏林明星工科大学。

5　张慰慈名张祖训。《职员一览》记载担任法本科兼预科教授。《国立北京大学职员履历表》记载其为美国埃哀亚哀省立大学（似乎是 University of Illinois 即伊利诺伊大学）博士。张慰慈参与《新青年》同人较晚。据《周作人日记》（上）1918年11月27日记载："下午至学长室议创刊《每周评论》十二月十四日出版任月助刊资三元。"（影印本上册，郑州：大象出版社，1996年，第786—787页）。《每周评论》出资人中有张慰慈的名字。可见他参加了1918年11月27日的会议。尽管他那时还没有在《新青年》上发表文章，但已经加入《新青年》同人行列。

深浅了。如果以陈独秀为标杆，以出现于《新青年》撰稿行列的先后及其关系亲疏为序列，大致可以排为三列：

1. 1915—1916年陈独秀主撰时期的朋友：高一涵、胡适、李大钊、刘叔雅等，他们的主要特征是安徽籍人，或者是《甲寅》老臣。

2. 1917年陈独秀进入北大担任文科学长后的朋友：钱玄同、刘半农、陶孟和、沈尹默、周作人和张申府等，他们的主要特征是北大文科教员；鲁迅也是这时期的朋友，但不是北大专任教员。

3. 1918年《新青年》轮流执编以后陆续加入的撰稿人：王星拱、顾孟余、陈大齐、朱希祖、张慰慈等，他们与陈独秀及《新青年》的关系不会很亲密，专业背景也很广泛，化学、经济学、心理学、政治学都有，留学背景也比较复杂。

在陈独秀写这封信的1920年4月，刘半农已经脱离了《新青年》[1]并在法国留学，高一涵也出国[2]，不在收信人名单里可以理解。但是第三序列的名单为什么会进入《新青年》编辑部同人行列？撰稿人与编辑部同人是不是一回事？如果说不是一回事，那么，第三序列的名单似乎不应该成为陈独秀汇报和请示工作的对象。如果说，他们因为撰稿人身份而可以成为收信人，那么，鲁迅、吴稚晖、沈性仁、任鸿隽、

---

1 刘半农在1919年初就脱离了《新青年》。据《钱玄同日记》1919年1月24日记载："午后三时，半农来，说已与《新青年》脱离关系，其故因适之与他有点意见，他又不久将往欧洲去，因此不复在《新青年》上撰稿。半农初来时，专从事于新学。自从去年八月以来，颇变往昔态度，专好在故纸堆中讨生活。"刘半农于1920年春赴法国留学。

2 据高大同编著《高一涵先生年谱》记载，高一涵于1919年12月27日离开北京去日本，1920年6月18日乘船离开日本回国。（上海文化出版社，2011年）

陈衡哲等都是同时期《新青年》的重要撰稿人，发表文章数量也远在上述若干收信人之上，为什么他们不是收信人？因此，弄清楚这十二位收信人在《新青年》编辑部里扮演什么角色，究竟是哪些人在领导《新青年》，是解决这个问题的关键。

于是，我们还是要回到《新青年》发展史上的第一次重要改革（1918年1月），即由陈独秀主撰向轮流执编的同人刊物转变开始说起。

《新青年》三卷六号出版以后，曾经停刊数月，其间酝酿了一项极其重要的改革方案：从1918年1月15日起，《新青年》四卷一号以全新面目推出，标志就是建立《新青年》编辑部，集体执编。《新青年》四卷三号正式刊出《本志编辑部启事》，是这样写的：

> 本志自第四卷一号起。投稿章程业已取消。所有撰译悉由编辑部同人公同担任，不另购稿。其前此寄稿尚未录载者，可否惠赠本志，尚希投稿诸君，赐函声明，恕不一一奉询。此后有以大作见赐者，概不酬赀。录载与否，原稿恕不奉还。谨布。

这是写给投稿者和读者看的通告，其背后隐含了一场深刻的革命。这里关键的信息有三点：拒绝外稿，编辑部同人担任撰稿，取消稿费。拒绝外稿，不仅拒绝了一批社会上的盲目投稿者，《新青年》第一阶段即陈独秀主撰时期的同乡关系户投稿者基本上也被拒绝在外。编辑部同人担任撰稿，体现了《新青年》作为一个集体阵营已经布局完成，《新青年》代表了一种新的理想的传播平台和传播方式。取消稿费，同人撰稿没有稿费，体现了"同人刊物"的原则：为了一份理想而写稿。这样做，对于所有的撰稿者而言，他与刊物的关系就发生变化了：不再是刊物与作者的关系，写稿也不再以换取稿费为目的。撰稿者与刊物之间产生一种新型关系：同人与平台的关系。也就是胡适在家信中说的："这是我们自己办的报。"[1] 这种新型的办刊形式，后来成为五四新文化运动中涌现出来的大量同人刊物的模型。

既然是同人刊物，谁主编并不重要，同人刊物是集体议稿制度，仅仅是委托某人负责集稿，轮流执编。一般情况下，撰稿者仅限于自己的团体人员，不接受外稿；反过来说，程序上是先允许某人成为同人团体成员，才登载其稿件。那么，《新青年》编辑部同人到底有多少人，又是怎么形成的？我读了许多相关研究文章，觉得研究者都无意中把《新青年》编辑部同人与轮流执编的编辑混为一谈，其实细究起来，两者是不一样的。按照这份"启事"的意思来看，广义地说，《新青年》编辑部同人是刊物的主要撰稿者，并且承担了刊物发展的某种责任，而轮流分期执编则是更为亲密地团结在陈独秀周围的工作班子。用现在的人事关系而言，有点像刊物的编委会与编辑部的关系。

参与轮流执编《新青年》的编辑，回忆者各有说法，研究者也多有猜测，通过白纸黑字留下来的文献，有如下几种：胡适在《五十年来中国之文学》说："民国七年一月，《新青年》重新出版，归北京大学教授

1　胡适《致母亲》（1918年3月17日），《胡适书信集》（上），北京：北京大学出版社，1996年，第140页。

陈独秀、钱玄同、沈尹默、李大钊[1]、刘复、胡适六人轮流编辑。"[2]胡适是当事人，说这个话的时候，离1918年不过四年，应该记忆不会出错。但他说的六人，是指1918年上半年的《新青年》第四卷的轮流编辑人员，中间也不排除有其他人一起帮忙。周作人回忆说，陶孟和也编过他的稿子。[3]那是指《新青年》五卷六号，说明刊物第五卷的执编人员有变动。而第六卷编辑人员，据《新青年》六卷一号刊登《本杂志第六卷分期编辑表》，轮流执编的六人依次是陈独秀、钱玄同、高一涵、胡适、李大钊和沈尹默。所有加起来，参与轮流执编的同人，大约不会超过八个人。

另外有一条信息，1918年10月21日，据周作人日记记载："玄同说明年起分编新青年凡陈胡陶李高钱二沈刘周陈（百）傅十二人

1　据朱文通主编《李大钊年谱长编》，李大钊于1918年1月就任北京大学图书馆主任。（中国社会科学出版社，2009年，第241页。）又：《年谱长编》依据《国立北京大学廿周年纪念册》中1918年编制的《职员一览》的《前任职员录》（甲类）记载，前图书馆主任章士钊于"民国七年一月"离职，李大钊接任图书馆主任。《现任职员录》已经有李大钊的名字。又，1918年1月20日《北京大学日刊》载《进德会通告》，其中甲种会员名单里也有李大钊的名字。可以确定，李大钊到北大图书馆任职时间应是1918年1月20日之前。

2　见《胡适文集》第3册，第255页。但张耀杰质疑，认为《新青年》四、五卷轮流执编的六位编辑应该是陈独秀、钱玄同、刘半农、陶孟和、沈尹默和胡适。（参见张耀杰《北大教授与〈新青年〉》，北京：新星出版社，2014年，第2—8页。）张耀杰的说法可以从罗家伦1931年的口述回忆里得到印证。口述材料被罗久芳编入《我的父亲罗家伦》，商务印书馆，2013年。

3　周作人《知堂回想录》记载："在这以前，大约是五、六卷吧，曾决议由几个人轮流担任编辑，记得有陈独秀、适之、守常、半农、玄同和陶孟和这六个人，此外有没有沈尹默，那就记不得了，我特别记得是陶孟和主编的这一回。"（香港：三育图书文具公司，1980年，第357页。）

云。"[1]这条记载一般研究者不甚注意，或以为后来没有实施。其实这里保留了一个重要信息，即在1918年下半年《新青年》编辑部同人已经从上述八人扩大到十二人，但不是陈独秀"公信"所列的十二位收信人，而是从原来的八人增加了周作人、沈兼士[2]、陈大齐和傅斯年。因为事涉周作人本人，所以他特别在日记里记载下来。而此事又是钱玄同转告的，说明周作人原先确实没参与编辑部工作。傅斯年身份还是学生，因为屡屡在《新青年》写稿，又兼主编《新潮》，也被考虑吸收了。这个决议并非没有实施，因为十二人轮流编辑需要一年两卷，事实上《新青年》第六卷只公布了前六卷的执编人，到了第六卷编完，第七卷情况发生变化，才没有轮到另外六人。但作为编辑部同人，上述十二位名单都应该算在内的。也就是说，到1918年10月，这个编辑部同人的名单里还没有朱希祖、顾孟余、张慰慈、王星拱和张申府——前面三位的名字都要在第六卷和第七卷撰稿者队伍里才出现，而王星拱、张申府两人的身份只是讲师和助教，不是教授。

我们接下来讨论"启事"所说的《新青年》"编辑部同人"的概念包含哪些内容。既然"启事"声称"所有撰译悉由编辑部同人公同担任"，那么，我们就从《新青年》四卷一号的撰稿名单来看：论文著译——陈独秀、高一涵、周作人、胡适、陶孟和、钱玄同、刘半农；诗歌创作——胡适、沈尹默、刘半农；读者论坛——傅斯年、罗家伦；通信——胡适、

---

1 《周作人日记》（上），郑州：大象出版社，1996年，第779—780页。

2 据《五四新文化的源流》，沈兼士于1913年到北大任教。《职员一览》记载，任文预科教授。周作人在《知堂回想录》里讲到沈兼士患有一种奇怪的肺病，身体状况不好。

钱玄同、刘延陵。这是一份经典的同人刊物名单，我们大致可以从中了解《新青年》编辑部"同人"的基本人员：傅斯年与罗家伦的身份是学生，所以在《读者论坛》栏目上出现，刘延陵的《通信》是外来稿[1]，都可以不计在内。那么，成为同人刊物的《新青年》最初同人，就是陈独秀、高一涵、胡适、钱玄同、刘半农、沈尹默、陶孟和、周作人八个教员。傅斯年、罗家伦两个学生以后还继续在《新青年》上发表重要文章，但不一定参与编辑部工作。教员中唯周作人没有参与编辑，只是积极承担撰稿的工作，但当以同人视之。另外《钱玄同日记》记载，他编第二期时有李大钊的稿件[2]；李大钊自然在同人之列。但他的身份是图书馆主任，高一涵的身份是编辑，均不在北大教授之列。[3]

《新青年》四卷二号到六号的半年里，撰稿者（《读者论坛》和《通信》栏目除外）的队伍逐渐增加，粗略统计如下：

第二号增加：刘叔雅、林语堂、吴稚晖。

第三号增加：吴祥凤、张祖荫。

---

1 据《钱玄同日记》1918年1月2日记载："午后至独秀处检得《新青年》存稿。因四卷二期归我编辑……略检青年诸稿，有刘延陵论文学二篇，笔杂已甚。"（第326页）

2 《钱玄同日记》1918年1月12日记载："独秀交来《新青年》用稿一篇，题为《人生真义》，约千八百字左右，做得很精，又李守常《论俄国革命与文学》一稿，可留为第三号用。"（第328页）李大钊的稿子后来未发表。

3 据《李大钊年谱长编》1920年7月8日记载："北京大学评议会议决将图书馆主任改为教授。"（第304页）

　　据《五四新文化的源流》，高一涵是1918年到北大，先在北大丛书编辑委员会工作，1921年任教授。（第54页）但是高一涵不见名于《职员一览》，说明1918年春季，高一涵还没有进北大，1918年9月编制的《国立北京大学职员履历表》，高梦弼任编译处编译员兼编辑，月薪一百八十银元。高梦弼是高一涵的庠名。所以，高一涵应该是1918年秋天进入北京大学担任编辑。

第四号增加：林损、王星拱。

第五号增加：陈大齐、鲁迅、俞平伯、陵霜、叶渊、蔡元培。

第六号增加：吴弱男、袁振英。

我们不妨分析这些名单：吴稚晖是中国无政府主义的先驱，陈独秀的老朋友，也是《新青年》的老作者；林语堂当时是清华大学英文教员，他发表的是有关汉字检索的文章；吴祥凤是北京医学专门学校教员，发表的是关于瘟疫的医学文章，显然都是外来稿。张祖荫发表的是社会调查报告，属于陶孟和主持的研究课题的参与者；叶渊也属这种情况，这两人可能都是陶孟和的学生。袁振英（震瀛）、俞平伯、陵霜都是北大的学生。此外，撰稿者中还有蔡元培、鲁迅和吴弱男：蔡元培身为校长，鲁迅在教育部任职，两人都不适合参与这类活动；吴弱男是章士钊的夫人，陈独秀、胡适的朋友，应该也是外稿。以上这些人都不是《新青年》同人，只是一般撰稿者。剩下刘叔雅、王星拱、陈大齐、林损都是北大教员；而林损[1]是北大国文系著名旧派人物，与新文化运动观点相左，不可能是同人。

我们再往下看，《新青年》第五、六两卷中新增加的撰稿者（《读者论坛》和《通信》栏目除外）名单大致有：杨昌济、沈兼士、陈衡哲、沈性仁、顾兆熊（孟余）、张申府、朱希祖、任鸿隽、邓萃英等，其中在北大担任教员的有杨昌济、沈兼士、朱希祖、顾兆熊、张申府。

这样，我们似乎可以揭开《新青年》"编辑部同人"的神秘面纱

1　据《职员一览》记载，林损任法预科教授。

了:《新青年》编辑部启事中所说的"编辑部同人",应该是指一批有志于推动新文化运动,并自觉为《新青年》撰稿的北大教职员(主要是教授)。符合三个条件:一是志同道合,二是自觉写稿,三是北大教员。(如胡适所说的:"《新青年》重新出版,归北京大学教授……轮流编辑。"突出了铿锵有力的"归北京大学教授"七字。)以这三个条件为标准,可以解释一系列的问题:1. 鲁迅不是北大教授,他虽然在《新青年》上发表了重要的作品,但他不直接参与其活动,不能算是编辑部同人,只是一个重要的作者。但从广义上来说,鲁迅是属于《新青年》阵营中的成员。2. 北大学生活跃地支持了《新青年》的工作,但也不参与编辑部的工作,也不算是同人。他们有《新潮》杂志作为自己的阵地。(唯傅斯年例外,他可能部分参与过编辑部同人的工作。其他学生如张申府、袁振英等,都是在毕业以后才参与刊物的编辑活动。)3. 凡不是北大教员,虽然是刊物的老作者,或者主编者的私人关系,他们给刊物写稿,但不算是编辑部同人。前者如吴稚晖、易白沙、吴虞等;后者如胡适的朋友任鸿隽、陈衡哲,陶孟和的太太沈性仁,章士钊的夫人吴弱男,等。4. 开放性和流动性的特点。《新青年》的北大同人是在不断变化的,离开了北大(如出国)就不再过问编辑部事务(如刘半农、高一涵)。而较迟参与撰稿的,只要志同道合,也立马成为编辑部同人,拥有对编辑部的发言权(如张慰慈)。就这样,《新青年》编辑部同人由1918年1月的六人执编,到1919年10月5日的会议,已经发展到了十二人以上了。

现在我们再排列一下《新青年》编辑部同人的名单:

1918年1月(《新青年》第四卷轮流执编)起:陈独秀、李大钊、胡适之、钱玄同、刘半农、沈尹默、陶孟和、高一涵;(八人)

1918年10月21日(会议决定扩大到十二人担任编辑),上述名单再加周作人、沈兼士、陈大齐、傅斯年;

1919年10月5日起(会议决定刊物第七卷归陈独秀一人主编),上述名单再加:朱希祖、王星拱、顾孟余、张慰慈、张申府,去掉刘半农、高一涵、傅斯年(三人均出国)。

与刊物保持密切关系,可能也是同人之列:刘叔雅(疏离)[1]、杨昌济(去世)[2]和程寅生(陈独秀的同乡)[3]。

还有一个问题是,《新青年》四卷三号的"启事"中,明确了"志同道合"和"同人撰稿"两个条件,而第三个所谓"北大教员"是笔者根据上述分析推断出来的,从未被当事人明确表述过,也不见诸任何当事人的回忆材料。唯一有相应关系的公开文本,是刊载于《新青年》六卷二号的编辑部"启事":

近来外面的人往往把《新青年》和北京大学混为一谈,因此发

1　刘叔雅从各方面看似乎都应该是同人,他不仅是早期《新青年》的重要撰稿人,而且参与了同人刊物时期的《新青年》撰稿,据说担任过《新青年》的英文编辑,还参与批判灵学的斗争。但在六卷二号发表翻译赫克尔的《灵异论》以后,再无作品发表于《新青年》。什么原因我们不得而知。关于刘叔雅脱离《新青年》的问题,章玉政《狂人刘文典》一书里有所涉及,但语焉不详。(桂林:广西师范大学出版社,2008年,第95—100页。)

2　据《五四新文化的源流》,杨昌济1917年进北大任教。《职员一览》记载,任文本科教授。1920年去世。

3　程寅生,安徽籍人士。《职员一览》记载,任文预科讲师。《国立北京大学职员履历表》记载,任文预科教授。

生种种无谓的谣言。现在我们特别声明:《新青年》编辑和做文章的人虽然有几个在大学做教员,但是这个杂志完全是私人的组织,我们的议论完全归我们自己负责。和北京大学毫不相干。此布。

从外界谣言来看,当时人们印象中把《新青年》编辑部同人与北大教员身份是联系起来混为一谈的。而这则启事也承认了《新青年》是一个"私人的组织",并且其中有几个大学的教员。所以,笔者把第三个条件理解为当事人并不自觉但自然而然形成的事实。当时刊物是跟着陈独秀走的。陈独秀在上海时有一批朋友帮忙撰稿和编稿,到了北大以后,原来的朋友就逐渐淡出,他在北大单枪匹马寻找新的盟友。于是就有了轮流执编的"编辑部同人",形成了以陈独秀为核心的新的圈子。1917年10月,胡适刚刚到北大任教才一个月,在蔡元培的推动下,陈独秀、胡适等人提出一系列关于北京大学行政的改革方案,并得到了实施。其中最重要的一条,就是仿欧美大学实行教授治校,建立教授评议会,作为学校最高立法机构和权力机构。北京大学治校理念和方法都改变了。这一极为深刻的改革,不会不触动《新青年》主编陈独秀,促使他对《新青年》的编辑理念和形式做出相应的改革。《新青年》编辑部的建立以及轮流执编、民主决策等一系列方式的产生,与蔡元培、陈独秀、胡适等人推动北大治校理念和形式改革是相一致,同步进行的。这才会产生北大教员志同道合地团结在一起,无偿为《新青年》撰稿,推动新文化运动,同时又拥有对刊物的发言权,用民主表决的方法来处理刊物的"同人"。毫无问题,这个民主评议决策的理念是胡适从美国带来的，但在具体的实行过程中，陈独秀是主要的推手，如果陈独秀对这个改革的意义缺乏足够认识，《新青年》不可能以雷霆万钧之力实现了同人刊物的理想。换句话说，所谓"一刊一校"的强强结盟，是从1918年《新青年》第四卷建立北大编辑部开始的。

不过，《新青年》的改革，除了在形式上确立了编辑部制度和同人撰稿方式外，真正的民主决议可能是逐渐形成的。从《新青年》第四、五两卷的内容上看，陈独秀始终还是占有主导位置，四、五两卷中各有四期都发表他的重要文章，其他主编的风格并不突出。编辑之间的稿子也是互相通用的。从这些迹象看，最初的轮流执编可能只是一种分工，每期有人主要负责，其他人帮忙组稿议稿[1]，没有那么严格的分工。1918年陈独秀在北京大学参与顶层设计力挺改革，是最忙碌的时候，编辑部有了这帮同人帮忙，他可以轻松许多。以陈独秀惯常的家长独断式的工作方法而论，他能够在主编《新青年》这样的大事上放弃独断，用人不疑，显现了他性格中的重视友情、大度待人的一面。但是具体工作也未必就完全按照民主决策方法来处理。周作人在回忆中说："《新青年》同人相当不少，除二三人时常见面之外，别的都不

1　鲁迅在《忆刘半农君》里曾经说："《新青年》每出一期，就开一次编辑会，商定下一期的稿件。"（见《鲁迅全集》第6卷，北京：人民文学出版社，2005年，第73—74页。）现在看来，没有证据可以证明鲁迅参加过这类编辑会，也可能并不存在如鲁迅描写的定期编辑会议。但是不能排除同人们在组稿过程中互相沟通讨论商量稿件，包括为批判王敬轩、批判张厚载、讨论宋春舫文章等所引起的争论，除了书信交流形式以外，同人们集体聚会讨论稿件以及刊物方针，应该是存在的。

容易找，校长蔡子民很忙，文科学长陈独秀也有他的公事。……平常《新青年》的编辑向由陈独秀一人主持（有一年曾经六个人，各人分编一期），不开什么编辑会议……"[1] 这里说的二三人，应该是指与周作人关系比较好的沈尹默、刘半农和钱玄同。周作人是在1918年才开始为《新青年》写稿，他回忆的情况应该是那一年以后的状况，陈独秀仍然发挥着核心的作用。[2] 但是，由于胡适的参与，《新青年》编辑部出现了另一种新的因素。那就是胡适从美国带来的民主决议的现代观念。《新青年》编辑部同人中间，钱玄同和胡适代表了两种完全不同的编辑组稿方式：钱玄同的组稿方式经常是呼朋引类，啸聚起哄，与刘半农、沈尹默、周作人（背后还有鲁迅）一起在刊物上呼风唤雨，战斗性十足；而胡适的方法经常是主持饭局，邀人讨论，商量办法，明辨是非，理性占上风。陈独秀本人倾向钱玄同一伙的做派，但渐渐受到胡适的影响。经过差不多一年的实践，才有了1918年10月21日的会议，决定扩大北大同人轮流分编范围，并在六卷一号[3] 公开实施。第六卷的每一期内容都体现出主编者鲜明的主导风格：第一号的《本志罪案之答辩书》（陈独秀）、第二号的全力推出周氏兄弟（钱玄同）、第三号的《斯宾塞

1　《知堂回想录》，第470页。

2　傅斯年在《陈独秀案》中回顾说："《新青年》可以分做三个时期看，一是自民国四年九月创刊时至民国六年夏，这时候他独立编著的。二是自民国六年夏至九年年初，这是他与当时主张改革中国一切的几个同志特别是在北京大学的几个同志共办的，不过他在这个刊物中的贡献比其他人都多，且他除甚短时期以外，永是这个刊物的编辑。"（载《独立评论》第24号，1932年10月30日。）文章里说的"除甚短时期"应该是指1919年6月11日陈独秀被捕入狱的一段时期，即陈独秀在同人刊物期间依然把握着刊物的主要方向。

3　《新青年》六卷一号正式刊登《本杂志第六卷分期编辑表》，公布了每卷主编的名单。

尔的政治哲学》(高一涵)、第四号的《实验主义》(胡适)、第五号的《我的马克思主义观》(李大钊)等等，都体现了主编们各有特色的风格。1919年以后，周作人日记里屡屡出现"适之招饮"的记载，说明胡适这种用饭局把工作放在桌面上商量讨论的方式逐渐占了上风。同时，在陆陆续续增加的撰稿者队伍中，倾向于胡适的欧美海归者居多，这才导致了1919年10月5日在胡适家里召集编辑部同人会议，虽然决定《新青年》第七卷仍归陈独秀一人主编[1]，但这个"归"不是无条件的，编辑部同人的决议对陈独秀有所制约，包括：刊物的同人性质不变，仍由同人担任主要撰稿，以及对于陈独秀收回主编权的时限(只限于一年时间)。这就是陈独秀1920年4月26日给这十二位同人写那封公信的主要原因。

在读解陈独秀致《新青年》在京同人的公信之前，笔者一直以为"《新青年》同人"是一个含糊的概念，撰稿者就是同人，或者说，撰稿频繁者就是同人。但从这封信的十二位收信人名单来看，"同人"是一个实有的概念，是有具体的人员，也有不是"同人"的界限。事实上，确有一些虽列名于同人的北大教授对编辑事项并不热心，他们除

1　关于这次会议，《周作人日记》有记载：1919年10月5日："下午二时至适之寓议新青年事自七卷始由仲甫一人编辑六时散适之赠实验主义一册。"(《周作人日记》(中)，影印本，郑州：大象出版社，1996年，第52—53页。)会议开了整整四个小时。同日，钱玄同的日记也记下了这件事："下午三时至胡适之处，因仲甫函约《新青年》同人今日在适之家中商量七卷以后之办法，结果仍归仲甫一人编辑。在适之家中吃晚饭。"(第351页)可以看出，这个主张其实是陈独秀提出来的，由胡适出面召集编辑部同人会议。会议中胡适俨然以会议主人的身份，又是招待又是赠书。

了写稿以外，并不愿多参与《新青年》事务，就如周作人自称"客师"[1]身份。周作人自然是一个，另外像刘叔雅、沈兼士、顾孟余（可能还有杨昌济、程寅生等人）也都属于此类。在当时，这样一个自然形成的、比较松散的编辑委员会，对于非北大或者非编辑部同人的其他撰稿者来说也没有构成多大的压力。尤其是那些认同《新青年》立场的撰稿者，他们把为《新青年》撰稿看作是自己理想和立场的表述，把《新青年》视为同道，引为知己，是很正常的。鲁迅就是一个例子。[2]吴虞也是一个例子。[3]他们都是把《新青年》作为他们理想和立场表述的一个平台，站在与《新青年》同一立场上发表文章，参与破旧立新的文化革命。所以他们对《新青年》的贡献和影响，可能要大于有些列名于编辑部同人的北大教授。对此，我们可以用另外一个更为确切的概念来称呼：《新青年》阵营。这是一个更为广泛的，而且更加倾向于志同道合、共同反对旧文化势力的阵营。至于对《新青年》阵营的成员，鲁迅

---

1 周作人致曹聚仁信。转引自《周作人年谱》，张菊香、张铁荣编，天津人民出版社，2000年，第862页。

2 鲁迅在《〈呐喊〉自序》里说到自己在《新青年》上发表小说时，这样说："但既然是呐喊，则当然须听将令的了，所以我往往不恤用了曲笔，在《药》的瑜儿的坟上平空添上一个花环，在《明天》里也不叙单四嫂子竟没有做到看见儿子的梦，因为那时的主将是不主张消极的。"（《鲁迅全集》第1卷，北京：人民文学出版社，2005年，第441页。）自觉把《新青年》编辑视为"主将"而自己听从"将令"，不惜修改了小说的细节。由此可以感受到鲁迅对《新青年》阵营的认同。

3 据《吴虞日记》1919年8月21日："君毅来信，附来高一涵一函，予《道家法家均反对旧道德说》已编入《新青年》第五号内，恰好这一期是纲常名教号，所以欢迎得很。《星期日》已收到，读了喜欢了不得，我们的同志越发多了，不怕孤掌难鸣了。"（《吴虞日记》上册，中国革命博物馆整理，荣孟源审校，成都：四川人民出版社，1984年，第481页。）这里看得出吴虞的心态，完全以《新青年》马首是瞻，以《星期日》视为同志。

步履匆匆：陈思和讲当代人文

有一个更为确切的称呼：战士。¹

二、群益书社与陈独秀的关系

陈独秀在4月26日的公信中，主要是征求北京同人意见的三点内容，其实第一、第三点都不成问题，也无讨论之必要。而真正要做出决定的是第二点：倘续出，对发行部初次所定合同已满期，有无应与交涉的事？看上去这仅仅是一个履行公事的问题，即与群益书社继续合同。但这里我们似乎读出一点暗示：《新青年》与群益书社的关系即将发生变化。

信中所说"对发行部初次所定合同"，是指《〈新青年〉编辑部与上海发行部重订条件》²，其合同文本内容如下：

---

1 鲁迅在《忆刘半农君》称刘半农："他到北京，恐怕是在《新青年》投稿之后，由蔡子民先生或陈独秀先生去请来的。到了之后，当然更是《新青年》里的一个战士。"（《鲁迅全集》第6卷，第73页。）

2 这个合同文本，各家引用著述里都说是初刊于《新青年》第七卷第一号，但笔者在人民出版社1954年影印版与1988年上海书店的影印本里没有找到该文件。据周楠本在《鲁迅研究月刊》2011年第12期发表《一篇新发现的鲁迅手稿》透露，该文本编印在中国历史博物馆编的《中国近代史参考图片集》（20世纪50年代出版），后被有心人翻拍下来，认作鲁迅手迹。北京大学历史学系博士生王波在《近代史研究》2013年第5期发表《关于〈新青年〉的两个问题》，对这个文件的初刊质疑，他声称遍查北京、上海、成都等地所存的原版《新青年》，从第六卷第一号到第七卷第三号，均未见刊印有此合同。该文件最初发现于北京历史博物馆编的《中国近代史参考图片集》（下册），原注为"北京历史博物馆藏片"。（上海：教育图片出版社，1958年，第161页。）笔者非常赞赏王波博士严谨的治学态度，现在唯一需要查核的是，1935年亚东重印版是否添加了该合同。按常理，出版社不会把一份出版合同印在杂志上。

一、自七卷一号起，印刷发行嘱上海发行部办理。二、中国北部约每期可销一千五百份，由发行部尽先寄与编辑部分派，以后如销数增加，发行部应随时供给。三、以后发行部当担任每期至少添印二百五十份。四、编辑部担任如期交稿。五、发行部担任如期出版。六、发行部每期除赠送编辑部一百份外，并担任编辑费一百五十元。但编辑员于所著稿件仍保留版权。凡《新青年》刊载之小说、戏剧，如发行部欲另刊单行本，其相互条件由著作人与发行部商定之。著作人亦可在别处另刊单行本，但承认发行部有优先权。七、此上各条以第七卷为试行期。第八卷以后应否修改，由编辑部与发行部商酌定文。

这个文本的第七条明确指出："此上各条以第七卷为试行期。"也就是说，这些条款是针对《新青年》第七卷合作条款的调整，含有试行性质。第七卷结束，陈独秀必须面临要续订合同的问题。这里暗示了一个学界疏忽的前提：那么，在前六卷的编辑发行中，《新青年》编辑部（具体地说是陈独秀）与群益书社的关系如何？学界对此似没有做过深究。以往的研究文献中，研究者把两者关系都理解成一种亲密无间的合作。群益书社是投入了巨大的资金运作，保证了刊物的顺利运行。在刊物转亏为盈以后，双方都获得了利益。而在这时候，陈独秀单边毁约，决议独立办刊，造成了分裂。现在给人的印象，似乎就是这样一种结论。但是笔者在阅读相关资料时隐隐约约地觉得，陈独秀与群益书社之间的不愉快，可能是冰冻三尺非一日之寒，只是还没有

步履匆匆：陈思和讲当代人文

找到相关的可靠资料。所以，我们的讨论还要从《新青年》第七卷以前的两者关系开始。

关于群益书社的资料，现存极少。虎闱根据对群益创办者后人的采访而写成的《出版〈新青年〉的群益书社》是目前最详实的材料。据此，我们大致了解群益书社的历史：

群益书社是晚清时期创立的书店。1899年，湖南长沙人陈子沛、陈子寿兄弟和堂兄陈子美结伴去日本留学，接受新思想。1901年，陈子美在东京神田区南神保町七番地出资创办群益书社，主要出售教材和小说、哲学书籍。1902年，陈子沛、陈子寿兄弟把一批日本畅销书带回家乡，在长沙府正中街创办集益书社，1907年又在上海福州路惠福里开设群益分社，形成鼎足三分的格局，后来调整为上海总社，东京和长沙分社。陈子美不久退出，书店主要是陈子沛、陈子寿兄弟经营。陈氏兄弟本人都有较高文化，策划和编辑出版过不少教材和工具书，我们从《新青年》的广告上可以略见一斑。他们是湖南人，又有留学日本的经历，与章士钊等同乡革命者保持了良好的关系，政治上倾向于反清和革命。[1] 群益书社有一定的经济实力，主持人也有眼光，有胆识，看重江湖道义。它因为出版《新青年》而留名史册。这一点我们要充分肯定的。

研究群益书社一定会涉及亚东图书馆。这在当时是出版界的一对双子星。亚东图书馆是安徽人汪孟邹创办。汪孟邹受大哥汪希颜的影响，

1　本段参考虎闱《出版〈新青年〉的群益书社》，初刊于《世纪之窗》2000年第1期。收入俞子林主编的《百年书业》，上海书店出版社2008年出版。

接受新思想，1903年在芜湖开办了一家书店——科学图书社，以卖新书报为主。因为销售《安徽俗话报》而结识陈独秀。1913年汪孟邹移居上海，在陈子沛兄弟的支持下，开始经营亚东图书馆，以绘制、印刷新式地图为主要特色。因病早逝的汪希颜与章士钊等是好朋友，汪孟邹延续了他们的友情[1]，章士钊主编的《甲寅》由亚东承担出版发行。因为这层关系，章士钊、陈独秀、汪孟邹、《甲寅》和即将诞生的《新青年》，都联系在一起了。汪孟邹办亚东之前就在上海设了一个点，叫申庄，依附于群益书社。[2]亚东图书馆在创办过程中也得到了陈子沛兄弟的帮助。这样就把以湖南籍人士为核心和以安徽籍人士为核心的两家书店紧紧结合在一起了。

　　接下来可以讨论陈独秀与群益的关系。汪原放在《回忆亚东图书馆》里引用汪孟邹的回忆："民国二年（1913年），仲甫亡命到上海来，'他没有事，常要到我们店里来。他想出一本杂志，说只要十年、八年的功夫，一定会发生很大的影响，叫我认真想法。我实在没有力量做，后来才介绍他给群益书社陈子沛、子寿兄弟。他们竟同意接受，议定每月的编辑费和稿费二百元，月出一本。就是《新青年》（先叫做《青年杂志》，后来才改做《新青年》）。'"[3]为什么陈子沛兄弟会贸然答应

1　在汪原放《回忆亚东图书馆》的修订版《亚东图书馆与陈独秀》（学林出版社2006年版）中，第7页编者添加了一个注："郑超麟说：'（陈独秀、章士钊、汪希颜）三人感情极好，惜汪早死，否则也是中国文化界一个有贡献的人。陈、章二人都对汪希颜的弟弟汪孟邹有生死之交情，就是由此来的。'"

2　本段参考《汪孟邹：行走在文化风云人物之间》，收入俞晓红主编《20世纪徽州文化名家评传》，安徽师范大学出版社2013年出版。

3　汪原放《回忆亚东图书馆》，上海：学林出版社，1983年，第31—32页。

陈独秀编刊物的计划，并以每月二百元的编辑费和稿费作为酬劳呢（应该说，这在当时属比较慷慨的举措）？我觉得汪原放在转述其叔的回忆时，混淆了两个时间点。陈独秀亡命到上海的时间是1913年，也就是亚东图书馆刚刚创办的时候。那时陈独秀非常贫穷，经常靠汪孟邹的接济。他提出办刊物设想正是这个时期。但当时汪孟邹的亚东在草创阶段，经济上没有条件实现陈独秀的理想。所以说"实在没有力量做"。至于"后来才介绍他给群益书社……"，已经是1915年了。那个时候陈独秀在日本帮章士钊编《甲寅》杂志，妻子高君曼在上海贫病交困，咳血住院，汪孟邹写信催促陈独秀回上海。陈独秀于1915年6月回到上海。近一年编《甲寅》的经历促使陈独秀携带了一个宏大计划回来——办《新青年》仅仅是其中一部分。我们不妨看一下汪孟邹的日记：

6月19日：到志孟处谈。

6月29（20）日。晚间为志孟（陈独秀别名）、白沙洗尘。

6月22日。下午赴叔潜等通俗图书局开会之约，回家已六钟有零。

6月23日。上午十一点钟至子寿宅，会议三家合办之事。终以分别筹款为主，回家已五钟。

…………

7月4日。在子寿处晚饭后，往志孟宅上谈事，将十二钟方返。

7月5日。子寿来告以《青年》事已定夺云。[1]

陈独秀（志孟）是1915年6月19日与易白沙一起由日本回到上海。当天晚上，他不是在医院里陪伴病重的妻子，而是与汪孟邹连夜谈话。第二天汪又为陈独秀洗尘，继续谈话。谈什么呢?《青年杂志》自然是其中一个话题，但还不限于此。从汪孟邹日记看，紧接着连续几天，汪孟邹就积极行动起来，找了汪叔潜（通俗图书局老板，安徽籍人士）、陈子寿分别"开会"，讨论三家合办之议。汪原放回忆录里说："1915、1916年间，酝酿过一个'大书店'计划。起初曾有群益书社、亚东图书馆、通俗图书局三家合办之议，未果。后又打算群益、亚东合并改公司，并由此而有仲甫、孟邹北上之行。"[2] 这个大书店计划显然不是汪孟邹、陈子沛兄弟他们设想的，但确是他们所希望的；而这样一个宏大计划，只有雄才大略的陈独秀能够提出来。这个计划的背景是：随着商务印书馆、中华书局等庞然大物的崛起，当时一般中小书店都感受到了威胁。汪原放回忆录里引当事人的议论："群益过去好，近来听说也不很好了。他们的《英汉词典》、《英汉双解辞典》，不如以前

1　转引自沈寂《陈独秀传论》，合肥：安徽大学出版社2007年，第195、347页，原文6月29日有误。并有注："《梦舟日记》即汪孟邹日记，稿本，共三本。一、民四（1915）3月20日至7月30日；二、民五（1916）正月至7月；三、民五（1916）8—12月。封面由旨素题字，旨素即陈子寿。日记的稿本今佚。这里是由汪原放《六十多年来：回忆亚东图书馆》的手稿本中辑出。"（第347页）据《回忆亚东图书馆》的《编后记》介绍，汪原放的回忆录原稿有一百多万字，未能定稿。现出版的篇幅不足二十万字，肯定还有很多珍贵材料被遗漏。沈寂先生从手稿本辑录的材料便是一例。

2　汪原放《回忆亚东图书馆》，第34页。

了。从前，连商务印书馆也要向他们配不少《辞典》，据说月月结账，要用笆斗解不少洋钱给他们。后来商务出了《英华辞典》等等，价钱比群益便宜，内容也很好。群益也急哩。""中国图书公司都搞不过商务，群益怎么搞得过。而且，中华书局也在出英汉小字典等等了。群益实在很危险，搞不过资本大得多的商务、中华的。""恐怕子沛翁、子寿翁有眼光，和亚东一并，靠湖南、安徽的资本来大干，也来一个大公司，也说不定。"等等[1]，汪孟邹在1916年5月19日致胡适信中也抱怨："时局如斯，百业停滞，吾业尤甚，日夕彷徨，真不知所以善其后，奈何奈何！"[2]事实上是，民国以来文化事业迅速发展，出版商业机构竞争日益激烈，陈独秀看准了这样一个时机，建议几家小书店合并改组为大公司，招集徽商湘商两帮财力资金，树立起《青年杂志》的大旗，再把胡适从美国请回来当主编，准备轰轰烈烈地大干一场。这已经远不是办一个刊物，做十年八年才发生影响的小打小闹了。我觉得正是陈独秀这个鼓舞人心的计划激励了书店老板，才使得《青年杂志》的计划得以顺利通过、落实。

　　这个三家书店合并的计划因为通俗图书局的退出或者资金问题而搁浅，一年以后，汪孟邹日记里又一次提到了群益、亚东两家合并的计划：[3]

1　汪原放《回忆亚东图书馆》，第36页。

2　《胡适来往书信选》（上册），第2页。

3　这段日记在汪原放的《回忆亚东图书馆》与沈寂的《陈独秀传论》里都有摘录，但内容文字略有差异。本文引用根据《陈独秀传论》，第348—349页。特此说明。

9月18日。……二时回社，予遂办公，未几仲甫、己振同来，根本赞成竭力相助亚东与群益合并另行改组之事。云俟子寿回申，拟出"计划书"。渠等二人北上一行，以便搜集资本。此事如就，关系甚大，非仅予一人之所愿也。

10月19日。（在芜湖）黄昏接仲甫讯，云秋桐已回申，嘱首途回沪。

10月24日。……今晚电子佩、子寿"速来"。

11月1日。午刻子寿自湘回申，即来畅谈。

11月2日。上午九时即到陈宅，与子佩子寿议论各事件。复至己振宅，未几，而仲甫到。互论亚东与群益合并扩充之事。首即资本问题，次即人材问题。然后方及内部如何组织之法。初次会议，结果尚佳。但子寿似乏猛进之气。……

11月3日。晚间，仲甫、己振、子佩、子寿同来此间开二次会议，并拟"意见书"及"招股章程"，各稿议归子寿起草。谈及十二时方归。

11月5日。……晚间略具粗肴，仲甫、己振、子佩、子寿同来此小饭后，即开三次会议，决定各稿，亦近十二时方散。　·

11月7日。晚间秋桐来小饮，予及仲甫、己振、子佩、子寿与他商量书店事甚详。

11月10日。晚间为书店事，请烈公（柏烈武先生）、秋桐晚餐。予与子佩、子寿均到。此是仲甫主人，即在仲甫宅上设席。菜至丰美异常。谈到十点方散。结果甚佳。

11月11日。午后仲甫来此，谈及黄钟人君愿为吾辈努力，可认一万云云。晚间与子寿谈应预备事务。

11月23日。上午往访仲甫，又同访己振，决定二十六号首途北上。

我们细读目前能够读到的汪孟邹日记，从1915年6月陈独秀由日本回到上海，到1917年1月去北大任职，这期间陈独秀几乎一直在与汪孟邹策划合并重组书局的计划。大致分三个阶段。第一个阶段是陈独秀刚回来的1915年6月，是陈独秀策划，汪孟邹奔走，汪叔潜和陈子寿加入讨论，计划是三家合并。第二个阶段是1916年的9月到11月，策划人和鼓动者依然是陈独秀，积极响应的还是汪孟邹，被说服的是陈子寿，议论的话题是群益、亚东两家合并。民国政治人物章士钊、柏文蔚以及国民党背景的张己振[1]等都参与其间。章士钊是湖南籍人士，柏文蔚是安徽籍人士，两人也可以看作是两家书店的政治背景。可见

---

1 据沈寂主编《陈独秀研究》（第1辑）记载：张己振为安徽桐城人，清宰相张瑛的后裔，早年留学日本。中华人民共和国成立，曾任上海市高等法院院长。（北京：东方出版社，1999年，第381页。）据滕一龙主编《上海审判志》记载：张鸿鼎（1881—1957），曾用名张己振，安徽桐城人。宣统元年（1909年）毕业于东京明治大学。回国后，担任安徽江淮大学法科教员，讲授法理学及刑法课程。民国元年（1912年）加入国民党，并任国民党安徽省党部政治部部长，长期追随孙中山。次年兼任安徽高等审判厅厅长，后在讨袁运动中离职赴广州。民国七至十年，任广州护法国会参议院议员。民国十七年，退出国民党。同年，任芜湖安徽公立职业学校董事长。1949年9月，被邀为第一届中国人民政治协商会议特邀代表。1950年1月在北京参加中国民主同盟。5月，任最高法院华东分院副院长。1954年，任上海市人民代表大会代表。1955年，任政协上海市委员会特邀委员。5月，任上海市高级人民法院副院长。（上海社会科学院出版社2003年，第481页。）

这次合并计划的讨论非常慎重和具体。第三个阶段就是陈独秀和汪孟邹北上筹款。1916年11月26日启程北行，1917年1月17日，汪孟邹回上海，而陈独秀则留在北京到北大担任文科学长了。

陈独秀在1917年初致信远在美国的胡适："弟与孟邹兄为书局招股事，于去年十一月底来北京勾留月余，约可得十余万元，南方约可得数万元，有现金二十万元，合之亚东、群益旧有财产约三十余万元，亦可暂时勉强成立，大扩充尚须忍待二三年也。书局成立后，编译之事尚待足下为柱石，月费至少可有百元。"[1]由此可以看到，陈独秀对筹建大书局不是停留在嘴上空谈，而是深深投入其中，具体着手招股事项。如果不是横道插进蔡元培"三顾茅庐"把他请进北京大学当文科学长，这个计划没准就可以实现了。所以陈独秀起先并不愿意去北大就任文科学长，只答应是做三个月而已。

钱玄同1917年日记所记，1月4日："今日蔡子民先生莅大学视事。……得大学信，悉六日午前十时，子民先生将与文科教员开谈话会。"1月6日："十时至大学。……陈独秀已任文科学长，足庆得人，第陈君不久将往上海，专办《新青年》杂志，及经营群益书社事业，至多不过担任三月。颇闻陈君去后，蔡君拟将自兼文科学长，此亦可慰之事。"[2]这条日记内容重要，可以肯定，日记所记的，是那天谈话会中获得的信息：就在蔡元培、陈独秀第一次与北大文科教员见面时，陈独秀就申明只任三个月，急着要回上海"专办《新青年》杂志，及经营群

---

1 《胡适来往书信选》（上册），第6页。
2 《钱玄同日记》，第297、298页。

益书社事业"。这与陈独秀致胡适的信所说的内容可以互相照应。[1] 蔡元培是12月26日去陈独秀下榻的旅馆邀请陈独秀出任文科学长，起先陈独秀没有答应，"蔡先生差不多天天要来看仲甫"。[2] 这样，陈独秀答应文科学长之约，大约也要到12月底，然后1月6日就到北大上任。而汪孟邹是1月17日才返回上海。也就是说，陈独秀答应蔡元培"暂充乏"以后还在与汪孟邹积极筹款。令人奇怪的是，为什么《钱玄同日记》里没有提到亚东，而是"经营群益书社事业"呢？由此可见当时汪孟邹和陈独秀都是把眼睛盯住了群益，因为群益书社经济实力比亚东雄厚，如果改组为股份制，群益不仅占着重要的比例，而且是以群益书社为主来进行资本重组。日记里所说的群益书社，显然不是陈子沛兄弟经营的群益书社，而是陈独秀计划中的以群益为基础的"大书局"。所以陈独秀当时在进北大当文科学长还是回上海办书局之间摇摆不定。

然而，最后群益亚东合并重组的计划没有成功，具体原因不清楚，汪原放在回忆录里只是含糊地借别人之口说了"'同行必妒'，合作很不容易"。[3] 但亚东还是获得了一些利益，陈独秀推荐亚东在上海代理销售北京大学出版部的书籍。为此，汪孟邹在经济上有了底气，把亚东图书馆从弄堂里搬到了五马路（广东路）棋盘街。而陈独秀也搬到

---

1 陈独秀于1917年1月致胡适的信中说道："蔡子民先生已接北京总长之任，力约弟为文科学长，弟荐足下以代，此时无人，弟暂充乏。"[《胡适来往书信选》（上册），第6页。] 可见当时陈独秀并未有长久在北大当文科学长的计划。

2 汪原放《回忆亚东图书馆》，第36页。

3 汪原放《回忆亚东图书馆》，第36页。

了北京大学当文科学长，每月薪水三百元。但是，合作没有成功，群益书社与陈独秀的关系如何呢？这个问题我们似乎一直没有讨论。

首先，陈独秀办《新青年》前两卷非常有声有色，也产生了一定的影响。否则不会有上海基督教青年会来打官司，诉讼刊物的名称侵权；[1]也不会有汤尔和等在蔡元培面前推荐陈独秀时，特别举了《新青年》的成绩。[2]但是，在精英圈里叫好的刊物，未必在市场上卖得也好。《新青年》前三卷的销路是否好呢？很难说。尤其是当1917年初陈独秀把《新青年》搬到了北京大学，引来了一批志同道合者的积极响应，前两卷以社会文化批判为主、以世界大战的信息传播为辅的编辑方针被打破，内容逐渐变成了讨论文学教学、语言改革等学院派话语，尤其是海归留学生的加入，刊物变成了知识精英的高端论坛，这不能不损害了刊物的市场效应。钱玄同、刘半农演双簧骂倒王敬轩，无非是因为响应者甚少，编辑者感到了寂寞的缘故。事实上，《新青年》第一卷和第三卷结束时，都遇到了停刊的危机。第一卷结束后停刊数月，陈独

1　关于《青年杂志》改名的最初记载，来自汪原放的《回忆亚东图书馆》，以后学术界基本延续旧说。石钟扬《酒旗风暖少年狂——陈独秀与近代学人》（济南：山东画报出版社，2014年）第228页引用叶再生的《中国近代现代出版通史》第2卷第243页的材料如下："这里的《上海青年》名称可能有误。若其名为《上海青年》则与《青年杂志》不存在雷同。《上海青年》则可能是中华基督教青年会1897年创办的《青年杂志》之误。这份基督教杂志，由上海昆山花园4号的青年协会书报部发行。到1917年3月与创刊1911年11月的另一个基督教杂志《进步》杂志合并而成《青年进步》杂志。这样，才会有'名字雷同'之嫌，并由上海基督教青年协会向群益书社发难。"

2　蔡元培在《我在北京大学的经历》中说："我到京后，先访医专校长汤尔和君，问北大情形。……汤君又说：'文科学长如未定，可请陈仲甫君。陈君现改名独秀，主编《新青年》杂志，确可为青年的指导者。'因取《新青年》十余本示我。"（《五四运动回忆录》上，北京：中国社会科学出版社，1979年，第174页。）

秀在1916年8月13日致胡适的信中解释为"以战事延刊多日，兹已拟仍续刊"。[1]这是可以理解的，但没有想到陈独秀把刊物北迁，《新青年》被一群北大教授搞得轰轰烈烈的第三卷结束时，又面临了一次停刊。

见鲁迅在1918年1月4日致许寿裳信中说："《新青年》以不能广行，书肆拟中止；独秀辈与之交涉，以允续刊，定于本月十五日出版云"。[2]这封信注意者不多，但似乎透出了《新青年》改组为同人刊物的背后，并非全是为了理想，也因为面临了停刊的危机。胡适称《新青年》改组为同人刊物为"复活"[3]，既有"复活"，之前必有过"死亡"，也就是胡适在《五十年来中国之文学》中所说的："民国七年一月，《新青年》重新出版，归北京大学教授……轮流编辑。"[4]胡适用了"重新出版"这个词，也暗示了《新青年》第三卷以后曾经停刊的事实。鲁迅信中所说的"独秀辈与之交涉"，可见不仅是陈独秀一人交涉，而是"辈"——他们一群，至少应该包括了胡适。这次与群益书社交涉的结果，应该就是群益不再支付每期二百元的编辑费。《新青年》同人在北京大学另设编辑部，对外宣布不再支付稿费（当然也无法接受外稿），改由同人撰稿来维持刊物的运行。除此以外，书社在排版印刷发行方面，对刊物也有所制约。汪孟邹1918年10月5日致胡适信中说道："《新青年》过期太久，炼亦深不以为然。但上海印业，商务、中华不愿

---

1 《胡适来往书信选》（上册），第3页。

2 《鲁迅全集》第11卷，北京：人民文学出版社2005年版，第357页。

3 胡适在《中国新文学运动小史》中说："民国七年一月《新青年》复活之后，我们决心做两件事……"（《胡适文集》第1册，第135页。）

4 《胡适文集》第3册，第255页。

代印，其余民友各家尚属幼稚，对于《新青年》以好花头太多，略较费事，均表示不愿。目前是托华丰，尚不如前之民友。炼今日代群益向民友相商，子寿之意如可如期，绝不惜费，奈民友竟一意拒绝，使人闷闷，拟明日更至别印所接洽。"[1] 从信中也可以看到《新青年》对群益印刷发行延期多有抱怨。另钱玄同 1918 年 11 月 26 日致陈独秀等人的信中也说道："上月独秀兄提出《新青年》从六卷起改用横行的话，我极端赞成。今见群益来信，说，'这么一改，印刷工资的加多几及一倍。'照此看来，大约改用横行的办法，一时或未必实行。"[2] 看来陈子寿在打造《新青年》品牌方面也不是"绝不惜费"的。

出版社印刊物要考虑成本，通过降低成本来确保商家利益，这本无可厚非。但是这些细节上的摩擦，对性格暴烈的陈独秀而言，是有刺激的。这就是陈独秀与群益决裂以后，在给胡适的信中所说的，"我对于群益不满意不是一天了。最近是因为六号报定价，他主张至少非六角不可，经我争持，才定了五角；同时因为怕风潮又要撤销广告，我自然大发穷气。冲突后他便表示不能接办的态度，我如何能去将就他，那是万万做不到的。群益欺负我们的事，十张纸也写不尽"[3] 的来历。

所以，我们在穷究群益与《新青年》的合作关系的历程时，不能简单地认为两者在第七卷结束前一直保持亲密互利的关系。我们如果

1　汪孟邹原信刊于耿云志主编的《胡适遗稿及秘藏书信》第 27 册，合肥：黄山书社，1994 年，第 278 页。

2　《钱玄同文集》第 6 卷，北京：中国人民大学出版社，2000 年，第 127 页。

3　《陈独秀致胡适（1920 年 5 月 19 日）》，见《中国人民大学博物馆藏"陈独秀等致胡适信札"原文整理注释》，载《中国人民大学学报》2012 年第 1 期，第 27 页。

把两者合作历程各个阶段都用合同形式来表达的话，他们至少应该有三个"合同"。第一个合同是1915年7月，陈独秀提出组建大书店计划时订的，内容是群益决定发行《青年杂志》，聘陈独秀为主编，每期支付二百银元编辑费与稿费；陈独秀的身份不但是刊物主编，而且将是未来大书店的参与者。第二个合同是1917年秋天，大书店计划泡汤，陈独秀北上当北大文科学长以后，群益取消了每期二百银元编辑费和稿费，同意另建北京大学编辑部，无偿为群益工作。群益负责印刷发行和广告运作。第三个合同才是1919年10月以后订的，恢复支付每期编辑费一百五十银元，并且重新规定北方编辑部和南方发行部的任务与责任。因为陈独秀被捕以后失去了北大的教职，仍需要靠编辑刊物来维持生活。群益老板还是向陈独秀伸出了友情之手。当然还有一个理由是《新青年》从1919年开始深受社会欢迎，印数猛涨。汪原放回忆录里说："《新青年》愈出愈好，销数也大了，最多一个月可以印一万五六千本了（最初每期只印一千本）。"[1]《新青年》是什么时候开始印数暴涨的？现在没有准确的资料，直到1918年5月29日，鲁迅在给许寿裳的信中仍然抱怨刊物销路不佳，青年学生对新文化运动反应冷淡，此时正是鲁迅开始投稿发表《狂人日记》的时候。[2]我认为《新青年》

1　引自《回忆亚东图书馆》，第32页。

2　鲁迅1918年5月29日致许寿裳信中说："《新青年》第五期大约不久可出，内有拙作少许。该杂志销路闻大不佳，而今之青年皆比我辈更为顽固，真是无法。"（引自《鲁迅全集》第11卷，第362页。）鲁迅不是《新青年》圈内人，有关销路佳否的信息，可能来自钱玄同等人的转述。但《新青年》销路不佳只是指不畅销而言，它在圈内仍然是深受欢迎的。《吴虞日记》1917年4月17日记载："晚陈岳崟来谈，云《新青年》三十份、《甲寅》二十份均售罄，现又往续带。……"（第301页）

扭亏为盈，销路好转是在1918年的下半年，随着刊物改由北大明星教授轮流执编，又加重了新文艺创作的分量，刊物逐渐获得了首先是北京各大学学生们的欢迎和支持。尤其是《每周评论》和《新潮》两个卫星刊物的推出，形成鼎足三分的掎角之势。加之1918年世界大战的结束，公理战胜强权的社会心理被普及，激起了全社会对世界局势和中国命运的关注。1919年初新旧冲突加剧，庙堂压迫，媒体起哄，主编陈独秀的嫖妓风波以及被捕入狱，以及"五四"学潮的兴起等等，这一连串的政治风波、社会风波、媒体风波以及私事国事天下事纠合在一起，导致了《新青年》销路猛涨。从1919年的合同内容来看，光北方订户就有一千五百多，势头还在看涨。刊物为群益书社挣得巨大的利益，使得老板也心甘情愿对编辑部有所迁就。在1919年4月中上旬之间，汪孟邹有一封致胡适的信件，经常被人引用："仲甫去职，已得他来讯。……务望兄等继续进行，奋身苦战，不胜盼念之至。《新青年》四号起决就北京印行。与子沛函亦已阅悉，子沛今日已函复矣。"[1]有学人依据这封信推论《新青年》自六卷四号起改在北京印刷。这可能过于草率。"北京印行"说明了《新青年》在北方印数上升，为方便发行而议。但即使群益同意在北方印刷，连同排版印刷发行等事务综合起来绝不是小事，等于群益要在北京另办一个发行部，谈何容易。北大的一批知识精英大约无法承担这些工作。所以，第七卷合同第二条规定"中国北部约每期可销一千五百份，由发行部尽先寄与编辑部分派，

---

[1] 《汪孟邹致胡适》，见耿云志主编《胡适遗稿及秘藏书信》，第27册，第285页。

以后如销数增加，发行部应随时供给"的条款，应为双方最后协商的结果。但不妨猜想，陈独秀在1919年4月之前，仗着刊物在北方地区印数大，确实对群益提出北京另设发行部来印行刊物。群益为了迁就编辑部也可能做过让步，但因为双方是通过亚东的汪孟邹在中间周旋，具体经过未必像他所说的那么简单。

把所有的因素都考虑进去后，我们对第七卷重订合同的条款背景大致可以了解了。合同重点是为了陈独秀去职后，重新以执编《新青年》为主要经济来源，群益也相应地重新支付一百五十银元的编辑费。其次是编辑部在北京自行发行刊物的问题，通过第二条款来协商解决。其三是强调了编辑部和发行部双方的责任：编辑部担任如期交稿，发行部担任如期出版。然而其四，也是最重要的一个条款，《新青年》编辑部拥有刊物所发稿件第二次发表的权利。因为第一次发表没有稿费，第二次结集出版，必须照顾到撰稿者的权益。这一切都可以看作是编辑部向出版社争自己的利益。这些条款是双方谈判的结果，似乎也不是最满意的结果。于是条款的第七条说明这一切都只是"试行"，到第八卷的时候再议。

完稿于2015年5月7日

初刊《上海文化》2015年第6期

2016年

纪　事

2016年，一年都在忙忙碌碌中过去，作文做事都极其琐碎，无法完整地完成一件计划中的事情。我自己感到人生遇到了新的瓶颈。连续阅读、编辑旧作，从记忆中逐步稳定自己的情绪。在一本编年体文集的自序里，我忍不住抱怨："我从来不是一个会打理时间的人，不会有心计地安排时间及时完成手边的工作，相反，时间在我的生活里永远不够，但永远是千头万绪，杂乱无章。它仿佛不是带着我线性地往前走，而是像一团混沌把我包围以致窒息。我必须拼命挣扎出一点空隙，却发现它已经把我裹挟到另一个空间。"这就是我在那几年的生活状态和情绪状态。其间我一度想启动对准备了多年的《中国现代文学史教程》初稿的修订，并且撰写了绪论部分《有关20世纪中国文学史研究的几个问题》，刊发于《文学评论》今年第6期。

是年，论文《重读有关《〈新青年〉阵营分化的信件》（之一、之二）获上海市第13届哲学社会科学优秀成果奖论文类一等奖。

丙申·和褚水敖新年诗

辞岁桃符又换新，人增衰发草逢春。

午茶敬客消馋酒，昼梦寻诗补养身。

洪宪百年称帝少，文灾半世望民淳。

老猴舞弄千钧棒，霾雾烟中煞有神。

2016年1月2日

有关20世纪中国文学史研究的几个问题

作为一个特定的文学史概念,"20世纪中国文学"被视为一种常态的时间意义,从而能够包容更加丰富的内涵和更加复杂的文学形态。"新文学"和"现代文学"两个研究阶段都含有强烈的排他性和斗争性("新文学"反对的是传统的"旧文学";"现代文学"含有的"新民主主义革命文学"的属性,排斥了特定政治立场下的"不革命"或者"反革命"的文学)。但是,我们在现代化进程的基础上构筑起常态的时间意义的"20世纪中国文学",就是要避免各种排他性的内耗,搭建一个多层面的平台,将各类不同观念和形态的文学现象并置于同一个文学史平台之上,比较客观地来评价其价值得失,以此来阐释20世纪文学发展中悬而未决的各类问题。

这当然只是一种文学史的理想。现代文学的内在冲突是客观存在的,新文学运动一开始就是在排斥形形色色的旧传统文学的论战中发生的,现代文学学科也是在维护"新文学运动—左翼文艺运动"的核心价值上建构起来的,现在要淡化历史形成的鸿沟,把各种不同甚至对立的文学现象并置在一起给以客观评价，必然会构成文学史叙述的困难。因此，如何克服价值观互相矛盾的拼凑式的文学史叙述，建构新的文学史理论话语，是文学史写作面对的最大挑战。解决文学史理论问题需要深入的探讨和展开学术争鸣，这不是本教程所能够完成的任务。本教程只能以编者研究文学史的一得之见，通过本教程的思路与结构，尝试回答20世纪中国文学史的一些重要问题，大致归纳为以下三点：

一、在晚清到民国的文学大潮中，如何看待"五四"新文学运动的意义，以及如何看待新文学传统与整个20世纪文学的关系？

在以往新民主主义革命为核心价值的文学史叙述中，"新文学运动—左翼文艺运动"具有毋庸置疑的权威性，它既是现代文学史螺旋形发展的起点，也是价值判断的基本标准；"新文学运动—左翼文艺运动"对立面的文学，均受到排斥和批判，现代文学史叙事正是围绕这些批判斗争而展开的。但从20世纪90年代开始，中国现代化进程逐渐成为文学史叙事的核心价值，晚清西学东渐思潮逐渐成为现代文学史的发生起点。海外汉学对于晚清接受西方影响的文学翻译、通俗小说、戏曲改革以及其他各种现代文化因素，做了大量的有价值的研究。这些研究成果在晚清到民国初期文学之间构成了新文学以外的另一个文学场域，它一直延续到抗战以前的市民大众文学和战争期间的沦陷区文学。这个文学场域与新文学场域之间存在着长期的冲突和互动，此消彼长，它们之间的关系不是双翼并飞和谐发展，而是在不同审美观念的冲突中向对方转化，达成部分的融合。如：民国时期市民大众文学不仅继承了晚清文学中的许多现代性因素，而且也从新文学那里认同了反对强权、尊重人权等因素；而新文学在排斥通俗文学的同时，也努力采取大众化的手段来吸引市民读者。到了抗战发生、民族危亡之际，新文学排斥通俗文学的倾向逐渐收敛，在民族形式讨论以后，这两个文学场域达到了一定程度的融合。但是在这样一个从冲突到融合的过程中，新文学一方始终占据了话语的主导权。这是不容怀疑的。

那么，当文学史叙述放弃了昔日的批判思维和斗争模式，以客观的态度把以往不见诸文学史或者仅仅扮演了被批判角色的某些文学现象，诸如传统旧文学形式（旧体诗、文言文等）、市民大众文学与新文学，一起展示于现代文学史，人们不仅要问：新文学当初的斗争意义在哪里？它在20世纪中国文学发展上究竟起到了什么作用？新文学运动与从传统自然发展而来的文学现象构成了怎样一种关系？这是本文要回答的第一个问题。为此，本教程引入两个20世纪中国文学史的关键词：先锋与常态。[1]

"先锋"，指的是20世纪中国文学发展中产生先锋意义的文学因素，首先是体现在五四新文学运动中。先锋文学是20世纪初的

1　关于先锋与常态的问题，可参见拙作《先锋与常态——现代文学史的两种基本形态》，初刊《文艺争鸣》2007年第3期。

世界文学现象，在第一次世界大战前后，意大利首先出现未来主义（Futurism）文学思潮，后来又蔓延到俄罗斯；紧接着，法国出现了达达主义（Dadaism）、超现实主义（Surrealism）等先锋诗歌流派，德国出现了表现主义（Expressionism）的文学，等等。先锋文学区别于19世纪末流行的后期象征主义（Symbolism）、唯美主义（Aestheticism）、颓废派（Decadence）等文学思潮，更加强调对现实的批判和斗争，企图通过对文学自律的调整来达到文学推动社会生活的目的。为了达到这一目的，先锋文学不惜采用批判、否定传统文化的强硬态度，以及夸张变形的现代艺术手法。先锋文学的政治态度是激进的，往往自觉地与现实中的激进政治团体相结合，实现自己的政治目标。在20世纪初世界资本主义进入成熟阶段的特定环境中，西方的先锋文学思潮必然是短暂的，它很快就会发生分化，最激进的部分融入激进的政治运动中去。从中国20世纪第二个十年的政治环境来看，一方面是晚清激进主义革命余波的回荡，另一方面是民国初年颠顶混乱、乌烟瘴气的共和政治，两者冲撞，激荡起思想文化领域的先锋思潮，有其必然的原因。五四新文化运动中包含了先锋性，它起先来自社会下层的激进主义思想力量，与主流政治团体和权力阶层没有太深的联系，所以才能够形成对社会政治的深刻批判和对传统文化的全然否定。新文化运动是不完全的先锋运动，它的思想内涵具有复杂的知识渊源和文化背景，但其主导思想，尤其是由此派生的新文学运动，体现在语言革命、文体形式革命以及思想内容的尖锐性和批判性，构成了先锋文学的主要成分。

五四新文学的先锋性决定了现代文学史发展进程不再是依据社会生活的现代化进程渐进演变，它是通过对自身处境的深刻反省和历史追问，造成文化传承的断裂，从而把被认为是先进的外来文化揳入其间，建立起一个文化发展的新坐标。新文化运动中大量西方文化的输入和引进，迅速改变了中国文化传统的发展模式，同时也迅速改变了中国人传统的思维模式，包括马克思主义、列宁主义和一般社会主义思潮在内的西方先进文化，直接推动了中国现代化进程，也推动了中国革命，使之成为世界革命的一部分。新文学运动不仅仅普及了现代世界文化知识，而且以其自身的先锋性，通过欧化语言，改造了传统中国人的语言模式和思维习惯；通过引进西方文学新形式，激活了现代汉语的表达和抒情能力，营造符合现代人精神需要的审美观念；通过崭新的为人生的文学内容，使文学批判与社会生活的进步紧密相关。文学不再是被动地因循社会变化而变化，而是走到了生活的前面，引领和推动社会进步，成为一面英姿飒爽猎猎作响的风旗。

　　新文学运动本身是由各种社会进步力量组合起来的统一战线，它以先锋性因素为核心，在20世纪中国文学史上树立旗帜、引领风气、推动进步，成为整个20世纪文学发展的核心力量。新文学的先锋性因素与其他形形色色的文学现象（也包括新文学自身的非先锋性因素）的关系，构成一种先锋与常态的关系。所谓"常态"的文学，也就是随着社会生活发展而逐渐发生演变的文学现象，它包含了传统文化因循沿革的传承（如旧体诗词、古典白话小说、文言文、骈体小说、传统戏曲的改良等等）、相随现代器物更新而出现的新文学形式（如电影、新剧、副刊、翻译等等），以及与大多数市民和农民的审美习惯相符合的通俗文学，甚至包括这些文学所隐含的权力运作下的意识形态的宣传。常态的文学是大多数人能接受的文学，常态文学的对象包含了多层面的接受者，常态文学也是多层面的，它的最高层面与新文学是同一的。这也就是说，新文学与作为一种先锋的新文学运动还是有所区别的。新文学的核心是超前的先锋文学，但它也包含了常态的文学因素，如新文学也追求大众性和普及性，也有一部分新文学创作并不是那么激烈和超前，尤其到了20世纪二三十年代，先锋文学逐渐被社会的主流体制所接受，或者被都市时尚文化所容纳，新文学的先锋性渐渐地为大众性所取代。这时候，要么出现更加激进的文学思潮来更新先锋的意义——譬如左翼文艺运动，要么就使原先的先锋因素消融于常态的大众文学。永远站立在先锋立场上不断进击的大勇者，终究是少数的先驱者，譬如鲁迅。鲁迅参与了20世纪上半叶的两场文学先锋运动，并且发挥了引领的作用。

常态文学表现出来的是文学的常态，它是以多层面的形态出现于文学史。除了最高层面的常态文学属于新文学的一部分（如市民文学的杰出代表老舍的小说，抗战时期无名氏、徐讦的言情小说，沦陷区张爱玲的小说，以赵树理为代表的抗日民主根据地小说等）外，大部分常态文学还是与新文学保持了距离，有的还相去甚远。虽然在现代性框架下，各类文学都有可能展示于文学史体系的不同层面，但是从内涵来说，毕竟还是五花八门、百鸟齐鸣，丰富而复杂。民国都市通俗文艺和新媒体文艺（如电影广播、报刊连载、说书、戏曲改编、连环画等等）代表了市民大众文化市场的主要产品，是常态文学的主体部分；在国统区和沦陷区（包括伪满洲国、日据台湾在内等地区）体现统治者权力意识的官方文艺也是常态文学的一个特殊层面；还有距离新文学更远的如前清遗老遗少的旧文学创作（旧体诗词、笔记小说等）：多样的文学内容，构成了常态文学的多层面性，也决定了20世纪中国文学的丰富复杂的多元形态。

20世纪前半叶，中国是一个后发展国家，在两千年帝制被推翻、民国刚刚建立、民族资产阶级利用世界大战的机会努力发展资本主义的时候，西方资本主义社会已经出现了严重危机，其自身内部产生的社会主义思潮和现代主义思潮，都是资本主义社会的反叛力量。西方先锋文化正是产生于欧洲社会矛盾剧烈冲突之中。欧洲资本主义的危机与社会矛盾的冲突导致了第一次世界大战的爆发和俄国十月革命的胜利。世界大战的结果给中国资本主义带来了"公理胜过强权"的自信，十月革命的胜利又给中国带来了马克思主义。于是，中国的先锋文化思潮毫不犹豫选择了后者，推动了中国反帝反封建革命。这是作为亚洲后发展国家特有的现代化道路。"五四"先锋文化提出的反帝反封建革命既包含了资产阶级革命的任务，也隐含了社会主义革命的要求。中国革命的双重意义和前沿性质，使得资产阶级政治力量（国民党）始终无法不受挑战地单独推行自己的社会理想和革命目标（三民主义）。先锋文化的彻底批判精神和反帝反封建的旗帜，使得整个中国社会在进取现代化的过程中弥漫着激进主义的爆发力，吸引了大量热血沸腾的优秀青年投奔到时代的革命潮流中去。这种作为核心力量的先锋性的存在，就成为常态文学的明显或者潜隐的榜样，凝聚了常态文学中最高层面的批判现实主义文学和市民阶级抒情文学的理想性。由于激进的社会批判包含了社会现代化进程的必然要求，即使受到猛烈批判的市民阶级及其文化也不能不受其正面影响，逐渐地发生自身的蜕变，以迎合时代的要求。这就是中国市民大众文学所呈现出来的进步性。现代文学以新文学的先锋性为核心，来批判、吸引、影响常态文学的多层面发展轨迹，带动了现代文学的整体发展。

所以，以先锋 / 常态模式来描述现代文学的发展轨迹，是以先锋性因素与社会先进文化的结合为前提的。但是需要强调的是，这只是针对中国新民主主义革命时期的特殊背景而言的。从一般的社会发展与文学创作的关系而言，常态文学是最普遍的现象，在一个成熟的市民社会正常发展的状态下，文学所呈现出来的都是常态，只有在中国现代化进程的特殊环境里，政治革命与文学运动紧密地结合在一起，文化建设和文学运动才会被一波又一波的先锋运动所刺激和激活，形成动荡相激、新旧更替、否定之否定的运动轨迹。但先锋性因素给现代文学创作带来的负面影响也是明显的，由于强烈的政治情结和过于迅速的新旧观念更替，现代文学始终停留在青春文学的热情伤感以及二元对立思维的粗暴状态里。何况先锋性因素也不是天然与思想的先进性联系在一起，在强烈批判传统因袭的社会弊病时，也可能滑向另外一些反理性的社会思潮。欧洲未来主义思潮的分化，以马利内蒂（F. T. Marinetti, 1876—1944）为代表的意大利未来主义运动后来转向法西斯主义，便是著名例子。这些问题，我们在研究20世纪中国文学史的过程中还会继续深入探讨。

二、晚清到民国的文学大潮中，如何看待中国的反帝反封建的文学运动与日据时期台湾文学之间的关系？

由于以往现代文学研究局限于新民主主义革命的范畴，日据台湾文学基本上被排除在研究视域之外。1949年以后，国民党政府迁台，海峡两岸处于近半个世纪的军事对峙状态，两岸的文学经过短暂交往后又被隔绝，这就导致了中国现代文学研究（包括1949年以后的文学）中台湾文学始终不在场。近三十年来两岸关系日趋缓和，文化交流也越来越频繁，文学史著作尝试拼接两岸文学。但是文学史体系的建构是需要文学史理论支撑的，拘泥于以新民主主义革命为范畴的现代文学史理论，则无法把台湾文学完整纳入现代文学史体系和框架，只有在20世纪中国文学的理论视域下，研究者才有可能梳理大陆文学与台湾文学之间的有机联系。对此，本教程需要引入一个理论视角：中国现代文学史上的殖民地文学。

本教程把20世纪中国文学史的起点设定在甲午战争后的乙未割台事件（1895）。中国在鸦片战争（1840）以后一再受到西方列强的军事侵略，还在更早时期，北方大片土地被俄国沙皇所掠夺。但是所有这些失败都不如甲午战争的失败那么强烈地在中国人（尤其是士人阶层）的文化心理上构成刺激。1895年4月17日，日本帝国与清政府正式签订《马关条约》，清政府在日本的强势压力下被迫签署割让与战争毫无关系的台湾岛及其附属各岛屿、澎湖列岛，形成日据台湾特有的政治、经济、文化的格局，由此派生出特殊的被殖民文学。

甲午战败和乙未割台让清廷统治下的中国士大夫阶级受到了极大震惊，紧接着发生了在京举人"公车上书"事件，维新救亡的思想广为传播。1898年光绪召见变法运动的领袖康有为，颁布"定国是诏"，宣布新政变法，开始了总共才103天却深刻影响中国命运的戊戌变法。变法失败后，流亡者（梁启超为代表）逃亡日本，创办《新小说》等刊物，鼓吹新思想和文学改良。同时，一批被变法所牵累的官员相继南下，毅然放弃传统仕途，开始了新的人生选择：严复闭门翻译，陆续译介《天演论》等西方社会科学著作，推动思想文化领域的启蒙；张元济加盟商务印书馆编译所的建设，开创了现代出版媒体的发展道路；蔡元培先后进入绍兴中西学堂、上海澄衷学堂、南洋公学等处，从事教育，提倡新学等等。现代思想传播、现代出版、现代教育等一系列知识分子的民间岗位开始被确立，一部分接受了先进思想的传统士大夫开始向现代知识分子转型，以启蒙为特征的新文学运动也由此而起滥觞。

从中国的社会性质而言，鸦片战争以后，中国的丰富资源和广阔市场就一直成为西方列强觊觎的对象，中国屡蒙列强军事侵犯，国土和主权一再沦丧，直到1900年的庚子事变，八国联军侵犯北京，清廷不得不签下城下之盟《辛丑条约》，中国最终走向半殖民地半封建的社会形态。其结果导致半殖民地体制下丧失部分主权的清政府也完全丧失了民心，从此革命、立宪两股政治力量此起彼伏，直接动摇了爱新觉罗氏的专制政权；另一方面，半殖民地的经济形态破坏了闭关锁国的自然经济，外资不断投入中国市场，促使了资本主义商品经济发展。中国在经济上蒙受列强的剥削与掠夺，但因为打开了国门，思想文化上开始吸取资本主义文明的进步因素，用来批判自身落后的封建文化。在日本由明治天皇自上而下推行的脱亚入欧的维新运动，在中国则是由一批被迫与庙堂分离、凝聚在民间的思想启蒙者轰轰烈烈地发动起来，封建专制的政治秩序由此动摇，一场与传统的替天行道、取而代之的农民起义有着根本区别的革命——以民主与科学为旗帜的思想革命，势不可挡地产生了。半殖民地半封建社会下产生的新文化思潮及其重要一翼——新文学运动，与台湾的殖民地文化及其文学，构成了现代文学史视域下的巨大张力。两者有相通的一面，但在不同的社会形态构成的环境下，也形成了各自的特点和差异，甚至是紧张的对立。本教程要描述的两岸文学，正是中国现代文学领域的半殖民地社会与殖民地社会的两种不同文化、文学思潮双重变奏的发展过程。

第三世界国家，无论是殖民地社会还是半殖民地社会，都是殖民主义者全球扩张和野蛮统治的产物，都同样面对殖民主义宗主国的侵略和奴役，因此，两种社会形态下的文学在本质上都具有反帝性质。但是在表现形态上还是有较大的不同。在中国大陆，随着半殖民的资本主义因素发展，封建自然经济逐渐解体，从这个角度来看，半殖民是促进半封建的直接原因，也即是马克思所说的殖民的"双重的使命"[1]。

---

[1] 马克思《不列颠在印度的统治》《不列颠在印度统治的未来结果》，见《马克思恩格斯选集》第1卷，北京：人民出版社，2012年，第848—863页。

步履匆匆：陈思和讲当代人文

所以，中国大陆知识分子从西方先进国家学来的现代文明，是摧毁封建传统文化的有力武器，新文学运动的主要任务是反封建的启蒙使命。但是面临国破家亡的被殖民的日据台湾，反帝反殖民就成为文学更重要的主题。中国现代文学的反帝反封建的性质体现得更加完整了。如果将两岸文学置于20世纪中国文学史的系统里加以比较的话，可以看到文学史呈现的丰富性和差异性，超出了单一社会形态下的文学状态。

台湾在荷兰东印度公司殖民时期，就有大量汉人移民垦殖，中原汉文化随之输入。明末爱国文人沈光文流亡台湾，支持明郑政权抗清复明，写下大量感时忧国的诗篇。清廷收服台湾以后，沈光文留在台湾，组织遗老文人建立东吟社，继承明末文人结社的爱国精神，开创了台湾汉文化传统。[1] 经过清廷近三百年的统治，汉文化通过科举功名培养出一个台籍士绅阶层，加上赴台官吏文士的来往交流，逐渐滋养了本土的汉文化传统。乙未割台，瞬息之间台湾割让给日本，于是一部分台湾士绅毅然发动起义，采取各种措施，号召民众自发进行武装抵抗，全台除台北台南两城不战而降外，各地（后山除外）都曾激烈抵抗日军之入侵，死伤无数。台湾民间自发的抵抗活动连绵不断，一直

1　施懿琳在《从沈光文到赖和：台湾古典文学的发展与特色》中有一段论述："沈光文与清吏及诸寓公共组诗社，并不只是单纯的文人吟咏酬唱，而是具有与遗老互通声气，共抒怀抱，并借以延续传统文化命脉的苦心。东吟社虽然终究在1686年（康熙二十五年）因清廷严厉地查禁学社而终止活动，但是，它为台湾诗学的发展，播下第一棵种苗……"（高雄：春晖出版社，2000年，第25页。）

到1915年"西来庵事件"[1]被镇压以后才算平定下来。但台湾少数民族的抗日活动，一直延续到1930年的"雾社事件"[2]。在漫长的被征服的岁月中，台湾文学创作中的民族主义情绪非常强烈，台湾诗人们（洪弃生为代表）用写实的笔法记录了整个抗日过程中可歌可泣的真实事迹，抗议台湾被割让，讴歌抗日战斗中死难烈士，揭露和嘲讽日本占领台湾后推行的政治制度改革、经济掠夺、城市规划、风俗教育、医疗卫生等等，成为这一时期台湾诗文创作的重要题材。可以说，诗人们用诗歌记录了一部台湾被殖民的痛史。[3]这部分爱国诗人的抗日写实诗歌与另外一批流亡大陆、思念台湾故乡的爱国诗人（丘逢甲、许南英为

---

1 "西来庵事件"又称"噍吧哖事件"：1915年8月，余清芳领导的农民武装和罗俊、江定为首的抗日武装共同发动武装起义。起义队伍在台南噍吧哖（今台南玉井）袭击日本警察，开展大规模的战斗。起义失败后，日军屠杀了数千名噍吧哖地区民众，又以劝降招安之名诱骗入山的起义军出山，然后经法院引"匪徒刑罚令"审判借口剿杀，被告达1957人，其中866人判处死刑，453人为有期徒刑。因日本国会对台湾总督处置失宜惨杀过甚颇为质疑，后台湾总督府改死刑为无期徒刑，其他也减轻一等，但已有95名被执行死刑，余清芳、江定等人从容就义。起义领袖余清芳和江定都曾经参加过乙未割台时的抗日武装斗争，所以这次起义可以看作是乙未抗日的余波。（参见戚嘉林：《台湾人民武装抗日》，2015年，联合发行股份有限公司，第113—122页。或戚嘉林：《台湾史》增订四版，联合发行股份有限公司，2017年，第347—353页。）

2 "雾社事件"：台湾高山族所属泰雅人的赛德克族群，因为与日本警察长期冲突积压了相互间的仇恨，终于在1930年10月27日爆发了暴力抗日事件。先是以马骇坡社头人莫那·鲁道为首的赛德克族群袭击派出所和正在雾社公学校举办活动的日本官方人士和居民，日人死亡人数达139人。接着日本军警调集大批警力，开展报复性大屠杀，雾社"蕃人"宁死不屈，或战死或集体自杀，死亡人数达644人，雾社总人数减少一半以上，投降者后多被袭杀，几濒临灭种。（参见戚嘉林：《台湾人民武装抗日》，2015年，联合发行股份有限公司，第151—162页。或戚嘉林：《台湾史》增订四版，联合发行股份有限公司，2017年，第381—388页。）

3 本文这一段叙述，参考了许俊雅《台湾写实诗作之抗日精神研究——1895—1945年之古典诗歌》。

代表）的诗歌创作，构成了台湾被割裂以后的反殖民文学的第一乐章。

中国的近代文学中，从鸦片战争失败到甲午乙未惨变再到庚子事变，也不乏文人的痛斥列强侵略的爱国诗作，但是从晚清文学发展趋势而言，戊戌变法失败以后，新民启蒙的文学大潮汹涌而起，救亡主题很快转向了启蒙主题，大量西方思想文化被引进介绍，推动了以提倡西方文明为目标的新思想的传播。从批判官场腐败到鼓吹反清革命，以及混杂在市民大众文学里的人的自我意识觉醒、追求人性解放的潮流，逐渐成为文学发展的主流。帝国主义通过控制半殖民地的政权来掠夺资源，中国大陆民众遭受本国政权和帝国主义双倍剥削，首先激化的是国内的阶级矛盾，所以，清政府以及后来的历届民国政府无不成为中国革命的头号对象。启蒙文学也必然把批判锋芒首先指向本国统治阶级以及维护其统治利益的封建儒家文化，而不是像台湾文学那样，首当其冲的是殖民者的侵略和统治。中国现代作家比较直接、尖锐地表达反帝意识，大约是在1925年"五卅"事件爆发后。1931年日本军队入侵东三省，扶持伪满洲国，中华民族的危亡又一次迫在眉睫，现代文学的反帝意识才成为比较普遍的现象。这是继日据台湾反殖民文学以后的第二个反帝反殖民文学的高峰。

与反殖民意识相关的问题是如何看待随殖民而来的现代文明。现代文明是人类社会发展到一定历史阶段，随着人类科学技术进步而达到的物质和精神的文明程度，它透过具体生活方式和内容表现出来，与人民大众发生密切关系。现代文明是一种人类文化选择，也是人类的共同财富，任何国家随着社会进步和生产力提高，或快或慢都会接受现代文明，实施现代化教育、卫生、交通、媒体以及其他现代生活方式。但是随着殖民主义兴起，殖民者用枪炮占领被殖民地区以后，为了掠夺资源而在被殖民地区修建铁路、投资工业以及强行推行现代生活设施，"现代性"往往被舆论渲染成殖民者的属性。这种舆论把人类文明简单划分成"现代文明"与"野蛮文化"，且两者对立，被殖民文化被渲染成"野蛮"文化，只有殖民者才能给"野蛮"地区带来现代文明。用福泽谕吉的话说，日本在甲午战争中战胜清廷，是因为"文明战胜野蛮"[1]，在侵略者的眼里，整个汉民族的传统文化都是野蛮的。这一论述本身就充满了帝国主义的野蛮性，在经受惨痛失败的台湾知识分子心理上造成的伤害尤其为大。日据台湾的早期诗文里，诗人们一方面以新奇的眼光描写大量西方器物和现代科学的成果，表明台湾士人接受世界新事物并不保守，但另一方面，对日本殖民当局推行的各种现代殖民制度（警察、教育、卫生等）进行了冷嘲热讽和尖锐批判，表达了诗人们对殖民政策的抗拒。日据时期的台湾主流文学里，作家们是把西方现代观念和文明成果，与殖民当局推行的现代管理制度区别对待的，因而怀有复杂的感情和心态。20世纪30年代中日战争爆发后，日本当局在台湾加紧推行"皇民化"运动，进一步把现代文明与日本文化画上等号，鼓吹用所谓的"文明进步"来"改造"台湾。当时许多台湾作家在被迫表现"文明"与"野蛮"冲突时，也都流露出复杂的心态。[2]

1　转引自吕正惠《殖民地的伤痕：脱亚入欧论与皇民化教育》，收吕正惠《殖民地的伤痕：台湾文学问题》，台北：人间出版社，2002年，第92页。

2　吕正惠在《殖民地的伤痕：台湾文学问题》一书里通过文本分析，对这个观点有深入的论述。

但是这样的文化认同的痛苦,在中国新文学发展中是很少见的。在中国半殖民地的大环境下,民众对来自西方的现代文明(包括现代管理制度)没有反感,尤其是知识分子(大多数经过留学而熟知西方现代生活的作家们),都是把实施现代文明、改变中国传统生活陋习视为社会进步。鲁迅还曾在小说《肥皂》里辛辣讽刺那些有意歪曲现代生活观念的内心肮脏的中国绅士。在新文学一代作家看来,拒绝现代生活是落后保守的民族劣根性的表现。抗战爆发以后,新文学的主流意见都是强调坚持在抗战中推进"五四"新文学传统,在战争中改造自身民族的陋习,学习世界先进国家的现代生活观念和方式,这是中华民族在现代战争中凤凰涅槃的必然途径。不同的环境不同的处境,导致文化价值和认同上很不一样的结果。

热烈拥抱现代文明,是中国现代文学的一个重要特点。但是台湾受到日本的控制,在话语权上,现代文明成了侵略者自己给自己贴上的标记,这才给台湾文学带来了某种屈辱的阴影。同样的问题也反映在批判封建性的传统文化风俗上。台湾地区新文学运动在整个中国的新文化运动的影响下,对传统文化与旧文学发起猛烈批判。这个批判运动虽然时间不长,却包含了比半殖民地社会的中国更复杂的内涵。日本明治维新并非完全"脱亚入欧",日本学习西方的先进文化是不彻底的,天皇专制的封建政治形态,以儒学为精神支柱的专制化意识形态,都没有改变。只是把儒家忠君爱国的传统观念偷梁换柱,改造为"忠"天皇制,"爱"日本国。与西方殖民主义一样,日本殖民者用野蛮手段镇压台湾民众的反抗运动,又利用了台湾汉学传统中与日本传统文化相通的部分，进行文化侵略和征服。日据时期台湾汉学教育被废除，日语教育（公学校）取代汉文教育（书院），但是因为日语里含有大量汉字，日本文化里固有汉诗形式，所以殖民统治者仍然鼓励台湾士绅建立诗社，创作汉语旧体诗词。在沦陷的最初二十年里，台湾文人的旧体诗词创作得到了长足的发展。吊诡的是，汉诗既能够与殖民当局进行文化沟通，也保留了汉民族的文化记忆。因此，这种旧文学形式具有双重的含义：一方面它被殖民当局文化侵略所利用，但同时又因为保存了汉民族记忆而成为一种抵抗侵略的形式。台湾民间风俗（包括迷信宗教活动）也同样如此，在现代文明的观照下，它确实有封建迷信、落后的一面，但是在保存台湾民间文化传统方面，民俗民风又展现了台湾民众对于殖民当局文化政策的疏离与抗拒。以此考察台湾新文学运动对旧传统的批判，必须对这样一种复杂现象采取双重的评价标准。以赖和为代表的台湾新文学的作家的创作，都呈现出双重的意义。[1]

殖民文学的语言特征与半殖民文学的也不一样。"五四"新文学运动作为一种先锋运动，其语言特征是大胆破坏传统汉语的纯粹和规范，引入大量外来语新词和陌生语法，包括外语单词的植入、西方语法的引进、文言文的戏谑化、口语方言的直接使用等等，形成了一种读者感到陌生、难读的欧化白话。欧化白话是西方外来影响进入中国的产物，但这种白话文有力地区别于传统口头白话（古典小说使用的说书人的白话），造成了对中国传统思维习惯的强力冲击，虽然不通畅，但有革

1　本文这段论述，参考了游胜冠《殖民主义与文化抗争》，台湾：群学，2012年；赵稀方《历史与理论》，广州：花城出版社，2014年。

命性，在长期的运用实践中起到了改造国民旧思维的功效。现代汉语创作就是在欧化白话的自觉实践与自我否定的辩证发展中慢慢形成了新的成熟规范。而台湾文学语言则是在殖民者铁蹄下艰难、畸形发展起来的。日本殖民当局除了强行推行殖民政策、掠夺经济资源外，还实行文化"同化"政策，强行推行日语和日本文化的教育。1937年4月1日起，殖民当局废止报刊汉文栏，中文写作几乎没有空间。而第二代作家在日语教育下成长起来，能够用日语创作。也有少数作家（郭秋生、蔡秋桐为代表）为了维护台湾主体性而进行台湾话文创作，因此，汉语（文言和白话）、台湾话文、日语三者互相交杂、逐步交替的关系，形成了杂糅的日据台湾殖民地文学的语言特征。直到战后光复，这种殖民地语言的创作才被扭转过来。因此，我们在讨论中国现代文学史框架时引进殖民地文学的概念，就意味着不仅仅面对汉语文学创作，还要面对一部分日语文学创作现象。语言没有阶级性，任何民族的语言都是人类长期生活实践的产物，只是在殖民侵略的时代，语言的使用被打上了民族霸权和民族压迫的烙印。日语文学传统本身有着悠久的历史和丰富的内涵，台湾新文学第二代作家在日语教育下也能迅速掌握日语的表达，创作了非常优秀的文学作品。

日本统治台湾半个世纪后随战争失败而告结束，所以，台湾的被殖民文学可以被理解为中国现代文学史框架中的一个特殊的部分。台湾经近三百年汉文化的浸淫，台湾士绅阶层早就融入了汉文化传统，日本虽然军事上占领台湾，但在文化上要彻底隔断汉文化的影响并非易事。割台以后，大陆与台湾的文人之间交流相当频繁（梁启超与林献堂的交游，张我军介绍中国新文学运动，刘呐鸥与穆时英、施蛰存等人的文学活动，李万居与章太炎、胡风、黎烈文的往来，吴坤煌与东京左联雷石榆、魏晋的文学活动等等，都是很好的例子）。台湾新文学运动的重要刊物和左翼刊物上大量引进大陆作家的作品，而且日本殖民当局虽然在大传统上企图隔断汉文教育，推行日语教育，但在小传统领域却并无作为，也没有禁止汉文学的输入。据台湾学者研究，即使是日本殖民当局主办的媒体如《台湾日日新报》（包括《汉文台湾日日新报》）上，刊载约三千篇汉文通俗短篇小说里，大约三分之二以上来自大陆的文言笔记小说和通俗故事。[1]更遑论其他民间通俗刊物以及宣传儒教的刊物上转载大陆文人的作品。[2]从民间立场来看，大陆与台

1　据许俊雅在《日治时期台湾小说的生成与发展》披露："大约从1906年开始，至1934年，《台湾日日新报》约刊载了三千篇汉文通俗短篇，其中大约有两千多篇是大陆小说（含笔记丛谈、新闻故事）的直接转载或改写模仿之作。台湾汉文小说的发展历程里，大量大陆文言笔记小说、鸳蝴派小说几乎充斥在各报刊，但因未交代作者、出处，有时又做了各种隐瞒手法，因此迄今学界未悉这些作家、典籍曾如是广泛被台湾人阅读，进而产生模仿借鉴学习之路程。……就笔者目前初步之整理，可发现三千多篇汉文文言之作，即使至30年代末，仍有为数不少的大陆文言笔记小说被刊载，方之台湾新文学的蓬勃发展，这现象又说明了什么？文言通俗小说在台湾的发展，透过刊载脉络的清理，将可发现汉文学的影响可能远超出我们的想象。"（《百年小说研讨会论文集》，台北：文讯杂志社，2012年，第19—52页。）

2　据许俊雅在《日治时期台湾小说的生成与发展》指出："除了日本统治初期的儒教利用，台湾在清末以来，宣扬孔教的团体与个人，逐渐崛起，活动日多。早中期与宣讲、鸾堂关系甚大，到了皇民化运动前后，汉文遭到打击、压抑，但推扬孔教的活动，却未受禁止，反而鼓励其进行，出版汉文杂志，最有名者如施梅樵主编的《孔教报》，及其后的《崇圣道德报》。甚至《风月报》都转载刊登了丁寅生《孔子演义》，自第90号（1939年7月24日）起连载至《南方》188期1944年1月1日停刊止，百回之作连载至九十三回，即使《风月报》改为《南方》仍继续连载，未尝中断，不能不说是相当特殊的现象。这与30年代末刊行的《孔教报》《崇圣道德报》对儒家孔子的宣扬必然有密切关系。"（《百年小说研讨会论文集》，第19—52页。）

湾在文化上的联系与影响并没有被完全隔断。

中国现代文学史上的被殖民文学并非仅限于日据台湾文学，它是一种动态的文学现象。甲午战争后，台湾岛、澎湖列岛被割让，但日本帝国主义的殖民侵略野心没有因此遏止。从历史的角度看，1915年强迫中国政府签订21条不平等条约和1919年巴黎和会上要求转让德国在中国山东的殖民权益，都是日本帝国主义对中国领土的变相侵略，直到1931年"九一八"事变和1937年全面侵华战争等等，都是中日甲午战争的延续。战争期间形成的伪满洲国文学，汪伪控制下的华北、华东沦陷区文学，也都是未完成的被殖民文学，与日据台湾文学同属于日本侵略政策下的"大东亚文学"，有着既相通又不同的特征及其运作规律，这是现代文学史的一个连续性的现象。只有我们引进了被殖民文学的概念，才能对这一文学现象做完整的考察和研究。

三、为什么把1937年抗日战争全面爆发作为中国现代文学史的重要分期？如何理解战争对20世纪中国文化以及文学发展的影响？

把1937年抗日战争全面爆发作为20世纪中国文学史的重要分期，虽然早有学者提出过这个命题[1]，但本教程引进了日据台湾被殖民地文学，抗战对于文学史的意义就变得更加重要了。因为在全面抗战之前，

1　刘志荣《抗战爆发：中国20世纪文学史上的重要分界线》，收章培恒、陈思和主编《开端与终结——现代文学史的分期论集》，上海：复旦大学出版社，2002年。

台湾的殖民地文学与大陆的半殖民地文学之间虽互有联系，总体上还是各行其道，呈现出比较丰富的文学无名状态。而在1937年卢沟桥事变以后，抗日战争全面爆发，两岸文学都进入了战争的"共名"状态[1]，两岸文学都被强制性地置放在同一个战场空间。这时候文学的性质发生了变化，两者之间出现了对峙的关系。

抗日战争全面爆发前，两岸的文学发展轨迹非常接近。日据台湾文学五十年被殖民的历史，按照日本对中国的侵略步骤而言，大致可以分为三个阶段：第一个阶段（1895—1931）是殖民地文学内部的冲突蜕变时期，从被殖民到反殖民，促成了以反殖民与启蒙为主旨的新文化（1920）与新文学运动（1923）。这个时期台湾文学经历了由士绅阶级为主体的传统诗社向知识分子为主体的新文学转换过程。在第一次世界大战后民族自决理念的鼓舞下，1920年台湾新文化运动的标志性刊物《台湾青年》创刊，公开发表思想启蒙的言论，几乎是步了《新青年》发起新文化运动的后尘。1923年以后，五四新文学运动提倡白话文的主张在台湾获得响应，台湾新文学运动也轰轰烈烈地开展起来。从张我军猛烈批判台湾旧文学，到台湾新文化阵营不断左倾化，逐渐催生出激进的左翼文化运动。这个过程也重复了五四新文学运动到左翼文艺运动这两个先锋思潮相交替的过程。中国大陆的先锋运动导向了文化运动

1　"共名"在本教程中是一个与"无名"相对应的概念，指的是某个历史时期的文化状态。"共名"是指"当时代含有统一而重大的主题时，知识分子思考问题和探索问题的材料都来自时代的主题，个人的独立性被掩盖在时代的主题之下"。这样的文化状态就构成了"共名"。如抗战就是一个大的时代共名。关于"无名"与"共名"，可参考拙作《新文学整体观续编》第六章《共名与无名相交替的文学状态》，济南：山东教育出版社，2010年。

朝政治革命发展，推动了中国共产党的产生、第三国际的介入以及国共两党合作发动北伐战争，新文学的骨干纷纷参与了这场革命战争。而同一时期以蒋渭水为首的台湾知识分子成立台湾文化协会（1921），向殖民政府提出争取民族自决、地方自治和议会制度等权利。同时，反对殖民主义经济压迫的劳工运动、农民运动也此起彼伏，各种思想倾向的政治团体纷纷崛起，分裂组合，百家争鸣。1928年作为日共支部的台湾共产党成立，成为台湾最激进的政党。直到1931年"九一八"事变爆发，日本当局加紧对台湾的控制，台湾所有的政治团体都被取缔，所有的政治活动都被镇压。这形势与早几年（1927）发生在大陆的国共分裂、"清党"以及革命进入低潮的形势也相差无几。大陆的现代文学也是在陷入白色恐怖以后才转向了左翼文学运动，通过文学创作来延续新文学的先锋精神，于是文学创作进入繁荣阶段，各色各样的文学实验和文学流派都出现了。"五四"第二代作家胡风、巴金、沈从文、老舍、曹禺、丁玲、萧红、艾青、夏衍、戴望舒等，迅速成为文学的中坚力量，创造了"三十年代"民国文学的黄金时期。这时期，台湾文学的第二阶段（1931—1937）也是由政治运动转向文学创作，同样进入了政治高压下的文学创作繁荣时期。当时文学运动所发起的许多讨论，诸如乡土文学、台湾话文、文艺大众化等对文学史产生深远影响的议题，都是在这一时期展开的。台湾的新文学第二代作家用日语创作，并且在日本和中国大陆文坛上都产生了影响（如杨逵、吕赫若、龙瑛宗的小说）。这时期台湾新文学也出现了多种风格并存的现象，杨逵等人的激进左翼书写，巫永福、翁闹等人的现代主义意识的写作，杨炽昌为首的风车诗社的超现实主义，刘呐鸥在大陆的新感觉派以及龙瑛宗、张文环、王昶雄等人的创作，构成了丰富多元的文学格局。所以说，1937年抗日战争全面爆发之前，两岸文学的发展基本上是协调与同步的。

但是战争改变了一切，首先是两岸都结束了丰富多元的文学无名状态，进入战争时期的共名状态。台湾文学被纳入战争体制，殖民者需要被殖民者充当战场上的炮灰，于是提倡"皇民化"，让台湾人民顶了"皇民"的资格去送死。台湾文学的第三阶段（1937—1945）进入了丧失反抗能力、被"皇民化"的时期。尤其在太平洋战争（1941）爆发以后，日本当局在台湾施行法西斯的战时体制，任何自由反抗的空间都被封闭，文学只有一条出路，就是"皇民化文学"[1]。这一时期的台湾文学中，除了"潜在写作"[2]

---

1 关于皇民化运动和台湾文学的关系，陈芳明在《台湾新文学史》（上）中是这样解释的："所谓皇民化运动，并不止于政治、经济、军事的总动员，甚至文化的层面也深深受到波及。皇民化运动也不只是在台湾推动而已，凡是在日本统辖下的土地，……都网罗在此庞大运动的阴影之下。在这段时期，台湾作家的文学活动都被迫要配合日本的战争国策，而配合国策所产生的文学作品，就是文学史上所定义的皇民化文学。"（台湾：联经，2011年，第158页。）

2 "潜在写作"，是指在哑声的时代，有许多被剥夺了正常写作权利，或者虽然没有直接受到迫害但写了作品无法发表的作家，他们依然保持了对文学的热爱和创作的热情，写下许多当时环境下无法公开发表的作品，直到环境发生变化以后，才公开出版。本教程把这类作品称为"潜在写作"。（关于"潜在写作"，可参考拙作《新文学整体观续编》第三章《当代文学史上的潜在写作》，济南：山东教育出版社，2010年。）陈芳明在《台湾新文学史》（上）描述1937年抗日战争全面爆发以后的台湾文学状况："从1937至1945年战争期间，文学发展大约可以分为两个阶段。第一阶段，亦即从1937至1941年，是作家不能发声的时期。第二阶段，亦即从1941至1945年，是作家不能沉默的时期。这两个阶段的分野，在于1941年太平洋战争的爆发。"（第158页）陈所指的"不能发声"是指作家不能发出自由之声，但还能保持沉默，不附和殖民者的主流意识形态，但到了"不能沉默"的阶段，作为一个作家，他们连沉默的权利也没有，只能配合战争宣传。在台湾，一大批原来抵抗、批判殖民统治的作家也不得不违心写作来配合"皇民化"；但笔者还是愿意引进"潜在写作"的概念，强调即使在日本殖民统治强权下，还是有台湾作家的潜在写作，如吴浊流的长篇小说《胡志明》（出版时改名为《亚细亚的孤儿》）。

以外，几乎所有能公开发表的文学作品，哪怕是违心的、被迫的、不得已的，都只能被纳入支持战争的"皇民化文学"。这一时期，唯一能够在文学写作中稀释、消解甚至悄悄抵御日本殖民主义的同化政策的，是一批坚持写实的文学作品包藏了民间的隐形结构：书写台湾现实生活场景和民族风俗，以及台湾人在国族认同上的极其痛苦的内心意识。应该补充的是，日本当局把文艺纳入战争，成为侵略战争工具的文艺政策，不仅仅是针对台湾的，当时日本国内的文艺政策也是如此，许多日本作家，不管是左翼作家还是唯美作家，都被纳入"笔部队"的编制，参与了侵略战争。[1] 当时被日本占领的中国沦陷区，也发生类似的情况。只是日本军事占领各地区的情况不一样，掌控的程度也不一样而已。如在上海、北平等地区的中国作家中，还是有很多人用潜在写作或者回避战争政治来保持文学的艺术独立性。

　　同样，在中国大陆，全面抗战也改变了"五四"以来新文学的发展方向。如果说，新文学运动是一个具有先锋文学因素的思潮，其在近20年的发展中逐渐融入各种各样的文学因素和文学潮流，进而在汇集成为文学主流的过程中，原有的先锋精神也逐渐地被消解和被丧失。"五四"初期新文学运动到左翼文艺运动是一个文学先锋精神的式微过程：从社会的文化的紧张对立关系进入政治的党派的紧张对立关系以后，其内在的先锋文学因素也开始衰亡。对于这种变化来说，抗战则

1　日本在战时也有许多作家被迫"转向"，被纳入"笔部队"参与侵略战争，但是还有很多作家在战场上发表了反对战争的作品（如石川达三），也有的作家以强调艺术上的美与人性，进行"艺术的抵抗"。见叶渭渠、唐月梅《日本文学史·现代卷》第八章《黑暗的战争年代与文学》，北京：经济日报出版社，2000年，第292—324页。

是一个分界，外来情势剧变促使文学的先锋性迅速转换为民族主义的政治激进态度。"五四"新文学是一种先锋运动，它的主体是思想解放、冲破了传统文化观念的先进知识分子，由知识分子推动思想启蒙和民族救亡运动；而在抗战全面爆发以后，一个新的伟大的民族主体觉醒了，千百万中国农民走上了战场，成为抗日救国的主要力量。随着农民阶级在政治上军事上的地位急剧上升，他们在文化上的自我解放的要求也被激发出来，成为当代文化建构的重要内容。战争使知识分子为中心的启蒙文化开始瓦解，文学与战争、与战争的主体农民之间的关系，都发生了变化，先锋运动消失了，知识分子精英独占主流的现象受到遏制，民间文化形态进入了当代文化建构。原来由知识分子精英对庙堂统治者的斗争和对国民性的改造同时展开的文化冲突，转向了庙堂意识形态、民间文化形态和知识分子精英传统三者有条件的妥协与沟通，取得了对外抗战的一致性。"三分天下"的局面由此形成。文学与战争紧密结合，充当宣传工具，与"抗战无关"的文学受到了抵制和批判。当代文化建构中的战争文化心理在此时被普遍接受。[1]

抗战对现代文学史的影响还不仅仅表现在战争期间，在这一场战争结束以后，战争因素已经深深揳入民族文化心理。抗战胜利后，中国大地上的战争没有结束，国共两党之间的战争、世界范围内的美苏两大阵营的冷战，一直影响着民族文化建构中的战争文化心理。因为

---

[1] 关于抗战形成的战争文化心理问题，可参见拙作《新文学整体观续编》第二章《抗战与当代文学》，济南：山东教育出版社，2010年，第52—80页。

战争的关系，文学与政治、政权、国家的关系越来越紧密，尤其是1949年后海峡两岸军事对峙的格局下，两岸的文学都被纳入战争思维模式中去，都在政治意识形态支配下运作；而在香港，除了市民大众文学格外繁荣外，美元操作下的文学创作和"左""右"两派文学的对峙，也都形成了文学运作的基本格局。但是，战争思维的大格局中仍然存在着多层次的创作现象，可以分出主旋律的、现实批判主义的、偏重艺术与内心的，以及潜在写作等等层面。在中国大陆，经过了数次政治运动，以鲁迅为偶像的先锋精神在现实层面基本上已经消失，但是新文学作为一种新传统被纳入国家意识形态的建设，进入了被学科化、文献化、经典化的阶段，新文学的精神传统通过学院的教学和研究转化为一种学科形态，保存在大量的历史文献与文献叙述中，并得以传播；现代文学的经典作家和经典作品也被合法地树立起来，在教学和研究中获得延续。但是正因为进入了学院的学科体制，"五四"新文学的先锋精神隐隐约约地隐藏于新文学传统的大叙述中，通过师承的学术血脉依然在慢慢流淌，延续，薪尽火传。

抗战的规模几乎蔓延到整个中国的东部和中部，太平洋战争以后甚至蔓延到东南亚地区。大规模的战争使中国的政治、军事、文化的地图发生了根本性的改变，文学地图也随之发生了变化。1937年以前，"五四"新文学运动的影响自然也波及全国各地，但文学集中繁华之地基本上不离京沪沿线，而全面抗战打破了这种狭小的分布格局，先是东三省的沦陷促使一批作家流亡内地，加入了新文学的队伍。1937年抗日战争全面爆发，战争裹挟了作家艺术家的迁徙和流亡，武汉、香港、桂林、重庆、延安等等，相继成为中国文学的精英荟萃之地，形成了多元的文学中心。战争中政治军事地图的不断变化，促使作家艺术家们渐渐地相应分布在不同政治性质的三个区域：国民党统治下的大后方、共产党控制下的抗日民主根据地，以及日本侵略军占领的沦陷区。这三大区域构成了战后中国的政治版图，也构成了战后的文学版图。如果我们将全中国版图视为一个整体的话，那么，不难认识到这三大版图始终存在于20世纪后半叶的中国土地上，只不过区域面积和土地上的主宰者处在不断的变化之中。首先是国共两党的大规模战争改变了中国政治领导权的比重。原先占有大部分领土的国民党政权最后退守到台湾，维系着国统区的政权命脉；原先以延安为中心的抗日民主根据地随着战争的胜利渐渐扩大解放区，直至占领了整个大陆。其次，日本在战争中终遭失败，退出了在中国的殖民统治，伪满政权已经覆灭，台湾被国民党政权收回，但作为近代中国被殖民的国土并没有完全收回主权，还留有香港和澳门。香港在战前文学并不繁荣，但随着1949年的战事，南下北上的大流徙造成了文学的畸形繁荣。英国在"二战"以后经营香港与日本殖民统治台湾有很大的不同，但仍然具有鲜明的殖民地文化的特征，1949年以后的香港文学构成了不同于大陆和台湾的文学特点。战争造成的三大区域的文学面貌，直到20世纪末的90年代，随着两岸政治变化以及关系缓和、香港澳门回归等因素，才渐渐发生了新的变化。

　　以上三个问题的提出，都是为了更好地理解20世纪中国文学发展的规律。先锋与常态的关系是考察1937年以前现代文学运行发展的一个视角，以抗战为分界是考察1937年到20世纪末中国文学版图的文学状况，而殖民地文学的提出，可以更全面地考察中国20世纪文学运行的状况及其特点。这正是本教程所追求的文学史理论的创新和突破。

完成于2016年3月上海鱼焦了斋

初刊《文学评论》2016年第6期

2017年

纪　事

2017年，8月5日，在赴北京开会的高铁上接到许宁生校长的电话，要我去主持现代语言学新学科的组建。这是教育部"双一流"建设中新增的语言学学科。我原不是研究语言学的专家，这个学科与我也没有什么关系。但学校的任命让我感到冥冥中的一个使命。我曾经在中文系主任的岗位上暗暗下过决心：要把复旦大学中文系七个二级学科都推向全国一流的水平，当我卸任时，唯有语言学理论与应用语言学相对薄弱，现在学校把现代语言学学科建设的重任交给我，也是对我以往工作的信任，也许我在中文系以外的空间能够继续为语言学科的发展作出努力。

这一年继续着上一年的忙乱和在忙乱中推进工作。令人欣慰的是《陈思和文集》七卷本由广东人民出版社正式出版。11月27日，中山大学珠海分校举办了新书发布与研讨会。

是年还出版：编年体文集《流水账》（上海图书馆·上海科技文献出版社）。

赴珠海

银翼九重看晚霞，云催雾涌日西斜。

身离六合中安在，时入逝川夜更佳。

老去无端忙俗务，病来乘兴吃闲瓜。

追光四十桃林盛，唤作后生勤画蛇。

2017年11月26日吟于飞机上

读王德威《"世界中"的中国文学》

　　张燕玲女士传来王德威先生的新作《"世界中"的中国文学》，说是要在《南方文坛》上刊发，希望我谈点阅读感想。这篇文章是王德威先生主编的哈佛版《新编中国现代文学史》的导言。我前几天刚刚收到哈佛大学出版社寄来的英文版《新编中国现代文学史》，连索引厚达1001页，简直就是一块沉重的砖石。我为之感到欣喜。对这本文学史我并不陌生，我本人也参与了其中有关"重写文学史"章节的撰写。2013年初，我在波士顿过春节，与王德威先生围绕这本著作的构思做过长谈。因此，我一直在期盼这部著作的出版。我知道这部著作将会引起海峡两岸学界的争论，离经叛道的编辑思路、庞杂不齐的作者队伍、众声喧哗的各家见解，大约难以弥合得天衣无缝。必然会有叙述的缝隙，必然会有内在的矛盾，但这部文学史的魅力可能也正在于此。我想起鲁迅在《无声的中国》里说过的一个意思：在一间光线太暗的老旧房子里，有谁提出要开一个窗，就会受到许多反对，但如果有谁干脆要拆掉屋顶，那么调和一下，开窗也变得容易了。现在有人把这部著作看作是"重写文学史"的一个成果，我要说的是，当年提出"重写文学史"的口号，就算是建议开窗户，而王德威先生现在已经在旧房子的旁边，集中海内外各派建筑工匠，建造起一座新的大厦，而且实践的是西方后现代的建构理念。对于这个新建筑的评价自有不同，但它是新的视野和理念下造成的，已经不是原来修修补补的老房子了。所以我们要评估这样的新建筑，也要有新的标准和方式，不能回到鲁班爷爷那里去讨主意。

因为燕玲催稿紧，我就不扯开去谈《新编中国现代文学史》了。还是回到这篇《"世界中"的中国文学》。这是王德威先生从百衲衣式的文学史叙事中提炼出来的纲领性文字，也反映了主编者的文学史观与史识。

王德威先生为这部新编文学史提供了一个关键词："世界中"。这部中国现代文学史是在"世界中"（worlding）被演示的。"海德格尔将名词'世界'动词化，提醒我们世界不是一成不变地在那里，而是一种变化的状态，一种被召唤、揭示的存在的方式（being-in-the-world）。'世界中'是世界的一个复杂的、涌现的过程，持续更新现实、感知和观念，借此来实现'开放'的状态。"当我们把哲学概念移用到文学史写作中，那么这个"世界"既是构成文学演变的宏大自然背景，又是文学演变本身。就仿佛我们列身于世界事物中，我们本身也是世界事物的一部分。"世界中"作为一种方法论，大千世界在变，作为大千世界的一部分，中国文学也在相应地变，而且两者的"变化"关系，并非是简单的决定与被决定、影响与被影响、制约与被制约的关系，而是一个事物（中国文学）在另一个更大的变化状态（世界）中发生着变化。太阳系里的行星在太阳系运动过程中，行星自身也在自转。这样一种双重形态的变化运转之间的关系的叙述，就构成这部文学史的叙述主体。

我以为"世界中"是这部《新编中国现代文学史》的核心叙述。文学史的核心叙述决定了文学史的一般叙述。譬如说，我们曾经的主流文学史的核心叙述是新民主主义革命论，所以一般叙述就必须从五四运动开始，因为之前只是旧民主主义革命，而反帝反封建的革命性质也必然成为文学史的主要叙述内容。上世纪80年代以降，"现代性"逐渐成为现代文学史的核心叙述，所以文学史的视域就集中到晚清，用"被压抑的现代性"来分析晚清小说就是一般叙述，由此引出国内学术界对通俗文学的再评价，也是以现代性为核心叙述的一般叙述。在这个叙述系统里，"五四"新文学运动的重要性就被减弱。现在王德威先生在学术上自我突破，更上层楼，跳出了海外汉学以"现代性"为核心叙述的视域，这就构成了以"世界中"为核心叙述的文学史观，使这部文学史在时空上获得了大幅度的扩张，其一般叙述就与我们传统的文学史一般叙述大相径庭。

既然是把"世界中"这样一个动词作为核心叙述，那么文学史的一般叙述必然会是充满动感。要把握这种动感，最好方法就是把文学现象还原给世界本原，让无数文学细节在自然运行中自在地开启丰富灿烂的状态，从而在斑斓浩瀚的文学现象的运动过程中显现底下的潜流与深层的结构。也许那不一定是所谓的历史本质，但它要揭示出与未来的文学发展有密切关系的必然性与预见性。这样的写法，必然与我们以往的文学史叙述拉开了距离，因为不论以新民主主义革命还是以现代性为文学史核心叙述，文学史的梳理与整合都是带有一元单向的特征，即在文学史叙述中要展示出编者对于这一段历史、文学史，以及文学走向的本质界定。对于什么现象值得进入文学史，什么现象不值得进入文学史以及如何进入，都有一个基本的立场。这种立场又往往形成了某种遮蔽，这也是我们以往文学史叙述中一个难以克服的难点。而这在王德威先生的"世界中"的文学史叙述系统里被轻易地跨越过去了。各种看似对立的现象（如"五四"新文学与民国旧派文学的并置，抗战时期重庆、延安以及上海三地文学的并置，1949年以后两岸文学的并置，当下海内、海外离散文学的并置等等），都可以在同一个平台上得以展示。各种不同叙述立场的参与者的观点也互相冲突地并置于同一种文学史系统里，只看文学世界的现象演示，不去深究以往文学史一元单向演变的所谓本质及其规律。所以我们在这部文学史里可以看到前所未有的丰富性、奇异性和开放性，恰似万花筒般，许许多多瞬息即逝的文学现象都被展示出来。

与"世界中"核心叙述相应的，是文学史叙述方法的自我解放。文学史的结构是由161个片段构成，片段与片段之间是没有连续性的，每一个片段都是独立的文学小故事，自成一个演变中的小世界。它们之间唯一联系的是时间的顺序。因此它的开放性结构可以演变出无数种文学史，如果主编者在这本文学史里再设立若干章节，或者删去若干章节，都不影响它的独立性和完整性。同时为了避免对于历史本质的深究，撰稿者刻意采用了一般文学史叙述比较忌讳的写作方式：描述性的叙事。用王德威先生的话，是"文学性"的叙述文体。他把这种写史方式追溯到太史公的记传笔法，理论依据则找到了钱锺书的《管锥编》。当然，太史公与钱锺书都是无人可以企及的高标，作为一部文学史编撰形式的尝试，是否能够被人广泛承认可能还是有待时间验证。但他做出了如此大胆的尝试，这种探索的精神是值得赞赏的。

作为一位学者，立足美国，放眼全球华语文学，王德威先生在推动中国文学（也是华语文学）的国际化，作出的学术贡献是有目共睹的。在海外学术界，夏志清先生在国际冷战的局势下，用新批评的审美标准书写了《中国现代小说史》，夏先生的英文著作第一次让中国现代文学进入了国际学界的视域之中。李欧梵追随捷克汉学大师普实克，对中国现代文学与西方浪漫主义、现代主义思潮的关系做了进一步的梳理。如果说，夏志清向西方学界推荐了几个中国作家，李欧梵先生向西方世界讲述了中国文学的思潮流派，而现在，他们的传人王德威先生建构起整个华语写作的国际版图，提供了第一本跨越国界地区，沟通世界华语创作的《新编中国现代文学史》。夏、李、王三代学者的学术行迹，清楚表明了海外学术的进步和变化。同样，我们国内学界也一样在不断进步。我清楚地记得20世纪80年代夏志清先生第一次（也是唯一的一次）回国来探亲、顺道访问复旦的情景；我也清楚地记得李欧梵先生1980年在复旦大学做访问学者时，我导师贾植芳先生安排我担任李先生的助理，我得以亲聆李先生的许多精辟之见解，醍醐灌顶之感至今没忘。而新世纪以来王德威先生曾经担任教育部长江学者讲座教授，直接参与了复旦大学现代文学的学科建设。他的学术成果，某种意义上不仅代表了复旦，也代表了我们国内的学术成果。我之所以要从夏志清的学术研究来讲海外汉学，就是想针对当前有关海外汉学的争论（海外汉学是一个广泛的概念，我这里仅仅指中国现代文学研究领域中的居于海外的学人的成果）谈谈我的态度：我以为，我们对于海外汉学的研究成果，要有一个客观的善意的学术评价，同时也要有一个正常的宽容的心态。

最近的争论涉及如何理解用马克思主义观点来评价海外汉学的问题。这是一个值得探讨的理论问题，本文没有足够的篇幅，只能谈一个最基本的观点。那就是马克思历史唯物主义一再强调的，要把批评对象置放在历史的场景中，考察其是否提供了前人没有提供的东西，以及其所提供的是否有助于人类社会发展的进步。现在学术界对于"社会发展进步"一说歧义丛生，暂且不论。我们在考察海外汉学成果的意义，就应该本着实事求是的精神，以马克思主义的立场、观点和方法来讨论这些成果是否提供了在当时历史场景下前人所没有做到的因素，以及这些因素有没有促进我们自身学术的进步。在这方面，马克思主义经典作家早就为我们作出了榜样，恩格斯在评论歌德时就强调，我们不是用道德的、党派的观点评论歌德，而是要用美学的、历史的观点评论歌德。这里所说的从"美学""历史"出发的研究观点，是马克思主义评论应有的标准。我们不能用"道德的""党派的"观点来评论，更不能用有些人所理解（不一定准确）的所谓"马克思主义"的见解（其中可能不乏片面性），硬要求海外汉学来执行。这是违反马克思主义，也不是实事求是的态度。

毋庸讳言，海外汉学是在海外的文化背景下研究中国文化、文学的学术成果。学者的研究必然是带有海外的文化立场，与我们国内主流的学术成果，可能有较大的差异。有些成果反映了海外学者的别样见解，如果我们能够正确地对待，理性地接受，完全可以去粗存精，来弥补我们在自身文化境遇下可能出现的遮蔽。我们与海外学界之间具有某些差异是客观存在，但也是极为正常的，现在国际文化交流如此繁荣，众声喧哗，多元多维，是必然的大趋势。再说，我们国内的学术界本身也是百家争鸣，自由探索，为什么要求海外的汉学舆论一律呢？

我举一个例子，就是如何看待夏志清先生的《中国现代小说史》。在20世纪50年代冷战时期夏志清先生在美国求学，出于生计的需要，夏先生参加了耶鲁大学政治系教授饶大卫（David N. Rowe）的工作团队（年薪四千美金），参与编写为美国军人了解中国情况而准备的《中国手册》（分上中下三卷），饶大卫担任主编，夏先生参与编写其中的"思想""文学""中共大众传播"三章，以及"礼仪""幽默"两小节等。这里的"思想"指的是孔孟儒家传统思想，"文学"涉及鲁迅、周作人、沈从文等现代文学。这是夏先生首次涉及现代文学的内容。这部手册编完后并未被录用，只印了三百五十本"试印本"。也就是说，没有产生实际的任何影响。但夏先生由此产生了研究现代文学的兴趣，便向洛克菲勒基金会申请了一个研究项目，就是《中国现代小说史》。现在很多人误以为夏先生的小说史是从《中国手册》改编过来的，于是就夸张了夏先生这部小说史的政治倾向。其实，夏先生参与编写的《中国手册》与后来撰写的《中国现代小说史》完全是两回事，与《中国现代小说史》的学术研究也没有直接的关联。何况《中国现代小说史》的中译本也多次修订再版，表明夏先生的态度也在不断地改变。如果有人要在这本书里找出与国内主流意识形态不一样的论述，大约是很容易的，也是明摆的事实，但问题是需要用这种方法来研究海外汉学吗？夏先生这本小说史的核心叙述是西方新批评的审美。根据这样的核心叙述，他梳理出现代文学史上鲁迅、茅盾、张天翼等代表的左翼文艺，沈从文、师陀等代表的乡土民间文艺，张爱玲代表的现代都市文艺以及钱锺书为代表的知识分子的讽刺文艺等四大传统，基本上也奠定了海外研究中国现代文学的基本格局，比起我们以前唯左翼文艺独尊的狭隘文学史观，自然是更加全面和符合历史真实。现在媒体老是在宣传什么"夏志清捧红了钱锺书、张爱玲"，难道夏先生没有高度评价鲁迅、许地山、茅盾、张天翼、师陀吗？还要指出的是，夏先生当时在海外无法阅读到大量的左翼作家的著作，他在小说史里的疏漏是大量存在的，夏先生后来自己也不断做深刻反省，对于萧红、端木蕻良、吴组缃等人的作品都有好评。如果我们能够真正用马克思主义者的宽容襟怀、发展的眼光来看待夏先生这样一个居于海外的知识分子的学术成果，我们就能吸收到很多有益的营养来启发我们自己的研究。

再说到王德威先生的这部《新编中国现代文学史》，这部文学史著作有很多可以讨论之处，在此不表。我只指出，"世界中"的核心叙述给这部著作带来了前所未有的丰富性，以及广阔的国际视域。"世界中"还原了世界华语文学的原生态，它包容了各种不同的政治立场、党派观点、国别身份。王先生不同于夏先生，他与中国学界有广泛的接触和交流，对于中国文学与海外文学的沟通做过大量的工作。所以在他的文学史里，中国文学与海外文学自然而然被并置在同一个平台上展示出来，而这个平台的理论基础是华语语系文学。关于这个学科概念，现在也是被打上了意识形态的烙印，造成了复杂含义，各有不同表述。但王德威先生使用这个概念是非常谨慎的，他自己的解释是："华语语系研究学者如果想真正发挥这一方法的批判力，借以改变目前中国文学史封闭的范式，就必须将研究范围从海外扩大到中国本土。所谓深入虎穴，华语语系研究必须同时在中国文学（和领土）以内，思考'母语'或与生俱来，或习而得之的政治、情感、社群动力，而不是站在简化对立立场，批判中国国家、文学、语言——否则我们只是回到冷战论述的老路。唯有如此，我们才能在广义华语领域以内和以外，审视各种地域、阶级、社群，甚至网络、虚空间种种方言行话口语，与约定俗成的表述方法。这与官方或正统文学、声腔、说法，产生复杂的既联合又斗争的关系。"对于目前海外流行的"华语语系文学"的概念，我也不是很赞同，但是王德威先生的解释显然与别人不一样，有利于华语世界的交流和团结。正如马克思所说的，一步实际运动比一打纲领都重要。有些人与其纠缠不清于这个概念的复杂含义，还不如站在这个现实世界的立场上思考一下，如果这部《新编中国现代文学史》以重磅炸弹的形式译成中文在海峡两岸出版，人们看到的是台湾文学、香港文学、海外文学都自然而然归属在"中国现代文学"的旗帜之下，这比其他中国学者写一百部文学史还要有震撼力。有些人自然可以从意识形态的立场去挑剔这部文学史，但总不能去挑剔一部整合两岸统一的文学史吧。

我这么说，当然不是说，海外汉学的成果不可以批评。正常的理性的学术交锋永远是需要的，国内和海外话语系统不一样，对于同一种文学史现象可能产生不同的理解，当海外汉学传入国内，学术界发出讨论、商榷，甚至批评的声音，我认为也是正常的。沟通意味着信任，意味着融合。我们现代文学研究领域，从20世纪80年代起就形成一支成熟的学人队伍，在王瑶先生、李何林先生、唐弢先生、钱谷融先生、贾植芳先生等风骨凛然的老一辈学人的带领下，经过了近四十年的传承发展，现在又加入了居于海外的学人的团队，有了从夏志清、李欧梵到王德威为代表的学术团队。我们需要有充分的沟通和理解，在相互尊重的平等立场上，取长补短，求同存异，使我们的学术研究更加丰富，更加多元，同时也发展得更好。

定稿于 2017 年 7 月 1 日，

初刊《南方文坛》2017 年第 5 期

2018年

纪　事

2018年，复旦大学图书馆百年馆庆。图书馆为此做了大量的工作，除了正常庆典活动以外，还出版了《复旦大学图书馆百年纪事（1918—2018）》（复旦大学出版社）等一系列出版物，举办各种类型国际研讨会和展览。2014年复旦大学图书馆领导班子务虚会议上制定的"三驾马车"的方针，在实践中得到了切实的推进。本年度入选的诗和文，都与这个主题相关。

是年，论文《有关20世纪中国文学史研究的几个问题》获第7届鲁迅文学奖文学理论评论奖和上海市第14届哲学社会科学优秀成果奖论文类一等奖。

是年出版：散文集《星光》（上海：东方出版中心）。

复旦大学图书馆百年馆庆

百年之庆启新程，蛙跃春池壮有声。

古保传承功在国，特藏搜集唤嘤鸣。

一流服务最根本，三驾马车必远行。

更盼新楼基石奠，图书数据笑倾城。

2018年12月30日

高校图书馆传统功能外延的三个拓展方向

我于2014年3月开始担任复旦大学图书馆馆长。暑假,在图书馆领导班子务虚会议上经过共同讨论,我们确定了图书馆发展的三个方向,同事们戏称"三驾马车",即是指在保持图书馆对读者优质服务的前提下,功能外延方面重点发展三个方向:一是推进古籍保护;二是加紧数据库建设;三是加强科技情报、学科评估工作。这三个方向,没有离开图书馆的传统功能,只是扩大了知识发布的面向,把知识服务的主要对象从个人从事学习科研的师生范围,进一步扩大到高校学科建设的总体要求,使图书馆能够更加深入地揳入学校学科建设工作,从而更高效地发挥高校图书馆的功能,提高图书馆在高校工作中的意义。

从国家对教育科研的需要出发,推进高校师生科研活动,是高校图书馆与一般公共图书馆在功能上的重要区别。高校图书馆不是为了满足读者的一般阅读需要,更不仅仅是为了满足读者在日常生活中求知解惑的需要,在网络文化越来越普及的当今时代,所有可以在网络上很快得到解决的知识信息,对高校图书馆的功能而言,已经失去了

步履匆匆:陈思和讲当代人文

服务的必要性。高校图书馆每天接待的，都是本校或者邻校的教师、学生（包括本科生和研究生，外国留学生以及来进修的青年）。他们抱着崇高的求知目标来到图书馆，是为了满足他们精神领域的追求，是为了更多地掌握他们正在学习中的科学知识，或者就是为了科研活动而承担各种各样的阅读任务。这是高校图书馆服务对象中占多数的情况。所以，高校图书馆对于高校师生来说，主要是围绕学科建设提供文献资源和发布知识信息，满足这一类读者从事学习、科研的需要。对于这部分的读者需要，满足度越高，工作效率越高，图书馆的存在意义就越大；如果图书馆的文献储备量与知识信息发布功能都大于或高于读者需要，那么就能够起到引领科研的作用。这是理想状态的高校图书馆。

但是问题远没有那么简单。高校的学科建设与教师学生个人的科研不完全是一回事。个人的学习、科研是根据研究者个人的专业兴趣而设定，而学科建设是学校根据国家对科研工作的总体布局和需要进行的有组织协调、有明确任务、有经费支撑以及以团队带动教学、培养人才的一个完整的系统工程，也是高校科研工作的主要支撑。高校学科建设不应该排斥研究者的个性化创造发明，而是应该在协同创新的大主题下有若干分工，互相协调，发挥所长，以求达到整体上的高峰水平。学科建设做得好的高校，必将是把教师学生的个人兴趣与学校的科研任务有机整合，达到无缝衔接，既充分地发挥教师学生个人的学习、科研积极性，同时又引导研究者在科学实践中形成团队意识，攻克国家急需的科研项目。这需要学校领导层面对于学科建设的全局调控和布局。因此，高校图书馆仅从文献资源的知识储备角度看，需要分出三类服务对象：教师学生出于个人兴趣的学习科研工作、作为学校学科支撑的团队攻关项目，以及学校层面的学科布局与建设。

不同高校的学科实力分布是不同的，重点学科在资金投入与人力资源上拥有绝对优势，同时高校图书馆也拥有不同的馆藏和文献资源，两者之间的关系是充满动态的供求关系，不是简单划一的单向供求。原则上说，图书馆是被动地为学科配备一流的文献资源和提供前沿的知识信息（尽管这项工作本身仍然充满主动性）。但是图书馆主体能够高瞻远瞩，及时搜集、发布前沿学科的知识信息，或者充分利用好馆藏中的特色收藏，也有可能引导学科建设和培养有关专业的专家。高校图书馆应该以这种良性互动关系为推手，更加有效地为学科建设服务。

我校图书馆在2014年底制定了"三驾马车"的发展方向，正是从以上的总体认识出发，利用本馆的优势所在，紧密结合本校教师科研优势，朝着这三个方向来扩大图书馆的功能，从而提高图书馆为科研服务的能力和效率。本文尽量避免讨论本馆具体工作的特殊性，从高校图书馆与高校科研的一般关系上讨论图书馆外延的突破与发展。

一、高校图书馆服务功能的多元化——以古籍保护为例

我最近阅读张计龙教授的《泛在知识环境下图书馆知识发现技术

及应用研究》[1]，对于我正在思考的高校图书馆发展思路有很大启发。"泛在知识环境"是美国国家自然科学基金的一份关于数字图书馆发展趋势研究报告中提出的一个概念，它直接改变了传统图书馆单向的线性知识发布与交流的方式，强调利用网络设施、电脑软件、信息系统、馆藏资源、数据库以及人力管理等图书馆的综合环境元素，为知识信息的发布、交流、消费、享用提供新的服务模型。"泛在知识环境"是对数字图书馆所能够达到的传播知识能力的一种探索性的描绘。充分认识并且在实践中探索泛在知识环境下图书馆多元传播知识的可能性，正是高校图书馆的努力目标之一。

依我的理解，泛在知识环境是对应真正意义上的数字图书馆而提出的一种状态，也就是在物理性空间被虚拟性空间取代以后的"知识环境"中，知识与用户之间构成的新的关系。这一点，应该承认，我们国内高校图书馆还远未达到理想的水平。但是这样一个概念的存在与探讨，对于我们建设现代高校数字图书馆极有启发性。我以复旦大学图书馆建立古籍保护研究院为例，来讨论"泛在知识环境"对我们工作的意义。

创建中华古籍保护研究院是我到任后促成的第一项发展性规划。最初是响应文化部、国家古籍保护中心要求高校落实古籍保护人才培养计划。在落实这项工作的过程中，原来图书馆古籍部保存古籍、向专家提供文献资料这样一项功能形态大大拓展了。首先，古籍保护专

1　张计龙《泛在知识环境下图书馆知识发现技术及应用研究》，复旦大学出版社，2018年。

业硕士学位点确立，每年十多名学生进入这个场域，成为新一类知识接受者；古籍保护的相关专业技术、工匠手艺等传授到学生们的手里，并且通过他们的作业和学习成果，再面向校园里更多的师生做公开展示，古籍版本、修补技艺、碑拓、木刻、书画、篆刻等作品的定期展示，吸引更多的学生成立课外兴趣小组（如学生社团古籍保护学社、家谱学社等），参与到古籍保护工作。如果空间宽敞的话，3D打印、木活字印刷、人工造纸、线装书本等等，古籍文化再造活动都可以通过学生自己动手来完成。知识传播的渠道、形态、面向都发生变化，传播与接受的形态也相应发生变化。其次，知识结构也发生变化。传统的古籍保护主要是通过古籍修复、善本再造等来体现，而古籍保护研究院成立以后，图书馆充分发挥了复旦综合性大学的学科优势，利用杨玉良院士团队的研究人员所具有的多学科知识背景，建立起化学、高分子、生物学、植物学等与古籍保护关系密切的综合性交叉学科，把研究对象从书本修复扩大到传统写印材料——纸张、墨的研究开发和保护。图书馆的综合性知识信息走到了学科建设的前面，原来各自发展的文理学科之间搭建起新的广阔的学科平台。再次，古籍保护的根本措施还在于古籍再造工程以及通过电子网络系统推送古籍上线，即使是珍贵的海内孤本也无须秘藏，尽可以利用数字化在网络上服务于最广大的读者。只有把古籍由少数人收藏玩赏的珍品转换为真正学术平台上的文献资源，吸引尽可能多的学者来关心、利用这些资源，才能使古籍在学术研究领域发挥真正作用。因此，古籍的电子化数字化是古籍保护研究的重要工作目标，也是我们努力的方向。

　　　　　　　　　　　　　步履匆匆：陈思和讲当代人文

应该说，古籍保护研究工作本身并不能取代中国古典学专家的学术研究，图书馆提供古籍资源为学者专家的学术研究服务这一根本属性也没有变，但是图书馆提供知识的资源品相、宣传普及、人才培养、服务形态、使用质量等等，各个面向都发生了变化，促成传统单向型的知识输出功能向着服务、教学、科研等多项综合功能的转化。

从表层上看，古籍保护研究工作是充分享用了文理综合院校的学科优势，但在深层次上反映了高校图书馆在泛在知识环境下的创新成果。高校图书馆以高校学科建设为依托，享用高校学科的知识资源是理所当然的，问题在于如何做到这一点。图书馆只是为各学科之间交流搭建发展平台，使各个学科在平台上既有奉献又能够得到自身的发展，复旦大学的文博学科本身就有研究纸张的专家和专业，但这个专业被纳入古籍保护平台以后，发挥出更大的作用。化学、材料学与古籍保护结合后，发展出"古籍保护化学""古籍保护材料学"等分支学科，并成为古籍保护学的重要支撑。可以说，搭建古籍保护的学术平台，就是为了消除图书馆与院系之间的隔阂，形成双赢的知识交流的创新模式。再者，泛在知识环境的创新更是要打破馆藏资源的自我封闭和图书馆在管理模式上人为设置的隔阂障碍，"泛在"的意义所指就是无所不在，只有实现真正意义的虚拟空间，才能真正做到"无所不在"的境界。这里还包括高校图书馆与高校图书馆之间的隔阂、高校图书馆和公共图书馆之间的隔阂等等，都是需要解决的问题。我之所以取古籍保护工作作为泛在知识环境创新的例子，是因为古籍自身的价值提高了它作为收藏品的功能和价值，对建立现代知识传播模型有较大的难度。但随着泛在知识环境的观念得以充分展开并转化为现代图书馆管理运行的普及形态以后，这些问题有可能会最终得以解决。

二、 新知识的发现——特藏与数据库建设联盟的意义

当前高校图书馆发展趋势，是从传统图书馆向未来的数字图书馆转型。在这个转型过程中，意识到泛在知识环境下要达到"图书馆的文献储备量和知识信息发布功能都大于或高于读者需要"的真正含义，并非简单做到馆藏资源数量上的"大"，在海量信息面前，图书馆对知识信息的梳理分析与挖掘发现，尤其对有价值的知识发现，对读者个性化的研究发挥引领作用，才是最需要的工作。就如传统学术著作出版必须编制好的索引一样，索引不是为一般读者准备的，而是为研究者准备的，不同的索引会引导研究者关注不同的研究方向。这就为高校图书馆在未来的数字图书馆建设中提出了更高的要求。

我对于图书馆学缺乏研究，对于未来的数字图书馆的理解也局限于字面，以前一度还以为数字图书馆仅仅是指由阅读纸质图书向使用数据库的转型，其实远非那么简单。我在学习的过程中逐渐理解，今天的数字图书馆是当前高校图书馆逐步在完善中的主要形态，而数据图书馆，才是未来的数字图书馆高效利用数据技术为读者（用户）做广泛服务的理想状态。就目前情况而言，研究者利用网络信息寻找数据资料和发现前沿学科走向，不再依靠传统纸质图书作为中介，有些理工科学者可以昂然地说，他们不走进图书馆也同样可以做研究。但这

种现象只是说明高校图书馆的物理空间使用分配确实在发生变化，相应就有了"泛在知识环境"的概念应运而生，即使你在自己的书房或者实验室里通过网络使用数据库从事研究，仍然需要图书馆进行数据资源的建设、采购、管理、制作、服务等一系列工作。这当然仅仅是图书馆服务项目的一部分，但是如何利用现代数据技术更加完善图书馆人性化、智能化，乃至泛在化地为读者（用户）服务，让读者最大可能地享受阅读使用信息资源的方便、迅速以及个性化，都是未来的数字图书馆的努力方向。所以，现时期我们就要开始重视数据图书馆的建设和研究，利用数据技术（DT）更广泛地收集、管理、共享研究数据，并促使数据库建设工作上升为高校图书馆的最重要的工作。

目前而言，数据库采购以及与国际数据库商家之间的权限冲突等存在一系列的问题，尤其是很多数据库的所有权都不在买家手中，其实隐藏了知识信息被商家垄断的危险。现在国外文科期刊纸质文献的购买和保存，已经有教育部CASHL项目通过国内七个高校中心馆协同落实，有了初步的保障。国内重要文献数据库建设，现在有遍地开花之势，极需要作进一步规范、整合与协调。但这些问题都涉及方方面面的利益，并非本文所要解决的课题，暂且不论。本文从复旦大学图书馆特色文献资源建设实际出发，谈谈高校图书馆特藏与数据库建设的联盟建立的可能性。

何谓特藏？本文不仅仅是指高校图书馆可能拥有的绝版古籍或者国宝级的藏品，还包括高校可能拥有的学科特色资料：如特色学科的精品课程、名师的课堂实录、专家的专题讲演、教师在科研过程中积累的特色文献资源、教师的个人搜集的书画珍品、藏书家的捐赠、学者专业研究的手稿资料以及私人文献（日记书信回忆录等）。所有这些林林总总的文献资料，图书馆都有责任给以高度重视，进行搜集和征求，并且尽可能地给以保存；如有重要价值的，应该及时制作数字化文档，在法律许可情况下通过网络提供给读者作无偿阅读和研究。我仅以名师讲课实录为例，每个高校可能都会拥有一批特色学科的名师专家，他们为学生讲授知识的范围是极为有限的，如果这些名师讲课实录能够被有计划有组织地安排录制，成为图书馆的特色收藏，如果几个或者更多的高校图书馆能够协同制作这样的名师课程，其产品会是非常有特色的传承学科的文献资料。名师讲课实录，属于高校可遇不可求的珍贵文献资料，不应该像现在那样，无序地被录制和被传播，一些网商总是安排人员混迹于高校讲堂，不断窃取名人讲课资源在网上赚钱，而高校教务部门和信息部门则麻木不仁，对此完全放任自流。还有一种情况是教师的个人科研中所收集的专业资料，如教师个人研究某个冷僻领域，搜集了大量的专业文献资料，但是当他个人研究课题完成以后，这些文献资料可能就无人问津。像这样一类文献资料（包括图片、录音、笔记、实物等），图书馆都应该主动加以收藏和整理，并且制作成数据库，方便同一专业领域的研究者继续使用。

　　复旦大学图书馆近几年除了陆续制作馆藏图书如古籍善本、民国丛书、地方志等特色数据库外，同时还有意推动特色捐赠品、教师个人科研成果类的数据库建设。如社会学系张乐天教授花了几十年时间从社会上搜集大量的当代中国社会生活文献资料（包括人民公社、国有企业等单位的完整历史文献，个人家庭书信的成规模的收藏，等），在今天已成为研究当代中国社会生活的重要材料。图书馆为此特地设立"当代中国社会生活资料馆"的专门机构，配备人员对这批重要文献进行整理、遴选和数字化。这项工作也引起许多国外高校图书馆尤其是其东亚馆领导人的兴趣。在国外，著名高校图书馆的东亚馆多少都有关于当代中国社会生活某些方面的专题收藏。如果世界各个东亚馆之间能够建立起当代中国社会生活资源共享联盟，把相对分散的资料通过数字资源平台建设，聚合成为可供研究的馆藏，我们将能够制作出具有研究价值的内容丰富的各类专题数据库，对于学者研究当代中国社会生活具有特别重要的意义。我们亦将能够对当代中国社会生活领域的研究产生具有实际意义的推动作用。高校图书馆的特色专题数据库建设将成为泛在知识环境下新的知识发现，特色数据库建设量逐渐增多，将会改变目前图书馆行业受制于数据库供应商控制的严重局面。这是高校图书馆的特藏与学科建设之间良性促进发展的途径之一。

数据库建设需要大量资金投入，需要学校学科建设经费的配套使用与持续性的投入，并非图书馆单独可以完成。但是，高校图书馆朝着数字图书馆转型是势在必行的发展趋向，图书馆的转型越成功，越有特色，对高校的学科建设、学科支持作用就越大。前沿文献资料的先行建设，不但有可能引导高校学科建设朝着良性方向发展，而且能够培养出一批坚实的专家团队，将建成高校赖以支撑的重点学科或者特色学科。这样一层关系，是需要高校学科建设的相关负责干部具备一定学科前瞻性和特色资源建设的高度自觉性。

三、图书馆对高校学科建设的高层参与：学科情报和评估的意义

在图书馆工作系统里，科技情报与学科评估工作是相对独立的系统；但对于高校学科建设而言，高校图书馆科技情报和学科评估工作的重要性将越来越被突出。尤其是学科情报与评估研究，可以直接影响学校领导层面对学科建设的工作思路、决策以及相应的经费分配和学科布局。泛在知识环境的重要特征就是打破了传统图书馆运行的图书与读者的单向关系，转换为知识与用户的一对新型的供求关系，以主动的知识产品去引导用户享受更加合理的知识服务。图书馆的学科情报与评估工作与高校学科建设的决策机构之间，就构成了这样一种对应性的关系。

在985高校里，综合性大学拥有数量众多的学科。其中一流学科、重点学科为数不少，结构复杂，需要投入的项目经费也相对复杂。如果要求准确掌握高校各个学科建设所需要的基本经费及其重点投入项目情况，不仅需要有全校各个学科发展情况的全部数据，还需要每个学科在国内外同类高校同类学科中的横向排名情况，以及在人力资源、经费资源、科学产出、学术成果、社会效益等多方面的数据调查，才能够做出准确、科学、符合实际状况的经费预算决策，来决定重点支持哪一类学科的优先发展，决定给以某学科中的哪一类项目重点资助。而作为学校高层科学决策依据的，就是来自学科情报的数据信息和精准

分析（评估）。这是高校学科建设工作流程中极其重要的环节。科学的高校学科建设工作流程，合理的情况下应该是：1. 图书馆提供完备准确的学科情报数据和评估分析报告；2. 学校发展规划处、财务处、科研处、人事处等相关责任部门根据图书馆提供的学科情报数据和评估分析报告来决定学科经费方案；3. 经费使用单位（院系和学科平台）根据学科经费方案与实际科研需要进行协商和调整；4. 校领导总体平衡经费分配。尤其是在当前财务结算制度改革的情况下，如果缺少了第一个环节，后面几个环节的决策就都缺少了科学依据和精准评估，很容易陷于盲目、机械、随意和脱离实际的状况，往往会造成损不足以奉有余的局面，甚至是财力上的浪费。

从目前高校学科建设的实际状况来看，学校领导层面对于学科情报数据与评估分析报告的重要性严重认识不足。目前大多数高校的学科建设经费分配流程是：1. 由经费使用单位（院系和学科平台）自己申报项目经费；2. 学校各部各处单位从自身权限出发来认定经费分配方案；3. 学校领导总体平衡经费分配。因为缺少了精准的学科情报数据和科学评估报告，经费申报单位总是希望尽可能多地获得经费，而审批部门也无法用科学依据来支撑自己的分配决策，结果往往是依靠校领导个人的权力因素介入解决一些难点。因此，很难说整个分配方案能够真正科学有效地支撑学科建设。

再回到图书馆自身的工作状况来看，学科情报与评估工作在得不到学校领导的充分认可的情况下，自身也有一个不断提高情报与评估的精准度和前沿性的问题，有待于在实践中进一步探索解决。泛在知识环境下图书馆情报工作，不仅仅是为了图书馆自身建设而提供知识发现，更重要的是着眼于整个学校的学科情报与信息。评估的是学校总体的学科布局、经费分配、教师的学术档案、科研团队的各项指标等等。要从实际出发，针对各个学科的不同特点（如文理医工各学科之间、人文学科与社会科学之间的差异等）来制定符合实际状况的学科评估标准。如果能够符合实际状况地制定出一系列的评估模型，运用于学科建设的实际工作，这对于学校学科建设进入良性循环是一个有力的基础性的推动。

图书馆的情报数据与评估模型在高校实际工作中还将产生一系列的连锁效应，具有广泛性的运用价值。如学校人事部门的师资考核和人才引进依据、教务部门的教师教学效果反馈、研究生院的硕士博士学位论文考核等，都需要有科学数据作为支撑。这也许是一场高校行政管理系统的科技革命，有待于我们在实践中摸索、积累经验，开拓出高校图书馆未来发展的新领域。

结语："三驾马车"的新使命

复旦大学图书馆建立中华古籍保护研究院、人文社会科学数据研究所以及学科情报评估中心都只有三年左右的时间，许多规划才刚刚展开，有些部门做得风生水起，有些部门还处于起步摸索的阶段，因为有了明确的目标，经过同仁的努力开拓，图书馆传统功能的外延有了明显的拓展。这三个方向，既没有离开图书馆服务精神的大方针，而且在服务对象、服务层面、服务内容和形式上都有了很大的变化。本文主要是总结这三个拓展方向与高校学科建设的关系。其实，这三个方向都具有前瞻性，在实践中都慢慢走出了图书馆四道墙的范围，与学校、与社会、与行业都发生了广泛联系。新型的知识发现和知识产品都有待于进一步与外界结合，实现真正的社会化、产业化。这样，泛在知识环境下的高校图书馆才能真正完成，而高校图书馆在自我完善中与时俱进，也能够真正做到自我更新，自我发展，从而确立新型图书馆的主体性。

2018 年 8 月 13 日于复旦大学图书馆

初刊《大学图书馆学报》2018 年第 5 期

2019年

纪　事

2019年，五四运动一百周年，本年度入选的诗和文都与这个主题相关。《巴金晚年著述中的信仰初探》一文，是在我多次演讲的《巴金晚年的理想主义》的基础上修改而成的，也是我对巴金晚年写作《随想录》《再思录》研究的最新成果。收录于此，也是我对五四新文化运动百年祭的一点体会。本年度我除了日常工作外，又增加了两件计划外的事：一件是主持喜马拉雅音频平台的文学大师课，另一件是为上海教育出版社主编《初中语文现代文选讲》，虽然是团队的集体项目，但也耗去我不少时间。

是年出版：编年体文集《未完稿》（上海：东方出版中心）、散文集《星光》的繁体字版《我的老师们》（香港城市大学出版社）。

五四运动百年祭

弱国外交须自陈，百年文运又逢春。

生当独秀人皇在，魂祭双旗北大新。

己丑戊午多起伏，跳蚤龙种一般珍。

慨然回首迢迢梦，微念不生存我真。

2019年元旦

巴金晚年著述中的信仰初探

　　巴金先生曾经是一个有信仰的人。[1]但是在他的晚年，这个"信仰"是否还在悄悄地起着作用？这个问题巴金生前没有给以准确的回应。在他晚年著述中，取而代之的是一再出现的"理想""理想主义""理想主义者"等说法，核心词是"理想"。那么，巴金早年的"信仰"与晚年的"理想"是否可以重叠？"理想"在巴金晚年构成什么样的意义？

　　要清晰地回答这个问题并不容易。巴金生前几乎拒绝回答研究者有关信仰的询问，有意识地规避了任何可能引起质疑的话题。但是，这种有意识的规避，似乎又透露出巴金并没有真的把这个在"文革"中曾给他带来过灾难的话题轻松放下，反而成为他越来越沉重的精神负担。弥漫在他晚年著述的字里行间挥之不去的精神痛苦，假如仅仅在世俗层面上以所谓的反思"文革"的教训、家破人亡的灾难、痛定思痛

1　有关巴金的信仰，可以参读巴金的回忆录《忆》《短简》，报告文学《断头台上》，以及未收录第一版《巴金全集》的理论著作《从资本主义到安那其主义》。本注释里出现的《巴金全集》，是指人民文学出版社自1986年起陆续出版的26卷本，也是第一版《巴金全集》。

　　　　　　　　　　步履匆匆：陈思和讲当代人文

的忏悔等等理由来解释，无论是出于何种目的，都无法真正还原这份精神现象的沉重性。因为巴金在他晚年著述里所努力表达的，不是社会上普遍认同的现象，而是属于他个人的"这一个"所面对的精神困扰和危机。

巴金晚年著述是一个特殊存在，是当代思想文化领域难得的一份精神自白、忏悔和呼喊的文本。作家在写作中面对种种困难，使他无法用卢梭式的坦率来表述自己内心痛苦。这里有很多障碍：首先作家是一个无神论者，他的忏悔没有明确的倾诉对象，他常常把对象内化为对自身的谴责和惩罚；[1] 其次是作家对这种越来越汹涌地浮现出来的忏悔之情或许没有足够准备，因此《随想录》文本内涵前后是有变化的[2]，前面部分主要还是回应社会上各种引起争议的文化现象，而越到后面，他的关注点越接近自己的内心，尤其在完成《随想录》以后的各种文字里，与他早年信仰有关的话题越来越多。也就是说，越接近生命的终点，巴金越想把埋藏在内心深处的话倾吐出来，这也就是他为什么一再说

---

1 关于信仰的对象，巴金有很多论述，都明确把自己的信仰与宗教信仰划清界限。如："我愿意受苦，是因为我愿意通过受苦来净化心灵，却不需要谁赐给我幸福。……我有我的主，那就是人民，那就是人类。"（《致许粤华女士》，1989年12月4日，收入《再思录》，上海远东出版社，1995年，第29页）。巴金似乎在回应他在1927年时所写的："我现在的信条是，忠实地生活，正当地奋斗，爱那需要爱的，恨那摧残爱的，我的上帝只有一个，就是人类，为了他我准备献出我的一切……"（《海行杂记·两封信》，《巴金全集》第12卷，第52页。）

2 巴金不止一次吐露过他写作《随想录》过程中的心情变化："写第一篇'随想'，我拿着笔并不觉得沉重。我在写作中不断探索，在探索中逐渐认识自己。为了认识自己才不得不解剖自己。本来想减轻痛苦，以为解剖自己是轻而易举的事，可是把笔当作手术刀一下一下地割自己的心，我却显得十分笨拙。我下不了手，因为我感到剧痛。"（《〈随想录〉合订本新记》，收入《再思录》，上海远东出版社，1995年，第123页。）

要把《随想录》当作"遗嘱"的深层含义。再次，巴金晚年经历了"文革"时期的精神危机和"文革"以后的觉醒，另一方面他又理性地意识到自己身处的文化生态使其远没有可能自由讨论自己的信仰，这是他在态度上犹犹豫豫、修辞上吞吞吐吐的主要原因。[1] 其实，巴金对信仰问题的真正想法，我们并不是很清楚，作家本人也很暧昧，或许他心里很明白，在信仰问题上他是极为孤立的，在现实社会几乎找不到真正的共鸣者，他不愿意自己的信仰再次被庸俗化，更不愿意信仰再次遭到世俗误解与亵辱。归纳种种迹象，《随想录》是一个未最后完成的文本，它并没有把巴金想说的话毫无保留地表达出来。与其说巴金在犹豫，还不如说，他是在等待和寻找。在这个类似等待戈多的漫长过程里，巴金一再祭出"讲真话"的旗帜，不仅是向人们提倡要讲真话，更可能是作家对自我信心的一种鞭策。巴金晚年著述更大的动力来自他内心倾诉的需要，希望通过向读者倾诉来化解自己心理上的沉重压力。

一、巴金晚年著述中最隐秘的激情是什么？

"巴金晚年著述"，是本文所拟的一个概念。包括巴金先生在"文

---

1 关于这一点，作者在与巴金先生的个人交往中有强烈的印象。巴金先生不愿意讨论自己的信仰问题，每次触及信仰问题，他总是说：这个问题现在讨论还太早，以后再说。在编撰《巴金全集》过程中，我多次建议收入他早期有关无政府主义的著述，他总是很犹豫，直白地说，他担心有人会借此机会攻击他宣传无政府主义。这些情况，我在有关文章里有所记录。(《我心中的巴金先生》,《星空遥远》,广东人民出版社，2018年。)

革"后的所有著述以及编辑活动，如他翻译赫尔岑的《往事与随想》，写作五卷本的《随想录》以及《再思录》《创作回忆录》，编辑《巴金全集》《巴金译文全集》等工作。其中《随想录》和《再思录》最为重要。

《随想录》是一部思想内容极为丰富的著作。它既是对刚过去不久的民族灾难的深刻反思，提醒人们不要忘记历史的惨痛教训；同时也真实记录了作家本人直接参与20世纪80年代思想解放运动中各种论争的全过程，成为一部真实保留时代信息的百科全书式的文献。此外还有更加隐秘的含义。那就是《随想录》的书写，是巴金重塑自己的人格，重新呼唤已经失落的理想的努力；写作过程也是巴金的主体不断提升和超越的过程。《随想录》要表达这层含义，远比揭开前两层意义更为艰难。巴金开始写《随想录》的时候，已经是一个七十多岁的老人，人生七十古来稀，在政治迫害中坚持创作到高龄已属不易，但是在七十多岁以后还要重新反省自己的人生道路，还要追求一种对自我的否定之否定，应该说，这是他所面对的最大挑战。

在写作《随想录》过程中，巴金还遇到另一个挑战：生命渐渐老去。他在这期间多次生病住院，越来越严重的帕金森病让他的手无法轻易捏住笔杆挥洒写字。他既不会用电脑写作，也不愿意口述录音，就这样独自一人拿着一支笔，一个字一个字地写出来。如他所说："的确我写字十分吃力，连一管圆珠笔也几乎移动（的确是移动）不了，但思想不肯停，一直等着笔动。我坐在书桌前干着急，慢慢将笔往前后移，有时纸上不出现字迹，便用力重写，这样终于写出一张一张的稿子，有时一天还写不上两百字，就感觉快到了心力衰竭的地步。"[1]

读到这里，我们不禁要问：巴金为什么要选择这样痛苦的写作生活？他晚年究竟是被怎样的一种激情所支配？

巴金晚年著述的真正动机，即便是他的同时代人也不太了解。很多人，包括巴金的亲朋好友，都发出过这样的疑问："他为什么活得这么痛苦？"[2]社会一般舆论都认为这种痛苦来自巴金对历史浩劫念念不忘，然而本文试图从另外一个角度来解释：外在磨难以及对磨难的抗衡，都不可能是巴金晚年写作最根本的动力；只有来自他内心的巨大冲动，他自己觉得有些深藏在心底里的话不得不要说出来，同时又不能让深藏在心底的话随随便便地说出来而受到误解，这才是巴金晚年的最大困境。巴金在晚年著述里反复地宣告："我有话要说。"在《随想录》最后一卷《无题集》的"后记"里，他动情地说：

……我的"随想"真是一字一字地拼凑起来的。我不是为了病中消遣才写出它们；我发表它们也并不是在装饰自己。我写因为我有话要说，我发表因为我欠债要还。十年浩劫教会一些人习惯于沉默，但十年的血债又压得平时沉默的人发出连声的呼喊。我有一肚皮的话，也有一肚皮的火，还有在油锅里反复煎了十年

---

1 《巴金全集》第16卷，人民文学出版社，1991年，第757页。

2 关于"巴金为什么活得这样痛苦"的问题，我曾当面听冰心老人这么说过。汪曾祺在读了《随想录》以后，也说："我看他的书，很痛苦，好多年没有这种感觉了，他始终是一个流血的灵魂。"（见《文艺报》，1986年9月27日）。有着共同苦难经历的老一辈作家对此都无法理解，更何况没有经历过浩劫，或者虽然经历过但感受不深的年轻人，就更难以理解。

的一身骨头。火不熄灭，话被烧成灰，在心头越积越多，我不把它们倾吐出来，清除干净，就无法不做噩梦，就不能平静地度过我晚年的最后日子，甚至可以说我永远闭不了眼睛。[1]

这段话清清楚楚地表明，写作《随想录》的真正驱动力来自作家内心，巴金的心里有许许多多难以言说的话需要倾吐。为什么说是"难以言说的话"？因为如果这些话很容易说出来，那就用不着这么吞吞吐吐，完全可以直截了当地说出来，巴金早年文风一向是爱憎分明、简洁明白，可是到了晚年反而变得含糊委婉，这一定是有其真正"难以言说"的困难所在。他把这种言说，解释成"欠债要还"，既然欠债，那么我们就要了解，他究竟欠了什么债？谁的债？又如何还债？他用"十年浩劫"来影射自己内心变化，"十年浩劫"在这里应该是泛指极左路线对作家心理产生的压迫感，他不得不保持沉默，但是当"浩劫"被推向极致，成为全民族灾难的时候，他却觉醒了，有了发出声音的勇气。这里所说的"一些人"或沉默或发声，都是作家自我的指代。再接下来他直接形容内心的挣扎，形容自己要说出真话还是不说真话的纠结，他用了一系列形象的词——话、火、灰、油锅、骨头等等，描述他内心斗争的复杂性。"话"是指作家要讲的真话，"火"则代表了理性，常言道"洞若观火"，火是一种对世道的通达、透彻的理解。人的理性来自对社会生活的认知，理性会对人要"讲真话"的欲望实行管控，指令他把要说的"话"吞咽下去，藏到肚子里不要说出来。于是

1 《巴金全集》第16卷，人民文学出版社，1991年，第757页。

"话"就成了"灰"沉积在心底里。可是作为理性的"火"继续在他的内心发酵，因为理性还有另外一面，那就是良知。良知在不断地提醒他：你必须讲真话，你必须把藏在心里的话大胆说出来。这样一种思想的自我斗争，理性和良知的斗争，对巴金来说非常之痛苦。他用"油锅"的煎熬来形容内心挣扎，而煎熬的结果，就是这部提倡讲真话的《随想录》。最后一个形容词是"骨头"，不仅指代他被煎熬的身体和内心，更隐含了"风骨"和"勇气"的意义。

那么，这一系列被艰难挑选出来的词组所形容的内心斗争过程，指向了巴金最终要表达的意思。他心中有一个最宝贵的东西，想说出来，但又不想轻易说出来。这个东西肯定不是一般的反思"文革"，也不是一般的思想文化斗争，因为这些都是思想解放运动中必须解决的问题，是当时推行改革开放路线的中共中央坚定不移的意志，如果没有这些前提，要推行经济改革路线是不可能的。巴金在《随想录》中的许多言论看似尖锐，其实是当时政治生活转轨的信号，被巴金敏锐地捕捉到了。在今天的环境下来看就是一般的常识。正因为如此，关于巴金在晚年著述中最隐秘的写作激情，我们还要从另外的维度去找，那就是他曾经失落的"理想"，这与他的一生的奋斗与信仰有关。

二、巴金无政府主义信仰的浮沉

限于篇幅，本文不打算详细讨论巴金与无政府主义信仰的全部关系，仅就几个具体的问题做一点简单说明。

现在学界已经有了定论：巴金早年是一个无政府主义者。这个结论既是对的，又不完全准确。"巴金早年是一个无政府主义者"这个定义的依据：无政府主义没有具体的政党组织，也没有约束个人的纪律，仅就他和信仰的关系而言，主要体现在思想接受和个人道德修养，并不是特指某组织系统的成员。但巴金的特殊性在于他是一位作家，在他的自述性文字里，他把自己与无政府主义的关系描写得很有戏剧性。如他对阅读克鲁泡特金的《告少年》与廖抗夫的《夜未央》后的心情描写[1]，以及1927年他收到凡宰特写给他的信以后，发生过一次自觉的"立誓献身"的行为，后来他把这个片段写进了小说《灭亡》[2]。正因为有过这样一些仪式感的描写，我们似乎可以确定巴金早年是一位无

---

[1] 巴金这样描写他阅读了《夜未央》后的心情："它给我打开了一个新的眼界。我第一次在另一个国家的青年为人民争自由谋幸福的斗争里找到了我的梦景中的英雄，找到了我的终身的事业。"很显然这个"终身的事业"，指的就是实现无政府主义的社会理想。他接着就参与了成都的几个无政府主义小团体的工作，并说："我自称为'安那其主义者'，就是从那时候开始的。"（《我的幼年》，《巴金全集》第13卷，人民文学出版社，1990年，第9、10页。）

[2] 1927年7月10日的前几天，巴金在巴黎收到凡宰特从美国监狱寄给他的回信。他这样描写自己的激动情绪："我把这封信接连读了几遍，我的感动是可以想象的。我马上写了回信去，这几天里面我兴奋得没有办法的时候，又在练习本上写了一点东西，那就是《立誓献身的一瞬间》（第十一章）了。"（《〈谈〈灭亡〉〉，《巴金全集》第20卷，人民文学出版社，1993年，第382页。这里提到的《立誓献身的一瞬间》，后来成为《灭亡》的第十一章，里面写到李冷兄妹为理想而"立誓献身"："一道光辉出现在李冷底脸上，一线希望在绝望中闪耀起来。'我们宣誓我们这一家底罪恶应该由我们来救赎。从今后我们就应该牺牲一切幸福和享乐，来为我们这一家，为我们自己向人民赎罪，来帮助人民。'……这样一瞬间在那般甘愿牺牲一切为人民谋幸福的青年，便是唯一的幸福的时候了。虽然这一瞬间就是贫困、监禁、死亡底开端，但他们却能以安静的笑容来接受。因为他们深切地明白从这时候起，他们便是做了人，而且尽了人底责任了。"（《灭亡》，《巴金全集》第4卷，人民文学出版社，1987年，第89—90页。）

政府主义者。

　　但是从中国无政府主义运动的发展史来看，巴金作为一个"无政府主义者"又是不够完整的。从他在1920年阅读《告少年》《夜未央》，参加成都的"半月""均社"等小团体，到1929年他从法国回国，大约十年（即从15岁到25岁）。晚清民国期间，中国无政府主义运动有几个影响较大的派系，如参加同盟会从事暗杀活动的师复一系，偏重于社会政治实践与个人道德修养；与法国勤工俭学运动密切相关的吴稚晖李石曾一系，偏重于走上层政治路线；有北京大学等高校背景的黄凌霜等人，偏重于无政府主义理论研究；还有一些分散在广东、湖南、汉口等工人集中区域从事工运的无政府主义者，如区声白、黄爱、庞人铨、施洋等。后三派系的无政府主义者后来在实践中逐渐被分化，其中有许多人转变为早期共产党人，牺牲了生命。然而巴金不属于这四个派系的成员，他与他的同志们从成都到上海、南京积极办刊和从事宣传等工作，都属于边缘性的自发活动，一直没有进入无政府主义运动的核心层。[1] 唯师复是他最尊敬的前辈，也是他服膺无政府主义的楷模，但是师复早逝，没有与他发生实际的联系，倒是师复一生献给理想以及严于律己的自我道德约束，后来成为巴金精神的榜样。

　　事实上我们在判断"巴金早年是一个无政府主义者"时，已经排除了巴金与无政府主义运动实际构成的关系。巴金个人的无政府主义

1　这一点，巴金与另一个留法的无政府主义者毕修勺不一样。毕修勺有勤工俭学的背景，一回来就参与了主编《革命周报》、筹建劳动大学等工作，属于吴稚晖、李石曾的派系范围。（参见吴念圣《毕修勺年谱》，《讲真话——巴金研究集刊》卷七，上海三联书店，2012年。）

经历有几个明显的特点：第一，他是通过与国际无政府主义大师的思想交流，建构起自己的理想世界。他从阅读克鲁泡特金、巴枯宁、蒲鲁东等著名无政府主义理论家的著述，阅读廖抗夫、斯捷普尼雅克、赫尔岑、妃格念尔等作家的创作与回忆录等，直接从西方接受了无政府主义的理想及其理论。第二，他是通过与国际无政府主义活动家如高德曼、柏克曼、凡宰特等人的私人通信，直接感受到他们的人格魅力，从而在精神品格上得到提升。第三，鉴于前两个特点，巴金作为无政府主义者从一开始就有相当高的精神站位，他的无政府主义理论思想基本上来自西方，他是通过与西方大师们、偶像们、先烈们的精神对话来武装自己，而不是从中国政治运动的实际状况出发来总结经验教训，提升自己的理论。因此他对于中国实际的无政府主义运动是生疏的，也是脱节脱离的。第四，即便如此，并不表明巴金不关心或拒绝无政府主义的实际运动。1928年底，已经获得成熟理论装备的巴金回到中国，他是有心在无政府主义运动实践中发挥指导作用的[1]，但在1929年，国民党政权已经建立了一党专制的社会体制，无政府主义运动风流云散，难起波澜。1930年10月，国内残存的无政府主义者聚集在杭州游

---

1 在1930年出版的《从资本主义到安那其主义》的序文中，巴金这样说："我在安那其主义的阵营中经历了十年以上的生活。运动的经验常常使我感觉得理论之不统一，行动之无组织，乃是中国安那其主义运动之致命伤。……我们安那其主义者没有教主，也不是某一个人的信徒，因为安那其主义的理想不是由某一个人创造出来的。不过在大体上我愿意做一个克鲁泡特金主义者，这就是说我信奉克鲁泡特金所阐明出来的安那其主义的原理。"（《巴金全集》第17卷，人民文学出版社1991年，第5、7页。）《从资本主义到安那其主义》是巴金学习柏克曼而写的一本阐述无政府主义理论的小册子，从序文的口气看得出，他显然是想用此来指导中国国内的无政府主义运动。

湖开会，讨论无政府主义运动的工作。[1] 但这个会的实际结果，只是策划一个宣传理论的刊物《时代前》（月刊），只办了六期。从此中国再也没有政治意义上的无政府主义运动。严酷的现实给了巴金当头一棒，他原来规划的人生道路全部改变了。

20世纪20年代末，中国的无政府主义运动发生分化。一些头面人物采取了与国民党政权合作途径，实际上已经放弃了无政府理想；一部分激进的青年无政府主义者转向了共产党领导的革命实践；更有大部分怀有无政府主义理想的人转向了民间岗位，他们办教育，办农场，组织工会，从事出版，不再空谈无政府主义，而是把无政府的社会理想转化为一种伦理情感，熔铸为具体的工作热情，成为岗位型的知识分子。巴金后来多有接触的，主要就是这样一批无政府主义者。在转型过程中巴金的生活道路也开始发生变化，他走上了文学写作的道路。

巴金具有写作天才，他的写作很快就取得了成功。他想做一个政治革命家没有做成，却无意间成为一名优秀的小说家。但是巴金以文学事业来取代理想主义的革命事业，与大多数无政府主义者——他们将理想激情转化为伦理情感与道德修养，落实在具体的岗位上，努力

1　无政府主义者、师复的妹夫郑佩刚曾经回忆："1931年夏天，有几位从各省来的同志，齐集杭州。在一个月色皎洁的夏夜，我们在西湖雇一画舫叙会，讨论加强宣传工作，出席约四十人，我记得有巴金、惠林、少陵、志伊、绍先、剑波等人。结果：产生《时代前》月报，由惠林、巴金主编。我任发行。"郑佩刚回忆会议日期有误，应该是1930年10月。（郑佩刚《无政府主义在中国的若干史实》，《无政府主义思想资料选》，北京大学出版社，1984年，第970页。）

把工作做得尽善尽美——还是不一样的。[1]后者有许多成功的事例，如福建泉州的黎明高中与平民中学，上海的立达学园与文化生活出版社，最杰出的代表是匡互生与叶非英。然而巴金的理想主义的文学创作并不如此，他的写作目标仍然是通过文学来宣传自己的理想，鼓动读者接受他的文学煽情，间接达到献身理想的目的。他对文学艺术本身的价值并没有太多考量，更没有因为自己的创作获得市场成功而沾沾自喜，反而，文学事业的成功对他构成了一种精神压力。巴金本能地意识到，他似乎离自己的理想越来越远了。在1933年给自己的精神导师爱玛·高德曼的一封信里，巴金如此痛苦地倾诉：

> E.G，我没有死，但是我违背了当初的约定，我不曾做了一件当初应允你们的事情。我一回国就给种种奇异的环境拘囚着，我没有反抗，却让一些无益的事情来消磨我的精力和生命……这五年是多么痛苦的长时间啊！我到现在还不明白我是怎样度过它们的。然而这一切终于远远地退去了，就像一场噩梦。剩下的只有十几本小说，这十几本小说不知道吸吮了我多少的血和泪……[2]

1　有关这个区别，不仅仅发生在巴金身上。一部分无政府主义者转型后企图利用民间岗位继续服务于无政府主义的革命理想事业，但大部分无政府主义者在转型后仅仅坚持把献身精神服务于民间岗位本身，像匡互生、叶非英等。梁燕丽在《梁披云评传》里写到吴克刚与梁披云围绕黎明高中的冲突，大致就属于这两类无政府主义者的矛盾。巴金在《电》里描写的无政府主义者群像，也都是属于前一类。这也是巴金虽然多次南下去考察泉州、新会等地无政府主义者的教育、农会等事业，但终究没有下决心参与其间的主要原因。

2　《〈将军〉序（给 E.G）》，《巴金全集》第10卷，第314页。我在这封信里发现一个有趣的现象，巴金在信里又一次提到了"约定""应允你们"等比较严肃的词，似乎又一次回到了"立誓献身"的原点。

这既是对自己回国以后五年写作生活的否定和忏悔，也隐含了对自己日趋平庸的未来日常生活的恐惧。当初在巴黎"立誓献身的一瞬间"似乎已经越来越遥远了。于是他在这封信里再次向高德曼起誓，许诺自己将会放下写作生活，奔赴西班牙去参加实际的革命工作。由此可见，巴金心目中的"对人类更有好处"的实际事业，就是实现无政府主义理想，而不是匡互生他们从事的教育工作或者其他民间的岗位。20世纪30年代如火如荼的写作生活，在别人看来是巴金创作的黄金时期，而对作为无政府主义者的巴金本人来说，却似乎是一场炼狱式的煎熬。二十多年前，我曾经在《人格的发展——巴金传》里这样说："巴金的魅力不是来自生命的圆满，恰恰是来自人格的分裂：他想做的事业已无法做成，不想做的事业却一步步诱得他功成名就，他的痛苦、矛盾、焦虑……这种情绪用文学语言宣泄出来以后，唤醒了因为各种缘故陷入同样感情困境的中国知识青年枯寂的心灵，这才成为青年的偶像。巴金的痛苦就是巴金的魅力，巴金的失败就是巴金的成功。"[1]即使到了晚年，巴金心间仍然被这样一种失败感苦苦缠绕得难以排遣。[2]

巴金后来并没有去西班牙参加实际革命，仍然是用出版小册子的

---

1 陈思和《人格的发展——巴金传》，台湾业强出版社，1991年，第137页。

2 20世纪90年代，我对巴金先生做过一次专访，那次他是做了准备的，他一开口就对我说："我希望搞实际事业，对人类更有好处。""我常说自己是一个充满矛盾的人。我对自己所走的道路，一直不满意。我在年轻的时候，常常想搞社会革命，希望对人类有比较大的好处。""我说过我不是个文学家，也不懂艺术，这是说真话。"我觉得巴金先生这句话是他的心里话。他本质上是一个热心于社会革命的人，他有自己的理想、政治信仰，但是这些理想的政治运动都已经失败了，他无可奈何才成为一个作家。（《巴老如是说》，《陈思和文集》第5卷《巴金的魅力》，广东人民出版社，2017年，第375、378页。）

形式向中国读者介绍西班牙革命。巴金最终摆脱理想主义的焦虑和困扰，是在1935年担任了文化生活出版社总编辑以后，他渐渐适应了新的工作岗位，这期间他接近了以鲁迅为核心的左翼文坛，顺利进入中国新文学的核心层面，认识到自己的写作与出版事业价值所在。鲁迅去世以后，新文学传统的接力棒传到了巴金等人的手里，他坚持在文学创作和出版领域工作，完成了一个无政府主义理想战士向民间岗位型知识分子的转型。但是，尽管我本人竭力提倡知识分子民间岗位的价值取向，还是应该指出，民间岗位的价值取向与一般市民阶层所持的中产阶级的生活理想之间的分界，必须是以精神理想为标志的。但是这种精神理想又很难在日常生活的琐碎细节中处处体现出来。尤其像巴金那样以明确的政治社会理想为奋斗目标的知识分子，一旦转移了工作岗位和生活激情，本来就很遥远的政治理想也就变得越来越虚无缥缈了。让人热血沸腾的理想总是与年轻人在一起的，20世纪40年代的巴金年近不惑，进入了常态的名流生活，无政府主义理想就在不知不觉中离他而去。1940年，被他称为"精神上的母亲"的爱玛·高德曼在加拿大去世，巴金没有发表任何悼念文字。

后来，巴金写了一篇散文《寻梦》，诉说他曾经有过一个"能飞的梦"，现在已经失去了，他还想把它寻找回来，可是再也找不回来了。这以后，巴金的创作风格变了，英雄主义的张扬转变为小人物失败的哀鸣，理想主义激情化作了普通人的琐碎感情。巴金在20世纪40年代后半期写的小说，都是描写失去了理想的善良人所遭遇的悲惨命运。最有代表性的是《寒夜》，他描写一对因为共同理想而自由结合的青年夫妇，后来在贫病交困中逐渐丧失了作为精神支撑的生活理想，他们变得越来越琐碎、自私、可怜，最后男主人公患肺结核去世，妻子随他人弃家出走，留下的孩子和老人也不知所终，真是一点希望都不存在了。巴金在小说的结尾处，悲伤地写道："夜，的确太冷了……"但就是这部《寒夜》以及他同时期创作的《憩园》，被认为是巴金最优秀的小说。就是说，巴金离开了理想主义激情以后，他的小说创作最终回到了小说艺术的价值本位。

三、理想主义者的沉沦

上节所讨论的是巴金与信仰的关系，这种关系是从什么时候开始发生变化的？是突变还是渐变？我得出的结论是，巴金从一个理想型的无政府主义战士（1920—1930）到一个充满失败感的作家（1930—1935）再转而成为民间岗位知识分子（1935—1949），是三个时间节点，他的转变是在日常生活环境的影响下逐渐发生的。巴金与信仰的浮沉关系非常隐秘。正如本文前面说的：巴金早年曾经是一个无政府主义者，但不是一个完整的无政府主义者。说他不够"完整"，一是指他仅仅在理论层面上接受了西方的无政府主义，但并没有与中国实际的无政府主义运动发生太多的联系（国内环境使然）；二是指巴金在20世纪40年代很快转型为一个作家，一个出版家，在民间岗位上做出了许多贡献，但是在日常生活的消磨中，巴金逐渐离开早年信仰所带来的激情，无政府主义理想就像一个失去的梦，再也寻不回来了。

步履匆匆：陈思和讲当代人文

这样我们就能理解巴金在1949年为什么顺理成章地留在大陆，并且很快就参与了新政权的建构。从巴金与当时政治环境的关系来看：第一，他对国民党政权一向采取不合作态度，与吴稚晖、李石曾等无政府主义头面人物也保持了若即若离的冷淡关系；第二，除了与一些极端的左翼作家发生过口水战外，他是坚定站在鲁迅为核心的左翼文学立场上进行文学活动的；第三，更重要的是，巴金与其他作为第三种力量出现的民主党派人士不同，他既无具体的政治主张和政治行为，也没有参与新政权分一杯羹的野心，作为一个民间岗位型的知识分子，巴金始终把自己的理想与热情局限在民间的岗位，就像张元济、张伯苓等社会贤达一样，对新政权来说非但没有威胁，反而是一种团结、统战的资源；第四，即使从无政府主义立场而言，对于经历革命而建立的新型国家政权，他有理由亲眼看一下工农联盟的新政权如何实践其理想蓝图，这也是克鲁泡特金、高德曼、柏克曼等无政府主义者对待十月革命的态度。巴金的无政府主义社会理想主要来自克鲁泡特金[1]，所以，他有较充分的理由超越具体的党派政治偏见，从建设层面上关注并有限度地参与新政权的建构。

日本学者坂井洋史著文指出：巴金在1949年7月参加全国第一次文代会的发言题目"我是来学习的"，此语出自无政府主义者柏克曼在1920年踏上十月革命以后的俄罗斯故土时，在群众欢迎大会上所说的

---

1 克氏关于无政府主义理想蓝图的代表作《面包与自由》，由巴金两次译为中文，在中国出版。

一句话。巴金翻译介绍过柏克曼的这句话。[1] 从这句话的典故里，我们似乎看到巴金的真诚与戒备：一方面他要表明，对于此刻他所面对的新政权及其建立过程中的历史洪流，他是疏离的，他是来向他们"学习"的，而不是他们其中的一个成员；另一方面，他确实在他们的实践中看到了文学的战斗性的希望。[2] 既然他提出自己作为学习者的立场，那么在他面前就存在着两种可能：一种是通过"学习"来改变自己的原来立场，让自己也成为这个集体洪流中的一个成员；另一种可能就是他的学习（自我改造）失败了，就像柏克曼一样，最终离开自己的故土。当然后一种可能，即使在巴金当时的主观愿望里，也是不愿意它发生的。

于是他就开始朝着第一种可能去努力。他在20世纪50年代初期的一段时期，一直在小心翼翼地寻找自己的政治理想与新的政权之间

1　坂井洋史《读巴金——"违背夙愿的批判者"的六十年》，（《巴金论集》，复旦大学出版社，2013年，第30—31页。）

2　巴金《我是来学习的——参加"文代大会"的一点感想》，发表在《人民日报》1949年7月20日，收《巴金全集》第14卷，第3—4页。文章很短，主要内容如下："好些年来我一直在用笔写文章，我常常叹息我的作品软弱无力，我不断地诉苦说，我要放下我的笔。现在我发现确实有不少人，他们不仅用笔，并且还用行动、用血、用生命完成他的作品。那些作品鼓舞过无数的人，唤起他们去参加革命的事业，他们教育而且还要不断地教育更多的年轻的灵魂。"这段话里包含三层意思，第一层意思是重复了他在20世纪30年代写作《灵魂的呼号》所发出的呼喊，这与他以前作为一个失败的无政府主义者的立场是一致的。第二层意思是指他在另外一支为革命理想写作的队伍中看到了他们的成功。第三层意思比较复杂，我们从很多材料上已经看到，巴金虽然信仰无政府主义，但确实有很多青年读者因为读了他的作品受到影响，直接投入共产党领导的革命事业。所以这里表层的意思是：他从另外一支文艺大军中看到了这种发挥着积极影响力的文学事业。另外一层隐含的意思是：巴金虽然不属于这支文艺大军，他的创作也同样达到了这样的实际效果。——虽然与他的创作初心存在着距离。

可能存在的契合点：如在《奥斯维辛集中营的故事》里，他找到了反法西斯的共同立场；在一系列抗美援朝的作品里，他也暗暗地沟通了以前支持韩国流亡者追求民族独立的斗争。但同时他也越来越意识到，他早期那些充满政治激情的无政府主义理论文章将会成为他的历史包袱，甚至带来麻烦。尤其在"肃反"以后，他的无政府主义的朋友中有好些人被捕入狱，如毕修勺、叶非英等；而且叶非英被戴上了连"肃反条例"里也没有罗列的罪名："无政府主义反革命分子"。虽然这些威胁暂时还没有给巴金的人生道路带来阴影，但是心理上的压力一定是存在的。[1]1949年以后，巴金在政治上获得很高的礼遇，他被安排在文艺界的领导岗位上，直接参与了很多国事活动。他顺应时代的发展，再也不提无政府主义的社会理想。在人民文学出版社出版14卷本的《巴金文集》时，巴金主动修改了自己旧作，不仅把宣传无政府主义理论的文字全部排除在外，还把他的小说里涉及无政府主义的任何痕迹也都删得干干净净，部分作品的内容也做了修改。在越来越加剧的严峻形势下，巴金不做这些修改已经不可能了。许多作家在这个时候采取了回避的态度，如老舍，就拒绝再出版自己的旧作；还有更多的作家对自己的旧作进行重写或者做重大修改，如李劼人和曹禺。平心而论，巴金与他们相比，修改旧作还不算太多，但他在自己旧作中所否定的，不是艺术技巧问题或者一般的思想问题，而是他曾经心心念念要立誓献身的信

1　据《怀念叶非英兄》里所说，巴金的无政府主义朋友叶非英、陈洪有等被打成右派劳改时，巴金并不知道，可见在20世纪50年代巴金与他以前的同志已经没有什么来往。直到1962年，巴金在广州遇到陈洪有，才知道叶非英已经在劳改中死去。但他也没有办法为死去的朋友做点什么事。

仰。为此，他还写了类似检讨的说明，表示与曾经的信仰划清界限。[1]

尽管如此，巴金的作品依然受到了一次又一次的批判，巴金为此不得不多次做了违心的检讨。一个人，对自己曾经为之立誓献身的政治理想公开否定，且不讨论这个理想本身是否正确，对于信仰者来说，内心是痛苦的，时间久了就成为一种自我折磨。这种痛苦局外人也很难体会。巴金是一个真诚的人，他对自己的内心痛苦，既能直面相对，又苦于无法准确表达，为此他一直忍受着内心煎熬。这就是他说的"油锅里反复煎了十年"的隐喻所在。[2]《随想录》和《再思录》里一再重复的忏悔话题，其实最重要的部分，是巴金一直没有能够明白说出来的他对信仰的忏悔。

四、巴金晚年著述：面对暮云，仍然不忘理想

接下来我们就可以讨论巴金的晚年著述如何完成了他对无政府主

1　这篇文章是1959年人民文学出版社出版的《巴金选集》的后记，但他的朋友曹禺和邵荃麟看了"觉得很像检讨，而且写的时候作者不是心平气和，总之他们认为不大妥当"，他们劝巴金不要发表。巴金听从了朋友们的劝告，没有作为《巴金选集》的后记发表。但还是将其中一部分关于五四时期接受无政府主义的内容作为注释加进了《巴金文集》第10卷。"文革"后，这篇文章经过修改，又作为人民文学出版社1980年版的《巴金选集》的后记发表了。这说明在1980年，巴金对于自己的无政府主义信仰的表述还是相当有顾虑的。

2　我在前面分析过，巴金这里所说的"十年浩劫"是一种隐喻，用来影射自己的内心变化。巴金对信仰的自我否定应该是在1959年出版《巴金文集》与《巴金选集》的时候，但那时他可能也是真诚希望摆脱这一政治阴影。但在"十年浩劫"中他仍然被公开批判，无政府主义是他的罪名之一。他终于发现之前所有回避信仰问题的努力都是徒劳的。他逐渐后悔自己对信仰的否定。我觉得，只有当他真正意识到关于信仰问题的自我否定是徒劳的，他才会感到痛心和煎熬。

义信仰的表述。如我前面所说，巴金在《随想录》里并没有真正说出他心里最想说的话。《随想录》里主要贯穿了三条线索。第一条线索是参与20世纪80年代思想解放运动中发生的思想文化、文学领域的各种论争，包括对于"十年浩劫"的反思和批判。从《总序》和第1篇《谈〈望乡〉》开始，到第149篇《老化》收官，是最完整的一条线索。第二条线索是反思自己在历次政治运动中的软弱表现，进行自我批判。这条线索从第29篇《纪念雪峰》开始，到最后一篇（第150篇）《怀念胡风》收官，也是比较完整地清算了自己屈服于权势、对受难者落井下石的行为，对此进行忏悔。第三条线索则是巴金对信仰问题的表述。如果说，第一、二条线索是巴金重塑自己外在形象的过程，那么第三条线索则是他重塑自己的灵魂，这是从第147篇《怀念叶非英兄》开始的，也就是说，《随想录》将近结束的时候，巴金才涉及这个难以启齿的话题。[1]

---

1 本文把《怀念叶非英兄》作为巴金晚年著述的第三条线索的开始，是就巴金重新公开面对信仰问题而言的。其实关于无政府主义信仰，在晚年巴金的著述中已经隐约地有所表达。限于篇幅，这个问题我将在另文讨论。这里举一个例子：巴金晚年特别喜欢杭州，在他完全住院治疗前，他几乎每年都去杭州疗养。巴金在《随想录》里几次写到西湖，抒发他对西湖的赞美。在这些文章里他有意无意地回忆到1930年第一次去杭州游湖开会的情景，心情是美好而温馨的。其中在《又到西湖》里他这么写："三十年代每年春天我和朋友们游西湖，住湖滨小旅馆，常常披着雨衣登山，过烟霞洞，上烟雨楼，站在窗前望湖上，烟雨迷茫，有一种说不出的美。烟霞洞旁有一块用世界语写的墓碑，清明时节我也去扫过墓，后来就找不到它了。这次我只到过烟霞洞下面的石屋洞，步履艰难，我再也无法登山。洞壁上不少佛像全给敲掉了，不用说这是'文化大革命'的成绩。石像毁了，影子还在。"这段话的意思写得很委婉，他提到的墓碑，正是中国无政府主义的先驱者刘师复葬身之处。这里不仅暗示了对师复的纪念，还表达了对理想的追怀。（《巴金全集》第16卷，第508页。）

《怀念叶非英兄》这篇文章，巴金写得异常艰难。也许这本来不在他所计划写作的题目之内。但是随着巴金在《随想录》里高举起"讲真话"的旗帜，就有读者追问：你究竟如何看待你的信仰？还有人就巴金的"忏悔"提出怎么看待叶非英的冤案。巴金迟迟疑疑地回答：

> 我只写成我打算写的文章的一部分，朋友们读到的更少。因此这三四年中常有人来信谈我的文章，他们希望我多写，多替一些人讲话，他们指的是那些默默无闻的亡友，其中就有在福建和广东办教育的人。我感谢他们提醒我还欠着那几笔应当偿还的债。只是我担心要把心里多年的积累全挖出来，我已经没有这样的精力了。那么我能够原封不动地带着块垒离开人世吗？不，我也不能。我又在拖与不拖之间徘徊了半年，甚至一年。[1]

这段话里透露出很多重要信息。一是写叶非英本不在巴金的《随想录》写作计划中，也就是说，巴金并没有打算在《随想录》里公开谈他的信仰问题。二是外界有很多朋友与读者在催促他写，希望他谈谈他与那些无政府主义朋友的关系。但是一旦巴金谈他与无政府主义朋友的关系，就势必涉及他的信仰，无法回避。三是巴金的那些无政府主义朋友都不是文学圈里的人，巴金也没有在他们受迫害的时候落井下石，因此谈不上要"偿还的债"。但是在巴金的叙述里，这份"欠着"

---

1 《怀念叶非英兄》，《巴金全集》第16卷，第706页。

的"债"分量还不轻，他已经担心自己没有精力来偿还了。这个答案只能往深里追究：巴金与这些朋友毕竟不一样。这些朋友把无政府主义理想转换为民间岗位的工作伦理，默默无闻地工作和奉献，他们没有违背无政府主义的理想和精神，而巴金却因为特殊的身份不得不公开表态，为无政府主义理想而检讨，而划清界限，因此，真正要偿还的"债"，就是清理他与无政府主义信仰的关系。四是本来巴金可以把这份自我忏悔悄悄地闷在肚子里，尽管很痛苦，但没有人知道。而现在他毅然地选择说"不，我也不能"，他不能带着一肚子的忏悔离开人世。

第三条线索在《随想录》里仅仅开了一个头，虽然《随想录》已经完工，评论界对《随想录》的解读也就定格在第一、二条线索，但巴金要说的话还是没有全部说完。他还要写作《再思录》，还要用自己的"行动"来证明自己究竟"是一个怎样的人"[1]，这也是本文要完整地提出"巴金晚年著述"这个概念的依据。只有把包括《随想录》《再思录》以及巴金编辑的《巴金全集》《巴金译文全集》等综合起来，才能把握一个伟大而丰富的心灵所达到的境界。

既然决心要谈他的信仰，巴金就开始考虑选择一个什么样的词，既不犯禁忌又能够让他的信仰被当下时代所接受。一年半以后，他在编辑《巴金全集》的第六卷时重新审读了《爱情的三部曲》以及写于1935年的《〈爱情的三部曲〉总序》和《〈爱情的三部曲〉作者的自白》，

---

1 《我要用行动来补写》,《再思录》,第34页。

这是巴金创作中与无政府主义理想最接近的作品以及作者关于信仰的最直接的自白。巴金在这一卷的《代跋》里写道：

> 有一件小事给了我以启发。多少年（四五十年吧）过去了，那些熟人中还有少数留在原地，虽然退休了，仍在做一点教育工作。去年我女儿女婿到南方出差经过那里，代我去看望了那几位老友，他们回来对我说，很少见到这样真诚、这样纯朴、这样不自私的人。真是"理想主义者"！
>
> 对，理想主义者。他们替我解答了问题。我所写的只是有理想的人……

当初巴金在《电》里描写的那些无政府主义者的原型，不一定就是现实世界里在泉州办教育的朋友，但是巴金通过他女儿的理解，把他们定位于"理想主义者"，实际上是替换了对象，把"理想主义者"这个概念与《爱情的三部曲》里所描写的无政府主义者形象叠合起来。"理想"这个词是巴金以前在文章里经常使用的，但是直到这一篇《代跋》，"理想"与"信仰"两个词被正式叠合在一起了。巴金接着就重申：

> 今天的读者大概很难了解我这些梦话了。其实当时就有人怀疑我所说的"我有信仰"是句空话。经过五十几年的风风雨雨，我也不是当初写这《三部曲》的我了，可能这是我最后一次翻看《自白》，那么让我掏出心来，做个明确的解释：

"一直到最后我并没有失去我对生活的信仰，对人民的信仰。"[1]

　　尽管对"信仰"加上了含义模糊的定语修辞，但从理论上来说，这也不违反无政府主义者的初心。重要的是巴金又一次重新举起了《爱情的三部曲》里的人物的关键词："我不怕……我有信仰。"半年后，沈从文去世，巴金在写作《怀念从文》时又一次提到了信仰。他回忆1966年"文革"初期的情景：

　　在灵魂受到熬煎的漫漫长夜里，我偶尔也想到几个老朋友，希望从友情那里得到一点安慰。可是关于他们，一点消息也没有。我想到了从文，他的温和的笑容明明在我眼前。我对他讲过的那句话"我不怕……我有信仰"像铁锤在我头上敲打，我哪里有信仰？我只有害怕。我还有脸去见他？这种想法在当时也是很古怪的，一会儿就过去了。过些日子它又在我脑子里闪亮一下，然后又熄灭了。[2]

　　这段话里透露出一个重要的信息：巴金在《随想录》里没有一句提到无政府主义信仰，但是在这里，他要告诉读者，虽然无政府主义信仰给他带来了杀身之祸，但是在受迫害的漫漫长夜里，"我不怕……我有

---

1 《〈巴金全集〉第六卷代跋》,《再思录》，第64—65页。
2 《怀念从文》,《再思录》，第25页。

信仰"仍然给了他抵御迫害的希望与力量。巴金用了"很古怪""闪亮一下"等文学笔法，表达的却是信仰的正能量。在那个时候，他的脑子里一定会闪过克鲁泡特金、妃格念尔、柏克曼、门槛上的少女等形象。

在《再思录》的短小篇幅里，巴金对于信仰的表达几乎是火山爆发式的。他连续写了对他的无政府主义朋友吴克刚和卫惠林的回忆，他直接以柏克曼的名言为题写下了《没有神》的短文，他第三次写西湖，文章里深情地写道：

> ……那么我就在这里做我的西湖之梦吧。68年过去了，好像快，又好像慢。我还不曾忘记1930年10月的一个月夜，我坐了小船到"三潭印月"，那是我第一次游西湖。我离开小船走了一圈，的确似梦非梦。[1]

这里巴金明确说到第一次游杭州西湖、参加无政府主义者聚会的具体时间（1930年到1994年，应该是64年）。他又继续写道："我今天还在怀念我的老友卫惠林伉俪，三十年代他们在俞楼住过一个时期。"那次聚会很可能是卫惠林发起的，当时他就住在杭州俞楼，邀请巴金等一帮朋友到杭州开会，顺便旅游。这也是巴金在《春》里写到的觉

---

1 《西湖之梦》，《再思录》，上海远东出版社，1995年，第46页。这篇文章是巴金给外孙女端端的一封信，两千多字，分别写在《巴金全集》第23、24卷的扉页上。时间是1994年，巴金90岁。

慧去杭州旅游的故事。巴金说他在西湖做了一个梦，似梦非梦，也就是他在1941年写的散文《寻梦》里那个已经失去的"梦"。当年让他热血沸腾的无政府主义社会理想，已经是一个遥远的梦了。但是又不完全是梦，也是确实发生过的真实事情。所以他说"似梦非梦"。

《西湖之梦》的结尾部分，巴金意味深长地讲了一个据说是从日本报上看来的故事：两个好友被迫分离，临行时相约十年后某日某时在一个地方会见。十年后，那一天到了，那个留在东京的朋友在相约的地方等了一整天，最后有个送电报的人来了，交给他一份电报，上面写道："我生病，不能来东京践约。请原谅。请写信来，告诉我你的地址，我仍是孤零零的一个人。"收报人的地址是：某年某月某时在东京某桥头徘徊的人。

作为文学家的巴金来说，这个徘徊的收报人正是他晚年的自我写照。如他自己所说：

> 第三次的西湖之梦[1]开始的时候，我已精疲力竭、劳累不堪。……我不是拄着木拐在宾馆门前徘徊，就是坐在阳台上静静地遥望白堤、苏堤的花树。第三次的梦是一种完全不同的梦，每

1　巴金在这里提出"第三次的西湖之梦"的说法值得注意。这里说的"第三次"，是指80年代后他多次在杭州休养。以此推理，第一次是30年代，第二次是50年代，那两个时间段，巴金都是多次去杭州小住、旅游和疗养。这里"次"的概念，不是指"某一次"，而是一个复数，指某个时间段里曾经多次去杭州。巴金把这些杭州之行都说成是"西湖之梦"，除了第一次与1930年的无政府主义会议有直接关系，后面的第二次、第三次，都应该是暗指他对于他心中的无政府主义的信仰和理想始终念念不忘，魂有所系。

次我都怀着告别的心情来到这里，每次我带着希望离开，但是我时时感觉到我要躺下来休息了。[1]

·

对巴金来说，西湖的梦是做不完的。

初刊《南方文坛》2020年第1期

1　同前，第47页。

2020年

纪　事

2020年，疫情猖獗，肆虐大地。中华首难，武汉为最。作《庚子吟》，为历史留一道记痕。避疫期间，依旧读书写字，陆续还清序跋文债。继续整理旧作，编辑文稿。去岁从事新媒体讲学教材《中国文学课》（四川人民出版社）和中学语文教学解读《初中语文现代文选讲》（上海教育出版社）均已出版。《作为"整本书"的〈朝花夕拾〉隐含的两个问题》正是在与中学教师进行交流讲座过程中形成的论文。2020年是我个人写作生活的转变之年，明年起将不再纠缠于琐碎文字，拒写各类序跋书评，潜心完成自己计划中的写作任务。岁月如梭，有生之年总会有一个告别昨天、重新开来的转折节点，希望即将到来的2021年，能帮助我完成这个转折。

是年出版：编年体文集《碌碌集》（复旦大学出版社）、旧体诗集《鱼焦了斋诗稿二编》（商务印书馆）。

庚子吟

幽幽魅影弄风雷，冬盛春苏逆袭催。

若有啸音通九阙，岂能庚子累三灾。

千家年节无声息，一线死生沉疫埃。

神鼠洞中安健好，于昏睡后自徘徊。

2020年2月7日

作为"整本书"的《朝花夕拾》隐含的两个问题

——关于教育成长主题和典型化

一、作为整本书[1]的《朝花夕拾》

鲁迅的创作——不包括他的学术著作——都是短篇制作，先是发表在报刊上，然后再结集出版，所以，鲁迅的单行本著作，一般称作作品集。作品集所"集"的，是单篇的中短篇作品。这些作品虽然被收录在同一本书里，但作品与作品之间是没有联系的。我们现在坊间流行的作家的中短篇小说集、散文集等等，都是这一类的作品集。鲁迅的作品集大致也是如此。但是有两类作品集例外。一类是作者对自己在某一段时间里创作的短篇作品结集，赋予了更高一层的意义。如《呐

---

1 本论文写作的缘起，是笔者在为上海教育出版社主编《初中语文现代文选讲》过程中，重读鲁迅的《朝花夕拾》。本文讨论的"整本书"概念，借用了中学语文教学的一个专门术语。根据中华人民共和国教育部制定的《普通高中语文课程标准》，"课程内容"的学习任务群第一点就是"整本书阅读和研讨"，规定这个任务群需"在必修阶段安排1学分，18课时。应完成一部长篇小说和一部学术著作的阅读。重在引导学生建构整本书的阅读经验与方法"。初、高中语文课程都设置了名著导读的书目。《朝花夕拾》被安排在中学七年级上的名著导读书目。

喊》，其收录的短篇作品，创作文体相对接近，思想内涵也彼此相近，由此产生了总体的倾向性：呐喊。"呐喊"不是作品集中某篇作品的题目，而是结合作者的创作环境和时代主题，从作品中提炼出来的精神概括，虽然不能涵盖所有作品，至少也能够体现出作品集里主要作品的倾向性。[1] 这一类作品集收录的单篇作品，既有独立的意义，又因为同一本书里其他作品的互文性，它的独立意义得到了进一步的强化[2]。另外一类作品集，虽然单篇作品有独立意义，但是作者对整本书的创作是有规划的，单篇作品结集出版后，又成为"整本书"，而不是一般意义上的作品集。如《朝花夕拾》和《故事新编》。本文着重讨论后一种例外的情况，以《朝花夕拾》为例。

《朝花夕拾》最初是以单篇连载的形式发表在《莽原》杂志上，十篇回忆性散文一气呵成。鲁迅在《旧事重提》的总题目下，每发表一篇都注明"之一""之二""之三"……显然，作者在写作前已经作了

---

1 举例：《呐喊》初版时收录历史小说《不周山》，与全书的倾向性不一致；1930年该书重版时，鲁迅把它从《呐喊》里抽出来，后来又改名《补天》，编入《故事新编》，这样《呐喊》《故事新编》作为整本书的内在主题和倾向性都更加趋于完整。关于《故事新编》作为"整本书"的内在结构，请参阅张文江《论〈故事新编〉的象数文化结构及其在鲁迅创作中的意义》，载上海《社会科学》1993年第10期。对此，郜元宝读了本文后补充说："据鲁迅自己后来说，在创作《呐喊》时就有意采集神话传说之类作成小说，与现实题材的创作齐头并进，但真正有意识地独立成书，即提出'新编的故事之一'的总题，是在完成《不周山》《奔月》之后的第三篇《眉间尺》（后改为《铸剑》）。此时即使不是要给成仿吾当头一棒，也会将《不周山》移出《呐喊》了。这样的中途改变思路的轨迹，更能说明鲁迅有意追求'整本书'效果的意思。"——特此录下，补充本文意思。

2 举例：《狂人日记》里"吃人"的意象，在《药》和《阿Q正传》里都得到呼应。也就是说，读《呐喊》整本书的"吃人"意象，要比读单篇《狂人日记》的"吃人"意象更加强烈。

通盘考虑，有计划地安排整体内容，先是一篇一篇地写出来集中在一家刊物上连载，然后再结集成书。这种写作方式，在鲁迅创作中是比较少见的。《朝花夕拾》的每一篇散文看上去很独立，有的是怀念一个人，有的是记一件事，也有的是谈一本书，但它们之间有着内在联系，都服从于整本书的完整结构。王瑶先生曾经指出："《朝花夕拾》各篇虽然也可以各自独立成文，但作为一本书却是有机的整体。在鲁迅诸多创作集中，《朝花夕拾》这一特点是不容忽视的。因此，研究《朝花夕拾》，不能只把它看作是片断的回忆录，也不能满足于只就各篇作细致的分析，还要注意把全书作为一个统一的机体来考察，了解作者写这一组文章的总的意图和心境，从总体上把握此书的意义、价值和特色，认识它在中国现代散文创作和鲁迅作品中的地位。"[1]

本文要强调的是，认识到《朝花夕拾》的"整本书"性质是一回事，如何围绕"整本书"来开展研究又是另一回事。我们区别一般意义的作品集和以作品集形式出现的"整本书"的重要标志，是后者不仅含有明确统一的主题，还有意义完整的内在结构，而且，这一点（内在结构）是书中的任何单篇作品都无法涵盖的。单篇作品的文本细读，无法代替整本书的文本细读。如果忽视了这一点，仅仅把《朝花夕拾》看作是系列回忆性散文的结集，或者是一部"随便谈谈"的回忆录，那么，虽然承认《朝花夕拾》是一本完整的书，依然看不到它所含的内在

1　王瑶《论鲁迅的〈朝花夕拾〉》，载《北京大学学报》，1984年，第1期。

完整的结构与一以贯之的主题。[1]

二、《朝花夕拾》的教育成长主题

《朝花夕拾》是写一个人由童年、少年到青年的教育成长史。关于
这一点，我们把《朝花夕拾》十篇散文作为单篇去读，则无法准确把
握；只有把它作为整本书来读，才会清楚地看到，这本书描写了一个
典型的中国人的教育成长过程。作家通过自己的童年和青少年时期接
受教育的经历，反映整个中国从传统到现代转型过程中教育的变化，
及其对一代人成长的影响。这里涉及一系列的教育观点、教育方法、
教育材料、教育场所，甚至中外教育的比较等等，把一个时代的教育
状况展示了出来。

我们不妨以此为主线，看看各篇散文是如何服务于"整本书"的
教育主题的：

第一篇《狗·猫·鼠》里明确写到主人公（"我"）年龄是10岁上
下。那是指发生隐鼠故事的年龄，顺便我们也知道了主人公从阿长那

1　在鲁迅研究领域中，《朝花夕拾》的研究相对薄弱。有学者认为其中原因之一，就是研
究者多在单篇作品解读上下功夫，缺乏整本书的研究。如王吉鹏等编著《穿越伟大灵
魂的隧道——鲁迅〈野草〉〈朝花夕拾〉研究史》，吉林人民出版社2002年版。该书分
上下两篇。上篇为《鲁迅〈野草〉研究史》，共432页；下篇《鲁迅〈朝花夕拾〉研究史》，
只有94页。篇幅悬殊。作者承认："《朝花夕拾》问世以来一直运气不佳……表现在
以后的七十多年的研究史中，一直被学术界及鲁迅研究界所忽视，视为鲁迅创作中的
'配角'。研究的论文寥若晨星，从学术意义、内容含量上来说至今还没有一部真正《朝
花夕拾》的综合研究专著。"这以后十多年里虽有若干研究成果问世，但总体上说还是
不尽人意。

里获得《山海经》的年龄（11岁）。文章还讲到主人公在桂树下听祖母讲猫与虎的故事，听完以后，由树上爬下来一只猫而联想到如果爬下的是一只虎……于是感到害怕，要进屋去睡觉。这个场景应该是主人公更幼小的年纪才会发生，比较合理的推断，大约是发生在7岁开蒙以前。这个猫与虎的故事、与老鼠婆亲的传说，以及长妈妈讲述美女蛇的故事（《从百草园到三味书屋》），都应该是学龄前受的教育，是一个富家孩子最初接受的民间传说。荒诞不经的民间故事让孩子感到有趣，就记住了，这与开蒙后死记硬背帝王将相的《鉴略》（《五猖会》）形成对照。

这篇散文主要叙述了隐鼠得而复失的故事。主人公（"我"）从蛇的威胁下救出一只隐鼠，隐鼠便成为主人公的玩伴。不久隐鼠消失，长妈妈说是被猫吃了，于是他以此解释何以如此憎恨猫。但他很快就自我消解了对猫的仇恨，因为在无意中听到隐鼠并非死于猫，倒是被长妈妈不小心踩死的。这个细节让我联想到另一位现代作家巴金的童年记忆。巴金的回忆录里也写过一次痛苦的童年经验，便是杀鸡事件[1]。孩子弱小无助，本能地亲近小动物，孩子与小动物的生命信息容易相通。小动物的无辜被害，成年人觉得无足轻重，孩子却刻骨铭心，产生了对成人世界的恐惧。

---

1 巴金幼年时家里养了很多鸡，相传有一只鸡是他特别心爱的，有一天他听说厨师要杀这只鸡，就大哭大闹，所有家长都不理解，连他的慈爱的妈妈也不理解。到了吃饭时候，他发现心爱的鸡已经成为餐桌上的菜看了。这件事巴金写进自传里。他对人生的一些认识是从那次杀鸡事件开始的。参阅巴金《忆》，《巴金全集》第12卷，人民文学出版社，1989年，353页。

第二篇《阿长与〈山海经〉》。长妈妈送主人公《山海经》的时间，发生在隐鼠故事的第二年（过了一个新年），就是11岁上下。在现代文学作品里，写地主少爷与奶妈保姆之间的情谊，是一个常见主题。这篇散文里，作者描写长妈妈的笔触极其生动，充满感情，但重点在描绘自己获得《山海经》绘图本的喜悦。鲁迅喜欢画画。读《山海经》之前，已经看了好几种描绘动物和植物的图本。他说他"那时最爱看的是《花镜》"[1]，还有一本是陆玑的《毛诗草木鸟兽虫鱼疏》，当然不止这两种图书。据周作人回忆，向他提供图书的远房叔祖周玉田，似乎担任过鲁迅的塾师[2]，很可能教他读《鉴略》的，就是这位玉田先生。那么推算起来，作者读到《花镜》等绘图本读物是在7岁到10岁之间。作者对周玉田的描绘特别温馨，扫兴的事情一概不提[3]。因为是周玉田提供了《山海经》的信息，才惹得作者牵肠挂肚、朝思暮想，这本书对作者以后的写作产生过重要影响。作者的百草园生活应该也是在这一年龄段发生的。如果我们依次来看儿童时期鲁迅接受教育的经历，除了

1　本文所引的《朝花夕拾》的版本，均依据《鲁迅全集》第2卷，人民文学出版社，2005年，第235—350页。以后引文中凡没有特别指出的，都是这个版本的《鲁迅全集》。特此说明。

2　周作人回忆："鲁迅的'开蒙'的先生是谁，有点记不清了，可能是叔祖辈的玉田或是花塍吧。虽然我记得大约七八岁的时候同了鲁迅在花塍那里读过书，但是初次上学所谓开蒙的先生照例非秀才不可，那末乃仪式上或者是玉田担任，后来乃改从花塍读书的吧。"《鲁迅的青年时代》，止庵校订本，河北教育出版社2002年，第7页。

3　周作人回忆："在丁酉年中吧，本宅中的族人会议什么问题，长辈硬叫鲁迅署名，他说先要问过祖父才行，就疾言厉色地加以逼迫。这长辈就是那位老人。那时我在杭州不知道这事，后来看他的日记，很有愤怒的话。"（参见《鲁迅的故家》，止庵校订本，河北教育出版社，2002年，第101页。）"那位老人"就是周玉田。鲁迅对故家族人的世态炎凉很敏感，但《朝花夕拾》里对周玉田却是温情的描写。

私塾读《鉴略》《孟子》等正规读物外，鲁迅的兴趣完全是在自然生活状态下的博物，然后是对动物、植物绘图的临摹，再进入民间传说和上古神话的学习。这是鲁迅认可的一条接受知识的途径，也揭示了晚清社会的官宦人家子弟，在接受正规的封建教育之前如何通过自然生活来获得知识，增长才能。

作者喜欢描画自然界的动植物，或者稀奇古怪的神话人物，不喜欢的是讲教训、讲礼教的故事。第三篇所论的《二十四孝图》，是和《山海经》相对立的读物。《山海经》是主人公向往至极的一本绘图本，《二十四孝图》则是他厌恶的一本绘图本，因为后者讲述的是封建孝道。他对《二十四孝图》反人性的幼儿教育，如老莱娱亲和郭巨埋儿之类的故事，进行了批判。他获赠《二十四孝图》时间最早，说是他"所收得的最先的画图本子"，时间肯定早于"最初得到、最为心爱的宝书"《山海经》。文章里写道："我请人讲完了二十四个故事之后，才知道'孝'有如此之难。"说明那时的作者还不能阅读，应该是开蒙之前。这之前他已经在家里看过一些宣传迷信的图书，其中就有描绘地狱里的无常、牛头马面的鬼魅图像的《玉历钞传》。作者对民间流传的迷信故事不讨厌，倒是对充满儒家说教的幼儿教育本能地反感。他描写自己不理解也不喜欢"二十四孝"故事时，不是从成年人的立场作理论批判，而是直接诉诸儿童的厌恶和恐惧心理。连《文昌帝君阴骘文图说》《玉历钞传》等宣传迷信的图书，因为前面有木刻图画，竟也成了学龄前的低幼读物。作者对民间传说里妖魔鬼怪的兴趣，远胜于道貌岸然的伦理说教。他回忆儿时与同学在私塾里苦读《三字经》昏昏欲睡之时,只能靠反复观摩印在教材上的文昌神像来提神。尽管画得像个恶鬼,孩子们仍然喜欢,"他们的眼睛里还闪出苏醒和欢喜的光辉来"。当然不是文昌帝君给孩子们带来希望,而是恶鬼样的奇形怪状唤起了孩子的"幼稚的爱美的天性"。以地狱和恶鬼形象来抵抗传统教育的孔夫子,这与鲁迅后来提出著名论断"伪士当去,迷信可存"如出一辙,其特点就是不断唤醒人的自然天性和反抗本能,反对扼杀和戕害自然人性,反对把青少年继续培养成专制体制下的唯唯诺诺的精神奴隶。

第四篇《五猖会》。从上一篇民间迷信读物里的鬼神故事,进一步延伸到民间社会的迎神活动。五猖会供奉的是五种瘟神,本来是邪恶的鬼神,但是在现实生活中,这些神慢慢就变成老百姓喜欢的神道了,每年要举行迎神赛会,祛邪避灾。作者幼年时对这一民间风俗极其向往。但正当他兴高采烈地准备和家人一起坐船去看五猖会的时候,父亲突然出现,强令他背书。背什么书?他开蒙时读的《鉴略》,等到把书背出来了,游兴完全被破坏,接着一路上的风景和五猖会的热闹,"对于我似乎都没有什么大意思"了。于是作者痛苦地说:"我至今一想起,还诧异我的父亲何以要在那时候叫我来背书。"那一年,作者记下:7岁(1887年),他开蒙读书的年龄。这里涉及两种不同的教育方法,是亲身投入民间世界去感受新鲜活泼的文化生活,还是毫无血肉情感地关在书斋里死记硬背——其结果是扼杀了活泼泼的生命感受。这一鲜明对比,在第六篇《从百草园到三味书屋》又循环出现了一次。

《五猖会》写的是民间的迎神活动,紧接着《无常》写一个民间戏曲舞台上的鬼[1]。无常是地狱里拿了阎王令牌勾拿人魂的鬼差。原来被安置在庙里的"阎王殿""阴司间",专勾人魂,应该是阴森可怕的。但民间迎神赛会把它变成百姓观看的神道,就平民化了,与五猖瘟神的意思差不多。转而又被移植到乡间戏台上,成为民间戏曲里的丑角,还有点受委屈、通人情的表示,插科打诨,逐渐与普通人拉近了距离。作者可能是取他向恶人复仇的含义。在《朝花夕拾》后记里他发挥了儿时的绘画天才,栩栩如生地描绘了无常勇往直前的形象。从民间读物到民间活动再到民间戏曲,作者揭示了第二条接受知识的途径:民间文化的熏陶。以朴素、正义、温情的民间文化元素,与阴阳贯通、人鬼混杂、凶吉辩证等民间美学,来抗衡僵硬有害的封建传统文化教育与死记硬背的传统教育方法。从中我们也可以了解鲁迅之前创作小说《孔乙己》《白光》的初衷。

从作者教育成长经历来看,7岁开蒙是一个时间节点,12岁进入三味书屋接受教育更是一个时间节点。开蒙家塾的教育不正规,微不足道。作者这一阶段的心智成长主要依靠自然生活和民间文化的教育熏陶,百草园(包括百草园里的传说故事)是这一阶段的精神成长的象征。作者把他进入三味书屋拜师受业,看作是对百草园精神圣殿的正式告别,"Ade,我的蟋蟀们! Ade,我的覆盆子们和木莲们! ……"如

---

1 无常,阴司里勾人魂灵的鬼。鲁迅查阅《玉历钞传》,无常鬼分"活无常"和"死有分"两种。但上海旧时代的寺庙里,无常分黑白两个,上海方言俗称"白和尚""黑和尚",除了衣着颜色分黑白外,其他装束都相同,白和尚帽子上写着"天下太平";黑和尚帽子上写着"一见生财",两者都是可怕的鬼魅,没有鲁迅描绘的那么可爱。所以,我认为鲁迅讲的无常,应该是指目连戏里的丑角。

此郑重其事地过渡到人生教育的第二个阶段：正规的传统教育。第六篇《从百草园到三味书屋》很重要，因为主人公完成了儿童到少年的过渡，他当年12岁。紧接着第二年他13岁，家里就出了祖父下狱的灾难性事件，从此家道中落。第三年他14岁，父亲病重，他不得不担当起长子的责任，延医买药，出入当铺药房之间。再过两年，他16岁，父亲去世，主人公在忧患中成为青年人了。所以，这篇散文写的是主人公的人生的转折点。前五篇半散文所描写的"我"，是一个无忧无虑的富家少爷，他在自然生活与民间文化熏陶下一步一步健康活泼地成长。然而这一篇的后半部分，作者写到自己拜寿镜吾老先生为师，正式接受儒学教育，读《论语》《周易》《尚书》等经学著作。(《孟子》似乎早些年已经读过[1])。但在这里，鲁迅采用了漫画的笔法，描写了他的老师寿镜吾先生的教学活动。据说寿先生是一位博学方正的老师[2]，作者的国学基础由此夯实。但是作者只是一笔带过这些教学活动，把更多笔墨用来描写自己身在课堂里读四书五经，心思却在学堂后园里捉了苍蝇喂蚂蚁，继续着百草园里的游戏。作者回忆道：

1　关于鲁迅早年读书与购书的情况，周作人《鲁迅的青年时代》有专节"避难""买新书""影写画谱""三味书屋"等，都有记录，可供参阅。

2　关于寿镜吾先生，因为是鲁迅的塾师，研究者多是强调了他的博学方正的一面，但是鲁迅在《朝花夕拾》里分明是用讽刺笔墨勾勒的，表明了鲁迅对这位塾师的态度，完全不同于藤野先生。据当年与鲁迅同时在三味书屋读书的章翔耀回忆："那时候，《水浒》《三国》、《西厢》、《列国志》、《春秋》、《聊斋志异》等都是木版的。看这些书也要等寿先生走开之后，若被寿先生看见的话，就要问：'你看这些书做啥?'要拿来撕破的。"（张能耿《三味书屋师生谈鲁迅》，收《鲁迅亲友寻访录》，党建读物出版社，2005年，第190页。）可见，鲁迅对这样的所谓正规教育是不满的，所以他一直强调在课堂里描画小说的人物绣像。鲁迅对传统教育的批判，与寿先生个人品行的优劣无关。

先生读书入神的时候，于我们是很相宜的。有几个便用纸糊的盔甲套在指甲上做戏。我是画画儿，用一种叫作"荆川纸"的，蒙在小说的绣像上一个个描下来，像习字时候的影写一样。读的书多起来，画的画也多起来；书没有读成，画的成绩却不少了，最成片段的是《荡寇志》和《西游记》的绣像，都有一大本。[1]

据周作人的回忆，鲁迅在这一年去外祖家皇甫庄避难时初获《荡寇志》，开始学习勾描人物绣像。现在鲁迅把这段故事搬到课堂里。鲁迅学习画画，先是描花鸟虫鱼，转而描《山海经》动物精灵，再进而描画绣像人物。老师在上面讲四书五经，他在下面看通俗小说《荡寇志》《西游记》，把两本小说的绣像人物描成两大本。我们可以看到两种教育：一种是从上而下灌输儒家经典，另一种是民间通俗小说在自发流行。在这两种教育的交织当中，主人公慢慢长大了。

鲁迅童年时期家里发生的最大变故，是祖父科场作弊案。但这个事件鲁迅在《旧事重提》里闭口不提，倒是仔细写了父亲的病和死。考究起来，祖父案情与作者个人教育成长的关系不大，父亲的病和死却是他长大成人的标志性事件。前者带来的世态炎凉，在后者过程中变本加厉，更有切肤之感。第七篇《父亲的病》里的父亲，已经是第二次登场了。第一次《五猖会》里父亲以维护传统教育的权威形象出现，败了孩子游兴。而在这一篇里，父亲的权威形象垮塌了，《父亲的

1　鲁迅《从百草园到三味书屋》，《鲁迅全集》第2卷，第291页。

病》不仅呼应了《五猖会》，也呼应了《〈二十四孝图〉》。研究者一般多注意这篇散文对中医批判，其实仍然是围绕孝道教育展开的两种不同的教育理念。《〈二十四孝图〉》以及《后记》里作者竭力批判反人性的封建孝道教育，《父亲的病》却塑造了一个真正孝子的自我形象，主人公四处延请名医，搜集偏方，无怨无悔地为父亲治病。这一切都不是"二十四孝"教育出来的，而是发自天性的自然行为，所以作者要强调："我很爱我的父亲。"他故意用"爱父亲"来代替"孝父亲"，以示与传统的孝道划清界限。正因为出自内心地爱父亲，当他看到父亲弥留之际的痛苦喘气，自己又无力回天的时候，忍不住地说："我有时竟至于电光一闪似的想道：'还是快一点喘完了罢……'"这种近于罪恶的念头，即使是"一闪"念，在封建传统道德里也属于大逆不道。然而作者坦然说了出来，而且坦然地自我辩护："这思想实在是正当的，……便是现在，也还是这样想。"

人文教育与知识教育的根本区别，就在于人文教育的本质，是要把人之所以为人的本性唤醒，使人变得更加美好和完善，其方法是启发而不是灌输，这与从外部灌输儒家信条束缚人性、扼杀人性的孝道教育，是南辕北辙的两种教育理念。那时候的鲁迅还没有去留学，也根本不知道西学。直到后来他学了西医，才听老师讲授医生的职业道德："可医的应该给他医治，不可医的应该给他死得没有痛苦。"他才发现他的发自内心的爱的诉求，原来与西学是相通的。以人文的标准来对比中西医学和教育，鲁迅选择了西医和西学教育。于是，在鲁迅以往重视并实践的自然、民间两条学习途径外，又浮现出第三条求知

步履匆匆：陈思和讲当代人文

途径：新学。向西方学习。这也是中国现代化道路上的大势所趋。

第八篇《琐记》，也是《朝花夕拾》里最重要的一篇，这篇所写的时间跨度大。综合地描述作者在父亲去世后，家道贫穷，不得不离开绍兴，到南京，连续读了两个学校，一个是江南水师学堂，后转学到矿路学堂。尽管作者对这两个新式学校的教育现状并不满意，抱怨居多，但晚清社会正是在这种退一步进两步的徘徊摇摆中，慢慢地走向现代化的教育。作者详细罗列了学校的课程，在今天看来不失为一种珍贵的教育资料。江南水师学堂，一个星期四天读英文，一天读国学，国学读的是《左传》。矿路学堂，用现在的标准看就是一个工程技术学校，这个学校把英文课改为德文课，仍然要读国学，但更重要的是格致（物理）、地学（地质学）、金石学（矿物学），这就涉及自然科学，鲁迅觉得焕然一新。他特别强调说："此外还有所谓格致，地学，金石学……都非常新鲜。但是还得声明：后两项，就是现在之所谓地质学和矿物学，并非讲舆地和钟鼎碑版的。"《朝花夕拾》的文体多是讥刺反讽，然而这段文字里我们看到的却是自豪。他强调新学与传统教育科目不同，学科内容也不同，地质学学习的是地理科学，不是看风水；金石学研究的是地下的自然矿物，不是研究古董。作者斩钉截铁地把两种教育的距离拉开了，这里没有"古已有之"的陈旧元素。就在这个新学的学习过程中，最重要的是他接受了西方的人文科学思想。于是就有了下面一段神采飞扬的回忆：

　　　　看新书的风气便流行起来，我也知道了中国有一部书叫《天演论》。星期日跑到城南去买了来，白纸石印的一厚本，价五百文正。翻开一看，是写得很好的字，开首便道："赫胥黎独处一室之中，在英伦之南，背山而面野，槛外诸境，历历如在机下。乃悬想二千年前，当罗马大将恺彻未到时，此间有何景物？计惟有天造草昧……"哦！原来世界上竟还有一个赫胥黎坐在书房里那么想，而且想得那么新鲜？一口气读下去，"物竞""天择"也出来了，苏格拉第，柏拉图也出来了，斯多噶也出来了。……[1]

在这个时候，作者终于从四书五经的教育体系走出来了，终于走到了和世界同步的前沿上，他开始放眼世界，认识世界了。1902年，也就是三年后，作者决定去日本留学，也就是今天所说的保送出国。《朝花夕拾》最后两篇，《藤野先生》里鲁迅就讲他在日本接触了西学，他真正认识了世界。最后一篇《范爱农》，他是写在异国的留学过程中开始走上了革命的道路，从科学救国走向民主诉求，这是向西方学习真理的必然道路，然后通过范爱农的故事，又回到了民国初年的中国。虽然两千年封建帝制被推翻了，但中国还是没有发生根本变化，封建专制的幽灵继续在中国大地上徘徊……

我们把《朝花夕拾》当作整本书，而不是当作零散的单篇散文的汇编来读，我们大致可以看到这本书里贯穿始终的叙事结构：一个人

1　鲁迅《琐记》，《鲁迅全集》第2卷，第306页。

的教育成长史。教育是叙事核心，成长是叙事节奏，主人公从学龄前到出国留学的完整的接受教育经历，其中包括三个阶段：

第一个阶段是自然状态的学习。他的学习对象是自然界的各种动物和植物生态；学习方式是临摹绘画、想象、游戏。学习教材是百草园，是《山海经》。批判的对象是自然界的强食弱肉（隐鼠的故事），是《二十四孝图》里反人性的封建孝道教育。

第二个阶段是民间文化的学习。他学习的内容是民间的迎神赛会、民间戏曲、民间传说故事，以及通俗文艺（小说）。学习教材就是民间流行的五猖会、目连戏、《荡寇志》、《西游记》等。批判的对象是传统教育、开蒙读物、中医以及市民文化等等。

第三个阶段是作者走出故乡以后。他接受的是新学，学习内容有外语、理工科学、《天演论》、新的人文社会科学思想，学习途径是留学，出国后继续学习西医，从事文艺、革命等活动。批判的对象是旧教育制度，清王朝封建专制制度和换汤不换药的民国社会。

三、《朝花夕拾》的典型化与细节虚构

鲁迅在《朝花夕拾·小引》里说：

这十篇就是从记忆中抄出来的，与实际容或有些不同，然而我现在只记得是这样。文体大概很杂乱，因为是或作或辍，经了九个月之多。环境也不一：前两篇写于北京寓所的东壁下；中三

篇是流离中所作，地方是医院和木匠房；后五篇却在厦门大学的图书馆的楼上，已经是被学者们挤出集团之后了。[1]

这段话是鲁迅在完成十篇《旧事重提》，并且把它们编辑成书的时候所写，写作时间是1927年5月1日，与第一篇《旧事重提》的写作相距一年两个月又七天；与最后一篇的写作时间仅相距五个月又十二天，应该说，时间都不太久。这段话的前半部分，鲁迅讲了两层意思：第一层意思，《朝花夕拾》所写的内容，都是"从记忆中抄出来的"，也许与实际情况不一样，但他"记得是这样"。这里似乎有很多潜台词：作者写出来的，仅仅是作者记忆中的"真实"，不一定就是现实中的真实。正如弗洛伊德所说的，记忆对于提供给人的印象是有选择性的。人的记忆不可能完全复制现实真实，确实存在"遮蔽性记忆"[2]。鲁迅早年留学时期学过弗洛伊德的精神分析理论，他承认自己的记忆可能不真实，只是主观认为是真实的。这个说法，堵住了以后许多人（包括周作人）对《朝花夕拾》细节不真实的挑剔。但是我对这个说法还有第二层意思的理解：既然鲁迅意识到他的记忆可能存在着不真实，那么这些不真实究竟来自作者无意识的记忆错误，还是有意识的虚构？这涉及《朝花夕拾》整本书的性质，如果是前者，那么《朝花夕拾》就是一部有记忆错误的自传；如果是后者，《朝花夕拾》就是一部自传体的

---

1 鲁迅《朝花夕拾·小引》，《鲁迅全集》第2卷，第238页。
2 参见《日常生活心理病理学》第四章，载《弗洛伊德文集》第一卷《癔症研究》，长春出版社，2004年，第196—200页。

文学创作。

　　关于这个问题，学术界一直没有能深入地讨论。学界主流的意见，都维护《朝花夕拾》作为文献资料的可靠性和真实性，即使有错，也只是鲁迅记忆偶然发生的错误。这种观点在我看来是值得商榷的。我们把《朝花夕拾》里的细节虚构一概说成是鲁迅记忆错误，这样的错误发现多了，也同样会影响我们对鲁迅记忆的信任。现成的例子就在上引鲁迅这段话的后半部分。鲁迅详细交代了十篇散文的写作地点：前两篇写于北京寓所的东壁下；第三篇到第五篇是在流离中所作，地方是医院和木匠房；后五篇是在厦门大学图书馆的楼上写成的。这第三篇到第五篇的写作时间，分别是1926年5月10日、5月25日、6月23日，离写作《小引》不过一年左右，才46岁的鲁迅应该不会忘记具体的写作场景。我们根据鲁迅日记的记载，鲁迅说的"流离"，先后包括鲁迅三次外出避难：第一次是1926年3月18日惨案发生后，段祺瑞政府拟通缉鲁迅在内的文教界人士，鲁迅于3月29日赴日本山本医院避难；第二次是张作霖奉系军队进入北京，鲁迅先去山本医院，后又转入德国医院避难，到4月23日才回家，这期间可能住过医院的"木匠房"；再接着是4月26日，因邵飘萍被杀害事件，鲁迅第三次往法国医院避居，到5月2日回家。三次避难，鲁迅日记里记得清清楚楚，鲁迅晚上虽在各家医院避难，白天照样外出、演讲、写作、应酬等，但《朝花夕拾》第三篇到第五篇散文确实是在结束流离生活以后才写的。试想，如果仅仅一年前的写作地点都会记错，那鲁迅的记忆还有什么信任可言？简直不可思议了。[1]

　　所以，最合理的解释，鲁迅是故意不用真实的写作地点，为的是突出那一段时光颠沛流离的氛围，使文章产生更加强烈的艺术效果。这段颠沛流离的岁月，虽然不是鲁迅写作《朝花夕拾》里三篇散文的具体时间和地点，却是写作《朝花夕拾》前半部分的社会背景，了解了这样的黑暗背景，就能深切体会鲁迅流离回来才一周时间就写出了咒文一般的《〈二十四孝图〉》。鲁迅是文章高手，小说大家，他当然知道怎样的描写能使叙事效果更加强烈，更有感染力。他写杂文语言锋利强悍，刀刀见血；他写小说几笔白描就鬼斧神工般凸显出人物的形象。同样在散文创作中，他寥寥数言，就画龙点睛地渲染了场面。关于这段背景介绍，假使作者用类似"前五篇写于北京寓所的东壁下，后五篇里，一篇写于厦门大学国学院的陈列室，另外四篇写于图书馆的楼上……"来交代写作地点，准确当然是很准确，但是文章的意蕴、战斗的氛围、艺术的感染力都消失了，仅仅是一般的陈述事实而已。

　　这就涉及一个很尖锐的问题：读鲁迅的《朝花夕拾》，究竟是把它当作文献资料，求其准确性为首位？还是把它当作散文创作，求其艺术感染力为首位？我觉得很多研究者被《朝花夕拾》的回忆录、自传

1　学术界最早对这三篇散文的写作地点提出异议的，是林辰先生，他在1944年写作、1945年修改的《鲁迅北京避难考》已经注意到这个问题，但当时鲁迅日记没有公布，仅能存疑。1979年包子衍先生写《〈朝花夕拾〉琐记》，认为这三篇散文都写于"北京寓所的东壁下"。王瑶先生在《论鲁迅的〈朝花夕拾〉》里采纳了林、包的研究结论，他解释说："《小引》记忆有误。林辰云：作者'追忆之顷，只是泛指写于那一段不安的日子而已。'"斯言者诚。林、包的文章均收入孙郁、黄乔生主编的《回望鲁迅丛书》之《鲁迅史料考证》，河北教育出版社，2001年出版。

的形式所迷惑，过于相信文本的绝对真实。王瑶先生的观点值得我们重视，他说，读《朝花夕拾》"首先必须考虑到作者是以热烈的内心，显（现）身说法地对青年读者谈自己的经历和感受的，正如鲁迅所说：'倘不热烈，也就不能这样平静的侃侃而谈了。'……不仅如此，要打动读者的心弦，尽管是如鲁迅所赞赏的'任意而谈，无所顾忌'那样，但在内容和写法上还必须适应这样的目的和要求。就内容说，回忆是根据事实的，不能虚构，但是可以选择。鲁迅所写的事件和细节就是经过精心地选择和提炼的，因此常常能够揭示事物的本质，具有很高的典型意义。"[1] 根据文学创作的常识，写作一旦经过"揭示事物的本质"而达到"具有很高的典型意义"，那么就很难做到完全的细节真实，它需要作家通过细节改造和虚构，来营造更高层面的艺术真实。我们一般书写自己的简历、小传，当然必须事事有根据，不能虚构，否则有编造历史之嫌；然而我们不会、也不应该规定以作家经验为基础的文学创作不能编造细节。鲁迅对《朝花夕拾》的自我定位是：从记忆中抄出来的，但不能保证都是真实的。这就是说，鲁迅从一开始就定位《朝花夕拾》为回忆性的创作。在《〈自选集〉自序》里，他又一次把《朝花夕拾》归为"创作"，称之为"回忆的记事"[2]。或者在自传里称为"回忆记"[3]。鲁迅晚年曾经明确表示不写自传，也不鼓励别人

1　王瑶《论鲁迅的〈朝花夕拾〉》，载《北京大学学报》1984年第1期。

2　鲁迅《〈自选集〉自序》，《鲁迅全集》第4卷，第469页。

3　鲁迅《鲁迅自传》，《鲁迅全集》第8卷，第343页。

为他写传记[1]。由此可见，直到鲁迅晚年，他仍没有把《朝花夕拾》看作是自传。鲁迅始终把自己看作是一个普通作家，平凡人群的一员，他主观上并没有要留下一部自传或信史供后人研究。所以，我们没有理由要求鲁迅的回忆性散文必须做到细节真实，更没有理由去批评鲁迅在写作中使用了文学创作的虚构手法。

周作人一直用歌德的回忆录"诗与真"的提法来影射《朝花夕拾》，把细节失实比作诗意的虚构，这虽然有点刻薄，但符合《朝花夕拾》的写作实际情况。最典型的是《父亲的病》里衍太太的出场。根据周作人的回忆，衍太太的辈分高，在鲁迅父亲弥留之际，不可能出现在这种场合，而且父亲弥留的时候，周作人是在场的[2]。鲁迅在写作时为了渲染衍太太的添乱，不仅安排她出场，还弄出一堆旧式习俗，使病人不能平静离世，让作者内心留下永远的创伤。周作人指出谬误，大致上说是符合事实的，但为了维护鲁迅回忆的真实性，周作人的意见遭到研究者的批驳。理由是鲁迅当年已经16岁，又是长子，记忆不会错；而周作人当时才12岁，很可能记错了。但事实上鲁迅在1919年发

1　鲁迅在1936年5月8日致李霁野的信中说："我是不写自传也不热心于别人给我作传的，因为一生太平凡，倘使这样的也可作传，那么，中国一下子可以有四万万部传记，真将塞破图书馆。"《鲁迅全集》第14卷，第95页。

2　《知堂回想录》写到父亲弥留的场景："时候是晚上，他躺在里房的大床上，我们兄弟三人坐在里侧旁边，四弟才四岁，已经睡熟了，所以不在一起。他看了我们一眼，问道：'老四呢？'于是母亲便将四弟叫醒，也抱了来。未几即入于弥留状态，是时照例有临终前的一套不必要的仪式，如给病人换衣服，烧了经卷把纸灰给他拿着之类，临了也叫了两声，听见他不答应，大家就哭起来了。这里所说的都是平凡的事实，一点儿都没有诗意。没有'衍太太'的登场，就减少了小说的成分。"香港：三育图书文具公司，1980年，第31页。

表的一组《自言自语》里就已经写到了"父亲的病"的相似场面，让作者在父亲临终前大声喊叫的确有其人，那是"我的老乳母"。作者充满感情地叹息："阿！我的老乳母。你并无恶意，却教我犯了大过，扰乱我父亲的死亡……"由此证明，作者在父亲弥留时大声叫喊的场景是真实的，但并非衍太太的挑唆，而是听了"老乳母"的话。照周建人晚年回忆，这个老乳母就是长妈妈。[1] 尽管周建人的回忆不一定可靠，但长妈妈的旧规矩多，在老主人临终时让小主人大声叫喊，倒是合情合理。何况鲁迅在《自言自语》里对老乳母的亲切语气，与《朝花夕拾》里对长妈妈的感情如出一辙。至于衍太太这个角色的出现，可以确证是虚构的。周作人认为，衍太太在这个场合出现，是鲁迅"无非想当她做小说里的恶人，写出她阴险的行为来罢了"[2]。

我们接着要探讨的是，为什么鲁迅要把长妈妈的角色置换成衍太太，我觉得这与《朝花夕拾》的教育成长主题有关。在两篇关于"父亲的病"的场面里，鲁迅的忏悔内容不一样。我们不妨做个比较：

我的老乳母对我说，"你的爹死了。"

阿！我现在想，大安静大沈寂的死，应该听他慢慢到来。谁

1　参见《鲁迅故家的败落》，周建人口述，周晔编写，湖南人民出版社1984年版，第118页。

2　《知堂回想录》，香港三育图书文具公司，1980年，第31页。周作人几次用"小说""诗"来影射《朝花夕拾》的虚构成分，其实，如果从《朝花夕拾》重在写一个人的教育成长经历的角度看，那与西方文学中以自传为基础的教育小说或成长小说，也没有太大的区别。

敢乱嚷，是大过失。

我何以不听我的父亲，徐徐入死，大声叫他。

阿！我的老乳母。你并无恶意，却教我犯了大过，扰乱我父亲的死亡，使他只听得叫"爹"，却没有听到有人向荒山大叫。（《自言自语》）[1]

中西的思想确乎有一点不同，听说中国的孝子们，一到将要"罪孽深重祸延父母"的时候，就买几斤人参，煎汤灌下去，希望父母多喘几天气，即使半天也好。我的一位教医学的先生教给我医生的职务道：可医的应该给他医治，不可医的应该给他死得没有痛苦。——但这医生自然是西医。（《父亲的病》）。[2]

比较一下这两段话很有意思。《自言自语》是一组《野草》式的散文诗，很有诗意。作者与老乳母的分歧似乎是对人的死亡过程的理解不一样。老乳母的说法是中国民间一般的理解：人死的时候，无常会来勾魂，这时亲人在耳边叫唤，既有送亡灵上路的意思，也有把亡灵唤回阳世的希望，鲁迅在《无常》里写到过这种情况。而作者后来不知从哪里获得另一种说法：人死后，冥界有使者来引渡亡灵，身边亲人的大声叫喊会干扰亡灵听觉，找不到天堂之路了。在这样一组对比里，老乳母承担的角色非常合理。因为这是宗教解说的不同，无所谓

1　《自言自语》,《鲁迅全集》第8卷，118—119页。
2　《父亲的病》,《鲁迅全集》第2卷，第298页。

对与错、善与恶，对作者来说，老乳母虽然犯了错误，仍然是充满善意的。然而在《朝花夕拾》里作者着重强调的是中西不同的文化、医学和教育的对比，封建孝道教育与整个封建文化是联系在一起的，尤其是当作者站在西学的立场上认为，这是一种反人性、让人活得更加痛苦的道德教育。鲁迅一提起传统文化里的"孝子"两个字，就有切齿之恨。可是他在父亲弥留间也无意中充当了一回这样的"孝子"的角色，悔之莫及。于是他在文章结尾沉痛写道："我现在还听到那时的自己的这声音，每听到时，就觉得这却是我对于父亲的最大的错处。"这样痛苦忏悔的起因，如果放在长妈妈的身上，要么就减轻了忏悔和批判旧道德的分量，要么就与整本书里长妈妈这个人物的善良形象不相协调。那么，换一个人物吧，让下一篇《琐记》里的"坏人"衍太太提前出场，就起到了一石两鸟的作用。

其实，平心而论，在中国传统文化语境下，即使在当下，亲人去世前大声叫喊也是人之常情。衍太太在这个不恰当的时候突然出场，最大的错处不过是"多事"[1]而已，谈不上罪大恶极。周作人说鲁迅把她当作小说里的"恶人"，要写出她的"阴险的行为"，至少在《父亲的病》里只是一个铺垫，更多的细节是在下一篇《琐记》里展开。由此也可确证，鲁迅对《朝花夕拾》各篇散文之间的关系，是做过整体筹划的。《琐记》里鲁迅写了一件至今还是孤证的事件：鲁迅究竟是为了什么，这么决绝地离开家乡。当然照常理推测，可以说是因为父亲死后

1　我这里说的"多事"，是指一种带有恶意的惹是生非的性格，方言里称这种人喜欢"出幺蛾子"、"出鬼点子"、喜欢"作怪"等等。

家道中落，也可以说是家族里受人倾轧和欺侮，等等。周作人说，从父亲的去世（1896年9月）到鲁迅出走（1898年闰三月），中间还有一年半的时间，这期间因为周作人被安排到杭州去陪伴祖父，所以关于这段时间家乡究竟发生了什么事他也语焉不详。至于家族里发生纠纷，他是从鲁迅早年日记（今佚）中看到有关记载，鲁迅"很有愤怒的话"，并认为鲁迅在此事上受到的刺激，不亚于皇甫庄避难时期被认为"乞食"的耻辱。但是鲁迅在回忆中抄出的《朝花夕拾》里却一字不提这个事件，反而说了当年对他"疾言厉色的加以逼迫"的长辈玉田很多温馨的好话。可见鲁迅在《朝花夕拾》里并不打算事无巨细地回忆童年经历，而是选择了与教育成长有关的经历进行加工，在他的教育经历里发生过影响的几位先生，他虽然偶有微讽，却没有肆意攻击。对于周玉田欺侮他的事件，或许时过境迁已经释怀，或许当时便不是逼迫他离开家乡的主要原因。倒是别一件事，周作人并不清楚，其他人也没有提到过，却是鲁迅自己在《琐记》里诉说的：衍太太一边唆使他窃取家里钱财，一边又在外面造谣，说他坏话，使他决心离开家乡。鲁迅写得很清楚——

> 　　大约此后不到一月，就听到一种流言，说我已经偷了家里的东西去变卖了，这实在使我觉得有如掉在冷水里。流言的来源，我是明白的，倘是现在，只要有地方发表，我总要骂出流言家的狐狸尾巴来，但那时太年青，一遇流言，便连自己也仿佛觉得真是犯了罪，怕遇见人们的眼睛，怕受到母亲的爱抚。

　　　　　　　　　　　步履匆匆：陈思和讲当代人文

好。那么，走罢！

但是，那里去呢？S 城人的脸早经看熟，如此而已，连心肝也似乎有些了然。总得寻别一类人们去，去寻为 S 城人所诟病的人们，无论其为畜生或魔鬼。

在鲁迅的笔底下，这样的表述不能不算是相当沉痛的控诉。我们从文字透露出来的情绪中可以感受到，鲁迅这回被伤害得非常厉害，以至迁怒于所有的 S 城人。他与整个 S 城人尖锐地敌对起来，甚至不惜倒向畜生或魔鬼的立场。这种情绪里隐含着刻毒的报复快意，我们不能不推测，这个流言传得相当广，让他感到在家乡无法再待下去。那个时候鲁迅不过 18 岁，刚刚成年，涉世未深，他还没有受到启蒙教育，还没有做好狂人那样的战斗准备，他诉说无门，只能落荒而逃。但这个埋藏在心底里被伤害的情结，是一定要宣泄出来的。时隔 28 年，鲁迅终于爆发，而爆发的引线竟是女师大事件牵连出来的一系列被流言家们制造的"流言"。"倘是现在，只要有地方发表，我总要骂出流言家的狐狸尾巴来。"这句插入语表明了鲁迅把现在时的战斗与过去时的受伤害连接起来了。[1]
衍太太这个人物在鲁迅个人成长史上扮演"恶人"角色的原因也就昭

1 鲁迅与陈源的论战中，陈源在《剽窃与抄袭》暗示《中国小说史略》抄袭日本盐谷温的《中国文学概论讲话》，鲁迅深受伤害。十年以后，《中国小说史略》译成日文出版，鲁迅还耿耿于怀地说："'男盗女娼'是人间大可耻事，我负了十年'剽窃'的恶名，现在总算可以卸下，并且将'谎狗'的旗子，回敬自称'正人君子'的陈源教授，倘他无法洗刷，就只好插着生活，一直带进坟墓里去了。"（《〈且介亭杂文二集〉后记》，《鲁迅全集》第 6 卷，第 465—466 页。）可见怨毒之深。究其根源，应与青少年时期受到衍太太的流言所造成的精神创伤有一定的联系。

然若揭了。

　　《朝花夕拾》里，鲁迅终于找到了用"骂出流言家的狐狸尾巴"的方式来报复衍太太的机会，他竟把衍太太的"搬弄是非"描写成腐朽道德文化的产物。除了制造流言外，她还有两件劣迹：一件就是《父亲的病》中的添乱，还有一件是发生在鲁迅幼年时受过她的猥亵教唆——衍太太向儿童出示春宫画。在封建道德范畴里，"孝"与"淫"都是与生命、繁殖、性事最为接近的伦理概念。从正向阐释，两者是一组对立的道德范畴，但从负向理解，两者也可能是一体两面的混合物（如封建道德观里"不孝有三，无后为大"为多妻制蓄妾制直接提供了理论依据）。其实，亲人临终时的叫喊与对儿童提前做性教育本身都没有什么十恶不赦的过错。鲁迅通过衍太太这个形象所要表现的，则是封建道德文化中的虚伪、繁琐和猥琐的元素，让人感受到身处脏兮兮的文化环境里，本能地产生厌恶。由此也可以看到，鲁迅始终是在正反两种教育观念和道德观念中描写人的受教与成长，既是腐朽的封建教育，也是孩子成长的文化环境。在教唆看春宫画事件里，鲁迅第一次写出了主人公（"我"）的朦胧的性意识的产生；在父亲的临终前的叫喊，又一次写出了自己在错误中认识到生命的代谢和生死的转换，以及宗教感的确立。总之，衍太太是《朝花夕拾》里的重要反派人物，鲁迅对她的安排出场都经过精心构思，这个人物身上的有些"恶"的功能，是善良浑厚的长妈妈所无法取代的。

　　还有就是《藤野先生》。这也是一篇名篇，鲁迅本人非常重视，出版日文版《鲁迅选集》时，鲁迅特意致信译者，希望他能把《藤野先生》选录进去。[1]这说明鲁迅对这位日本老师怀有极大的尊重，也希望在日本的朋友和读者能够读到这篇文章。但是现在经过日本学界的深入研究，发现这篇散文中许多细节描写与事实不相符合，以至于日本学者提出了《藤野先生》究竟是不是"创作小说"的疑问。[2]依我的看法，尽管《朝花夕拾》是回忆性散文的连缀，但首先是文学创作，作者的细节描写都是服从于总体艺术需要，要求书写的细节比现实生活的真实情况更加强烈和具有感染力，所以，鲁迅写他所爱的人物，像长妈妈、藤野先生等等，竭尽全力去歌颂和赞美，有些部分达到了抒情与叙事的高度结合，就像他在小说里塑造的狂人、祥林嫂、阿Q、闰土、孔乙己等形象一样，成为现代文学人物长廊里让人难以忘怀的艺术典型。我们考察《朝花夕拾》的细节真实，首先要考察它是否达到了更高形态的艺术真实，而没有必要纠结于是不是生活中的事实。

我们不妨选《藤野先生》文本中几个有争议的细节来做分析：

第一是关于"日暮里"车站："从东京出发，不久便到一处驿站，写道：日暮里。不知怎地，我到现在还记得这名目。"现据日本学者考证，日暮里车站建于1905年，鲁迅是在1904年9月从东京到仙台去读书，当时还没有日暮里车站（当然不排除1905年以后鲁迅在东京和仙

1　原信为日语，《鲁迅全集》译成中文为"《某氏集》请全权处理。我看要放进去的，一篇也没有了。只有《藤野先生》一文，请译出补进去"。（《致增田涉》。《鲁迅全集》第14卷，人民文学出版社，第328页。）

2　大村泉：《鲁迅的〈藤野先生〉是"回忆性散文"还是小说？》，《鲁迅：跨文化对话——纪念鲁迅逝世七十周年国际学术讨论会论文集》，大象出版社2006年版，第288页。

台之间来回时对这个站名留有印象）[1]。我感兴趣的是作者为什么特意要加上这么一句："不知怎地，我到现在还记得这名目。"我觉得这句话是作者下意识添加的，显然他写到"日暮里"三个字的时候并没有把握记忆是真实的，就追加了这么一句来强化当时的氛围，营造一种真实感，让人们相信这印象是真实的。因为"日暮里"三个汉字很符合作者在日本留学时的种种灰暗心情，文本里就会产生比其他车站名称更强烈的艺术力量。

第二是关于施霖的缺席："仙台是一个市镇，并不大；冬天冷得厉害；还没有中国的学生。"现据日本学者发现，当时与鲁迅一起来仙台的还有一个中国留学生，名叫施霖，也是浙江人，他上了第二高中大学预科二部，一度与鲁迅住在同一个宿舍。据说当地报纸就仙台最初到来的两个中国留学生做过详细报道[2]。鲁迅在散文里只字未提施霖，给人的感觉他就是唯一的中国留学生。我以为这就是典型化艺术的最好例证。鲁迅写不写施霖都不涉及这篇散文内容的真实性。然而现在这样处理确实使文本现场显得干净利索，突出了作者初到仙台的孤独氛围以及"物以希为贵"的一系列新奇的经历。

第三是藤野先生的出场。强调了"物以希为贵"以后，鲁迅就写他初到仙台时受到了学校的特别照顾："我到仙台也颇受了这样的优待，不但学校不收学费，几个职员还为我的食宿操心。我先是住在监

1　转引自陈漱渝《〈藤野先生〉中的"史"与"诗"》，载《人民政协报》2014年3月24日。

2　渡边襄《鲁迅与仙台》，解泽春译，载《鲁迅与仙台——鲁迅留学日本东北大学一百周年》，中国大百科全书出版社，2005年，第48页。

步履匆匆：陈思和讲当代人文

狱旁边的一个客店里的……饭食也不坏。但一位先生却以为这客店也包办囚人的饭食，我住在那里不相宜，几次三番，几次三番地说。我虽然觉得客店兼办囚人的饭食和我不相干，然而好意难却，也只得别寻相宜的住处了。于是搬到别一家，离监狱也很远，可惜每天总要喝难以下咽的芋梗汤。"这"一位先生"在鲁迅的描写下显得过度热心，帮了倒忙，鲁迅没有点名，他就是恩师藤野严九郎[1]。那么，鲁迅为什么不把这个细节当作藤野先生的出场描写，而轻轻一笔带过，仿佛与藤野先生无关似的？

这里涉及《朝花夕拾》各篇互见的典型化创作手法。在上一篇《琐记》里主人公是受到衍太太流言的伤害，几乎是带着仇恨离开S城的。作者写道，他对于S城人的面孔心肝全看透了，宁可堕落兽道或者魔道，也不愿意与S城人为伍。主人公这种决绝的态度是他与旧世界彻底决裂、转而接受"新学"的起点，要求彻底更新"人"的品质，建立"新人"的教育机制。他带着这样决绝的态度从绍兴到南京、东京，转而又去仙台，这样前后六年时间。这过程中他同时遭遇了两种力量的交锋：一种是下降堕落的力量，仿佛就是S城的扩大版，可以这样来推理：南京也无非是这样、东京也无非是这样……凡是有大清国人存在的地方，都无非是"这样"了；但在另一方面，确实有一股新鲜的、生气勃勃的力量，虽然弱小，却不断地上升，这就是鲁迅说的"走

1　当时藤野严九郎担任新生班级的副班主任，关心留学生的生活饮食可能也是职责以内的事情。

异路，逃异地，去寻求别样的人们"。[1] 从《琐记》到《范爱农》，作者几乎是一气呵成的。创作笔墨始终围绕着两种力量的冲突而展开，让主人公置身于时代的激烈冲突之中，一边是旧势力咄咄逼人，逼得他狼狈逃离，另一边又是新的时代信息在深深吸引着他，去学习、追求，进而获得升华。而表现这冲突的创作方法，显现出欲扬先抑的特点：主人公一方面对置身环境不满与嘲讽，另一方面却在新的希望中酷酷地成长。当"我"为了躲避清国留学生的平庸和无聊而跑到仙台求学，就是取它地处偏僻气候寒冷，没有大清国盘着辫子的留学生。所以作者在《藤野先生》的文本里故意不介绍施霖的存在，突出"我"一个人的孤独而清净；主人公初到仙台时，也带着习惯性的思维方法，用以前（在绍兴、南京、东京等地）的孤独者的偏见来看待仙台的人们。在换住宿的细节描写中，作者仍然用的是微讽口气，但无恶意，后来慢慢地从藤野先生的认真教学中发现了人与人之间有着真正的平等之爱、互相帮助、自我牺牲等精神，终于在藤野先生身上看到了"别样的人们"的真实存在。在主人公离开家乡"走异路"的苦苦寻找中，确实找到了人生道路上的一个闪亮路标。藤野先生应该什么时候出场，其实是有讲究的。如果藤野先是以副班主任的身份出场，固执地要为主人公换住宿，自然也可以从好的方面去描写，那么这样一来，藤野先生对中国留学生的关怀是比较全面的，生活化的，甚至表现出一点婆婆妈妈的性格。然而鲁迅把这个细节隐去，直接从藤野先生进课堂上

1　鲁迅《〈呐喊〉自序》，《鲁迅全集》第1卷，第437页。

课开始写起，着重描写他对课堂笔记的审读和修改，强调藤野先生在学术领域是一位严师的形象，集中笔墨来凸显藤野先生的"小而言之，是为中国；大而言之，是为学术"的崇高襟怀。不同的书写，艺术效果也是完全不一样的。

我们从上面三个例子[1]来看，无论是添加了"日暮里"三个字，还是隐去了施霖的真实存在，或者虽然写了藤野为他换宿舍的故事，却又姑隐其名，轻易带过，鲁迅都是有具体的艺术考量。当然不是作者的记忆错误，也不是随意地信手拈来，我们如果仔细考量这些所谓"不真实"的细节描写与全篇文本的关系，都不能不感受鲁迅作为文学大师的语言特点：鲜明而有力，像刀刻在石头上的浮雕一样，给人带来极为深刻的印象。这都是不能为了迁就所谓的细节真实而任意改动的。唯须改变的是我们自己的阅读习惯，不要轻易地把作家描绘的细节都当作真实发生过的信息运用到作家的传记研究里去，至少也应该作一番认真考证以后才能相信。

总体来说，作为整本书的《朝花夕拾》可以让我们读到许多从单篇散文里很难读出来的新的元素。它的一以贯之的教育成长主题，以童年记忆为核心的散文连缀形式，以及略带虚构的典型化细节塑造，成就了一部中国现代文学史上第一流的艺术作品。在原创艺术上，《朝

---

1 关于《藤野先生》的细节失实，还有一个疑问就是处决俄探的幻灯片问题，这方面虽然研究成果比较深入，但最终还是没有确证东北大学医学系细菌学教室保存的幻灯原版片里究竟有没有鲁迅所说的那张俄探枪毙的片子，所以，本文不做进一步的讨论。有关情况可以参考渡边襄的《鲁迅与仙台》。

花夕拾》有着不容忽视的独立价值，它不仅仅是一部自传作品，也是供研究者研究的文献资料汇编。关于这一点，我们研究鲁迅的学者有必要进一步给予重视。

2020年5月26日于鱼焦了斋

初刊《杭州师范大学学报》2021年第1期